创业公司模式与公司法的适应性研究

Research on the Adaptability of Startup Company Model and Company Law

王　丹◎著

中国政法大学出版社

2023·北京

图书在版编目（ＣＩＰ）数据

创业公司模式与公司法的适应性研究/王丹著.—北京：中国政法大学出版社，2023.9
ISBN 978-7-5764-1211-6

Ⅰ.①创… Ⅱ.①王… Ⅲ.①公司法－研究－中国 Ⅳ.①D922.291.914

中国国家版本馆 CIP 数据核字(2023)第 233376 号

出 版 者　　中国政法大学出版社

地　　址　　北京市海淀区西土城路 25 号

邮寄地址　　北京 100088 信箱 8034 分箱　　邮编 100088

网　　址　　http://www.cuplpress.com (网络实名：中国政法大学出版社)

电　　话　　010-58908285(总编室) 58908433（编辑部）58908334(邮购部)

承　　印　　固安华明印业有限公司

开　　本　　720mm×960mm　1/16

印　　张　　15.5

字　　数　　256 千字

版　　次　　2023 年 9 月第 1 版

印　　次　　2023 年 9 月第 1 次印刷

定　　价　　69.00 元

前 言
PREFACE

　　创业创新是当今社会的主题，创业投资已然成为世界范围内经济增长的主力发动机。创业投资为处于萌芽期和孕育期的初创企业提供资金，是扶植中小企业的主要支撑，其特有的治理模式和股东权利保护机制在实现创业者和投资人自我价值的同时，也实现了社会财富的巨大增长，成为一个非常成功并在实践中被普遍采用的模式。可以说，创业公司模式已经深刻地改变了资本、劳动力及技术等要素的传统合作模式，通过市场机制将物质资本和人力资本等资源实现最有效的配置，将收益和风险进行合理安排，采用灵活的股东权利机制，将代理成本降至最低，并和收益最大化予以完美统一。创业者和投资人通过这一模式的安排，实现了双赢。对于投资人而言，一旦投资成功，所能取得的经济收益相当惊人；对于创业者和创业公司来说，该模式可以更好地吸引投资人为其提供企业发展、个人创业所需的巨额资金，为初创企业迅速启动和发展赢得时间，富有经验和资源的投资人还能为企业提供巨大的附加效益。

　　创业投资勃兴于美国，并于 20 世纪 80 年代后期开始在世界各主要经济发达国家和地区得到发展，我国的创业投资肇始于 20 世纪 80 年代末，90 年代中后期掀起阵阵热潮，近年来伴随着互联网经济迅猛发展。但与此同时，相关法律法规却未能及时跟上，成为创业投资发展的桎梏。

　　涉及创业投资的法律制度非常分散。其中最具有基础性调整作用的是关于其基本组织制度的法律规范——《中华人民共和国公司法》（以下简称《公司法》）与《中华人民共和国合伙企业法》（以下简称《合伙企业法》）。对于通常采用公司制形式的创业企业而言，《公司法》是关于其股权设置、表决分红、股份转让、治理模式设定、退出机制等的纲领性文件，是创业企业的灵魂性制度。《中华人民共和国证券法》（以下简称《证券法》）主要涉及的是投资人或者创业者在企业上市后退出的问题，是《公司法》相关制度的延续。《中华人民共和国民法典》（以下简称《民法典》）合同编所规范的投资协议合法有效的一个基本前提是不能违反《公司法》的强制性规定，创业投资协议中关于股权制度构建的自由约定能够得到法律保障的前提，是《公司法》赋予了投资人和创业者一定的自由约定空间，否则该协议就会因违反强制法而归于无效。税务和知识产权相关法律规定都只涉及创业企业运营中的某一个方面。《中华人民共和国中小企业促进法》（以下简称《中小企业促进法》）等则主要是提供政策支持优惠的法律法规，对于公司自身的组织运营不具有决定性作用。

创业企业可选择多种组织形式，其中最受创业者和投资人青睐的是以有限责任公司为主的封闭式公司形式。其原因在于：

一是相比非公司制企业，创业公司能够使创业者与投资人仅承担有限责任，在追逐利益的同时有效规避风险。创业投资周期长、风险高，决定了选择的创业企业组织形式必须相对安全，有限责任的保护对此至关重要。尽管非公司制企业在税收上没有企业所得税的负担，合伙人可以在更大程度上享有企业的利润，并发挥对企业的控制，但是投资人承担无限责任的法律约束和可能性使投资的风险过高。

二是创业企业中的投资人和创业者多数以创业成功后退出公司、获得巨大的投资回报为其基本目标，而退出公司的最优渠道就是企业公开上市。如果企业一开始采用合伙形式，在后期进行组织形式的变更将非常困难。而企业采用有限制责任公司或股份有限公司的形式，将非常有利于企业转换为股份有限公司以及公开发行上市。

三是封闭式公司的人合性使创业企业将人力资本与物质资本完美融合。创业企业生存的关键在于创业者的创业热情和能力，必要条件是投资人的资金支持。正因为创业企业采用封闭式公司的形式，才使得创业者直接经营管理企业成为可能，其股东身份与管理人身份高度融合，能够充分激发创业者的热情和发挥其能力，满足创业者个人价值实现的需求；同时投资人向创业企业投资往往是基于对创业者的欣赏和信任，封闭式公司的人合性特征使投资人和创业者的合作成为可能。而向社会公开发行股份的公众公司投资人之间缺乏亲密的合作关系，无法满足创业投资人合性的需求。

四是非公众公司的封闭性能够实现创业投资主体的灵活制度安排。公众公司设立成本高昂、程序繁琐，严格的公司治理结构和绝对的资本多数决使得创业者与投资人之间的特殊契约安排无法实现。非公众公司获得了较多的自由空间，可以充分满足创业投资主体的利益诉求和制度安排。

基于以上原因，《公司法》是与创业企业及创业投资关系最为密切的法律制度。虽然大多数创业企业选择了有限责任公司的组织形式，但目前我国的公司法律制度与创业企业的制度模式并不十分匹配。我国《公司法》的出台是以解决国有企业改制等中国市场特有问题为背景，以同股同权原则为制度设计基础，相关法律制度的调整对象是传统领域的商业公司，更强调公司的经营稳定、风险规避；而创业投资是近二十年才在中国市场迅速发展起来，以人力资本为主导、以优先权设定为常态，是创业公司模式的必然价值取向。由此创业公司模式与我国《公司法》制度体系不可避免地发生了一定的矛盾和冲突。如果不对公司法律制度进行变通和修正，将会严重束缚创业者手脚，打击投资人热情，使创业公司失去发展动力，无法有效吸引社会资金进入创业投资领域，同时还会产生法律风险，破坏法律的稳定性和权威性。

本书将以创业公司治理模式为视角，以我国公司法相关制度的修改完善为最终落脚点，对创业公司制度与《公司法》的冲突与融合进行深入研究，对其适应与完善提出思考和建议，推动《公司法》对现实制度的合理回应，促进以创业公司为代表的现代企业的科学发展。

王　丹

2023 年 2 月 13 日

目 录

CONTENTS

总 论 创业公司模式的基础研究

分　论　创业公司模式与公司法的适应性研究

创业公司模式的基础研究

一、重要概念的界定

（一）创业

所谓创业，是创业者对自己已经拥有的或通过努力能够拥有的进行优化整合，从而创造出更大经济或社会价值的过程。创业被认为是创业者进行思考、推理并结合运气的一种行为方式，它为运气带来的机会所驱动，创业者需要在方法上全盘考虑并拥有和谐的领导能力。[1]

据以上定义不难看出，创业的关键在于创业者，创业者往往能够发现商机并通过实际行动将其转化为具体的商业形态，具备成为高速营利工具的基本构造，以此获得利益，实现价值。创业过程需要创业者创造性地思考、推理和判断，在运营、组织过程中将创新思维的成果通过服务、技术、使用物力等方式付诸实践。创业成功与否的关键在于创业者的个人素质和能力，而其他要素则起辅助作用。

（二）创业企业及创业公司

创业企业是指处于初创阶段的创新开拓型企业，主要包括发展潜力大、投资回报丰厚的科技型企业、互联网企业等。创业企业多采用公司制或者有限合伙制的组织形式，如采用公司制即创业公司。创业公司的主要成员为两方：创业者和投资人。创业者又被称为创始人；投资人还可以称为出资人，既包括个人，也包括专业投资机构，以及政府基金、孵化器及投资平台等。

创业企业的特征可以进一步描述为：首先，以高科技、自主型创新企业

---

[1]　参见［美］杰弗里·蒂蒙斯、小斯蒂芬·斯皮内利：《创业学》，周伟民、吕长春译，人民邮电出版社 2005 年版，第 2 页。

为典型，"人"的因素扮演着关键角色。知识、技术和高品质的人力资源构成创业企业的主要资源，且创业者是技术、人员和资金等各种资源的连接点，对企业的生存和兴旺具有决定性作用。其次，拥有高成长性和爆发力。关注新科技、新产品和新技术，[1] 投放市场后如果获得良好反应，需求量会呈爆炸式增长，产出收益是投入成本的若干倍，回报率远高于传统企业。这也是吸引投资人的主要原因。再其次，行业竞争激烈，不确定性强，存在很大的技术和市场方面的风险。最后，企业现有资产、规模和业绩使之难以获得银行的商业贷款，不能在证券交易所上市和获准公开发行债券，其融资渠道主要为天使投资、创业投资、私募股权投资等机构和个人面向初创企业的投资。

（三）创业投资

创业投资一词来自英文 Venture Capital（VC）。美国是创业投资发展较早、至今投资规模最大的国家。美国创业投资协会（National Venture Capital Association，NVCA）对创业投资的定义是：由专业机构提供的，投资于新兴的、迅速发展的、有巨大竞争潜力的企业并参与其管理的一种权益资本。[2] 英国创业投资协会（Britain Venture Capital Association，BVCA）对创业投资的定义更为宽泛，创业投资系指为未上市企业提供股权资本但不以经营产品为目的的投资行为[3]。经济合作与发展组织（Organization of Economic Cooperation and Development，OECD）认为，创业投资是一种投资于未上市的新兴企业并参与其管理的投资行为。其价值是由企业家和创业投资人通过资金和专业技能共同创造的。[4] 尽管以上引述对"创业投资"的定义多种多样，但共性是揭示了创业投资的本质内涵在于支持"创业"。

总的来看，对于投资人而言，创业投资是一种由其提供创业资本，以创业企业为投资对象进行投资、运作、管理的股权投资方式；对于创业者而言，创业投资是一种重要的融资方式，包括种子期、成长期和公开发行前的融资。作为对提供融资的交换，投资人将获得相当程度的企业所有权和一些管理控制权，并为其提供经营管理和咨询服务，以期在被投资企业发展成熟后，通

---

〔1〕 See Charles R. Korsmo, "Venture Capital and Preferred Stock", *Brook. L. Rev*, Vol. 78, 2013, p. 1169.

〔2〕 参见美国创业投资协会网站：www.vca.com，最后访问日期：2016 年 1 月 20 日。

〔3〕 参见英国创业投资协会网站：www.bvca.co.uk，最后访问日期：2022 年 12 月 21 日。

〔4〕 参见经济合作与发展组织网站：www.oecd.org，最后访问日期：2022 年 12 月 21 日。

过股权变现获取中长期资本增值收益。创业投资以创业者的"创业"为核心内容，"投资"是重要的参与因素，二者结合实现创业的成功。

根据企业生命周期理论，企业的整个生命周期可以被视为若干个连续的成长阶段。通常这个成长过程可以划分为四个阶段：一是初创期，包括项目早期研发阶段及企业的初始创立期；二是成长期；三是成熟期；四是衰退期。稳定充足的资金链是企业发展的命脉，企业成长的每一个周期都需要配套的高效率融资渠道提供支持。毫无疑问上市融资是企业可以获得持久、大量资金支持的最佳方式之一，也是目前我国大多数企业追求的主要目标，但是上市门槛较高，对于实现首次公开上市（Initial Public Offering，IPO）之前的企业来说，融资难、融资成本高昂、效率低下等具有普遍性，一定程度上制约了中小企业的成长，亟待加以改善。

目前为企业完成IPO之前的股权融资方式主要包括天使投资、VC、私募股权投资（Priuate Equity，PE）等。其中，VC和PE以创业投资基金为载体，投资资金规模较大，实践中主要为企业加速成长期或pre-IPO期提供融资，以获得IPO后的股权增值。而天使投资主要以天使投资人个人投资为主，对一个项目的投资规模相对较小，且投资周期较长，是企业初创期最主要的融资渠道。无论是何种创业投资类型，其区别主要在于投资的阶段和投资规模不同，而对创业者的个人能力、素质及信用的依赖则是相同的。

（四）创业投资机构

与创业企业容易混淆的另一企业概念是"创业投资企业"或"创投公司"。创业投资企业的概念出自2005年发布的《创业投资企业管理暂行办法》，是指向创业企业进行股权投资，以期在所投资企业发育成熟或相对成熟后通过股权变现获得资本增值收益的企业组织。创业投资企业投资的目标企业一般是处于创建或初建过程中的成长型非上市企业。

创投公司是创业投资企业的子概念，是指以公司作为组织形式的创业投资企业。除了采用公司制的组织形式以外，创业投资企业还可以采用合伙制企业的组织形式。目前大多数的创业投资基金都是采用有限合伙的形式，由提供资金的投资人担任有限合伙人，由资金管理人担任普通合伙人。

可见，在创业投资法律关系中，创业投资企业或者创投公司的身份是投资人，而创业企业是被投资人，也被称为"目标公司"。

二、创业投资的重要意义

(一) 促进经济增长

创业投资最初起源于英国的远洋贸易。在 15 世纪末，英国与葡萄牙、西班牙等国意欲建立远洋贸易企业，但在当时的历史条件下，仅靠个人的自有资金无法满足创建企业的需要，对外源资本产生了强烈的需求。另有一些人可以不必直接经营远洋贸易企业，只需通过向企业投资就可以获得高额收益，这种外源资本就是最早形态的私募股权资本。[1] 为了解决由于地域限制而不能获得额外利润等问题，当时的个体工商业以入股方式设立一个新的企业组织，专门从事远洋贸易活动，这被认为是最原始的创业投资机构。之后，1945 年由英格兰银行和其他一些大型清算银行发起的"工业投资公司"成立，标志着现代意义上的创业投资活动正式产生。

此后，创业投资模式在美国得到了广泛的应用和飞速的发展。20 世纪 70 年代中期以来，美国从"管理型经济"转变为"创业型经济"。20 世纪 70 年代之前，美国主要将大企业作为经济的推动力，但是到 70 年代中期之后，由于新兴科技的发展和现代市场经济机制的完善，美国大企业普遍不景气，大量裁员。而与此同时，创新与创业精神却获得前所未有的弘扬，它促使任何社会、经济、产业、公共事业或私人企业保持弹性和自我革新。

我国的创业投资始于 20 世纪 80 年代。随着改革开放的进行，国人开始了解美国的"硅谷神话"。"中关村电子一条街"的兴起，标志着我国高科技产业步入探索和发展的阶段，同时也开始了我国创业投资的探索之路。1985年，我国首次提出了发展创业投资的设想，并通过了《中共中央关于科学技术体制改革的决定》，这一文件指出对于变化迅速、风险较大的高技术开发工作，可以设立创业投资给予支持。这是我国第一个鼓励和支持创业投资发展的政策性文件，拉开了我国创业投资发展的帷幕。1985 年 9 月，由国家科学技术委员会和中国人民银行支持，国务院批准成立了我国第一家创业投资公司——中国新技术创业投资公司[2]，专门经营创业投资业务，通过投资、贷

---

[1] 参见李靖："全球私募股权投资发展的历程、趋势与启示"，载《海南金融》2012 年第 5 期。

[2] 中国新技术创业投资公司在 1998 年 6 月因资不抵债而破产。

款、财务担保、咨询等业务为高新技术创业企业提供资金支持，这一举动标志着我国创业投资事业的正式启动，之后颁布了一系列的法律法规和政策来推动创业投资事业的发展。20 世纪 80 年代末到 90 年代初，我国高速发展的经济带动了创业投资的发展，仅从 1991 年到 1992 年我国就建立了 52 个国家级高新技术产业开发区。这段时间的创业投资仍处于探索阶段，发展较为缓慢。直到 1998 年 3 月全国政协九届一次会议中国民主建国会中央委员会提交的《关于尽快发展我国风险投资事业的提案》被列为"一号提案"通过，我国高科技产业和创业投资的发展掀开了崭新的一页。之后我国掀起了一阵创业投资热，深圳、北京、上海、广州成立了一批新的创业投资机构，投资主体多元化发展，民营创业投资企业增长迅速，进入我国的外资创业投资公司数目也有明显增加，投资策略逐步转向处于创建期、成长期的高科技行业，创业投资的发展又往前迈进了一步。相比于专业创业投资机构进行的创业投资，我国的天使投资出现较晚，20 世纪 90 年代才出现，近年伴随着计算机互联网时代的到来和高科技新兴行业的崛起蓬勃发展。

根据清科创业旗下清科研究中心数据显示，自 1992 年创业投资在我国萌芽至今，我国 VC/PE 市场稳步发展，近年来大量本土投资机构加速设立，活跃机构数量大幅提升，创业投资市场进入 2.0 时代。2021 年前三季度创业投资机构共新募集 1036 支可投向我国大陆的基金，同比上升 84.0%，已超过 2020 年全年总量；募资规模 3230.05 亿元人民币，系 2020 年同期的 1.73 倍。投资方面，创业投资机构出手速度加快，融资规模显著提升。2021 年前三季度我国共发生 3962 起创业投资案例，同比上升 69.9%；其中，披露投资金额的案例数共计 3826 起，投资规模达到 2923.18 亿元人民币，较上年同期相比增长幅度高达 120.5%。从退出端来看，2021 年前三季度我国创业投资市场退出环境良好，退出交易共计 1580 笔，同比上升 20.3%。从退出方式来看，被投企业 IPO 仍为主导退出方式且占比进一步提升。前三季度共发生 971 笔 IPO 退出事件，占比由去年同期的 56.0% 上升至 61.5%。2021 年前三季度我国新募基金数量和金额均实现同比大幅增长，其中新募基金数量达到 1036 支，达到了自 2018 年资管新规发布以来的小高峰。但值得注意的是，随着资本市场改革红利的持续释放，私募股权投资市场参与者更加多元，催生了大批新兴的投资机构。与此同时我国私募行业监管趋严，推动 VC/PE 行业新一轮洗牌，市场优胜劣汰速度进一步加快。根据清科研究中心数据，本期创业投资市场新募基金中超过半数的基金规模小于 1 亿元人民币，募资规模仅为 202.55 亿元人民币，占比不足 10.0%。相比之下，一些较大的创业投资机构募资成绩更加乐观，募资规模在 10 亿元人民币及以上的 72 支基金为市场贡献了 1852.92 亿元人民币的资金，占比 57.4%。可见，市场优胜劣汰的浪潮中，同业竞争加剧导致头部机构资金优势日渐凸显，募资水平相比中小机构更加稳定。[1] 鉴于未上市企业投资的非公开性特点，造成统计数据信息采集的困难，根据笔者多年的实践经验，实际发生的创业投资额度可能远远大于统计数据。

总的来看，创业企业的规模效益在我国经济中所占的比例越来越高。当前，全球经济具有不均衡性和易变性，短期将对我国的对外经济贸易带来挑战，长期则对我国在国际政治和经济舞台中的战略性决策提出了更高的要求。在国内资源环境约束加强、国际经济复苏不稳定的双重压力下，我国经济下行的压力较大。推动创业投资，以促进科技型、创新型企业发展来推动整个经济发展，是增强我国国际竞争力的重要途径。

（二）拉动科技创新

在传统企业模式下，对那些掌握新技术和新想法的创新创业者而言，普遍面临三大启动难题：一是难以从外部获得足够的启动资金，一般来说想法越新颖、概念越超前，就越难获得启动资金；二是缺少能够识别和认可创新价值的知音，相反会遭遇诸多的质疑和否定，因此很容易失去启动创业的激情和信心；三是少有专业领域的创业经验分享，在创业的道路上经常会遇到不可预知的问题和阻碍，很容易由于处置不当而导致启动失败或半途而废。上述三大难题，只有具备敏锐洞察力和慷慨公益心的创业投资人能够为创新创业者逐一解决。一方面，创业投资人能够较早地参与创新，成为概念验证的支持者和创业启动的推手，推动创新创业者在新技术和新想法的商业化过程中迈出从无到有、从零到一的关键第一步；另一方面，那些具有创业背景的投资人大多也是从创新想法开始创业，处于相同或相似的新兴产业领域，相对比较容易识别新奇的原创和创新价值，从而与创业者产生共鸣，通过高度的认同感和相同的创业激情，给予创业者鼓励和信心。

---

〔1〕 参见清科研究中心：《2021 年前三季度中国创业投资市场研究报告》，第 21 页，载 https://report.pedata.cn/1639446485356851.html，最后访问日期：2022 年 8 月 1 日。

尽管创业型经济在世界各国和地区及其不同发展阶段呈现某些差异，但都在经济生活各个领域渗透着充满活力的创新与创业精神，运用新知识、新方法、新手段来增大和创造市场价值和社会财富，成为创造新的就业岗位、持续提高 GDP 增长、扩大进出口贸易、增加政府税收及加快技术创新的发动机。如果把创业比作美国经济的发动机，那么创新是此发动机的汽缸，它带动了重大的新发明和新技术的产业发展，创业投资是这个发动机的高速燃料。[1] 美国是世界上创业投资最为发达的国家之一，从规模和效果来看都远超世界大部分国家和地区。其募集的创业资本中，70%以上投向了高新技术产业领域，所带来的高科技和高技术劳动力对美国经济增长贡献巨大。创业企业模式不仅成为推动美国高新技术产业发展的"助推器"，还是国家创新经济的发动机、创业企业和高新技术产业的"孵化器"。如今，我们熟悉的全球著名高科技企业例如苹果、IBM、微软、英特尔等都受到了创业投资的巨大支持，有力地推进了美国创新经济的发展。美国硅谷一直存在着基于创业投资人的创新循环机制，如苹果的天使投资人迈克·马库拉曾是英特尔的早期创始员工；谷歌的天使投资人安德里亚斯·冯·贝托尔斯海姆是升阳微系统的联合创始人；Facebook 的首个天使投资人雷德·霍夫曼是 LinkedIn 的创业者。他们都曾受到创业投资的青睐，有机会将自己的创新想法实现，再在创业成功后投身创业投资人行列，帮助新的创业者实现创新创业，从而使硅谷的创新精神薪火相传。创业投资中的投资人与创业者之间通过身份的转换，使得新兴产业领域的创新创业活动持续活跃，从而共同促进创新的循环往复。[2]

在我国当下经济发展的重要历史阶段，创业投资能够促进高新技术企业的快速发展，提高我国经济的科技含量，拉动和促进整个经济的活力。创业投资的项目多为科技含量高、创新性强的中小企业。在新兴产业的孕育过程中，创业投资能够挖掘和发现原创想法与技术，越是具有原创性和变革性的想法和创意，越会受到创业投资的关注。

（三）书写创富神话

创业企业是典型的高风险、高收益的爆发性企业。无论是对于投资人还

---

〔1〕 参见〔美〕杰弗里·蒂蒙斯：《战略与商业机会》，周伟民、田颖枝译，华夏出版社 2002 年版，第 18 页。

〔2〕 参见岳渤、杨洋："天使投资促进新兴产业发展的四大机制"，载《科技创新与生产力》2014 年第 3 期。

是创业者，其巨大诱惑在于一旦创业成功，所能取得的经济收益相当惊人。以天使投资为例，数据显示，成功的天使投资平均收益率在 50 倍，美国天使投资年平均收益率在 35%。[1]创业投资使得人力资本与物质资本在市场机制下得到最佳结合，使创业项目在短短几年内就可以取得十倍百倍的高额回报，创业投资项目具备极高的成长性和爆发性，企业估值数倍增长，创业者和投资人的财富也数倍地增加，极大地满足了他们追求财富的愿望，也满足了他们实现自我价值和社会价值的内在需求。

对于创业者来说，利用创业投资渠道可以为其新创企业筹集启动和运营资金，实现创业理想。创业企业模式使得创业者成为企业的所有者而不只是管理人，承担企业失败的责任和压力，享受企业成功的巨大经济利益和以此为基础产生的荣誉和社会地位的上升，能够最大限度地激发创业者的激情和动力，关键时候承担风险和责任。同时在创业成功后，创业者取得了极为强烈的自我价值实现的满足感。

对于投资人而言，通过创业投资可能收获投入资金的几十倍甚至几百倍的回报。据 2012 年 12 月创业邦研究中心发布的报告统计，中国天使投资人的投资回报为负数的不到 10%，一半以上的天使投资人的回报在 30% 以上，18% 的天使投资人回报率超过 200%。雷军投资的欢聚时代于 2012 年 11 月在美国上市，最初投资 100 万美元，开盘价后持股价值达到 1.13 亿美元，获得了约 112 倍的账面回报。腾讯投资创业者曾李青所投资的第七大道在 2011 年卖给搜狐畅游，获得 1 个亿的收益，而当初他仅投资 200 万。[2]2014 年 5 月 16 日，徐小平作为天使投资人的聚美优品公司在纽约证券交易所成功上市。徐小平前后总计投给聚美优品 38 万美元，持有聚美优品 8.8% 的股份。上市后聚美优品估值为 30 亿美元，依此推算，徐小平将把 2.3 亿美元收入囊中，4 年间获得了超过 600 倍回报。[3]

此外，投资人通过为初创企业提供成功的经验和有益的指导，帮助创业者成功创业，实现自己由于年龄、体力或者其他因素已经无法实现的创业愿

---

[1] 参见李华、王鹏："'天使投资'在 OECD 国家的运作——兼论'天使投资'在我国的发展前景"，载《世界经济研究》2003 年第 4 期。

[2] 参见创业邦研究中心："中国天使投资大普查"，载《创业邦》2013 年第 1 期。

[3] 参见殷鹏："徐小平的天使投资法则：救急不救穷"，载《中国证券报》2014 年 5 月 24 日，第 Z06 版。

望，获得强烈的创业成就感。企业在做大做强时，还可以实现对社会的贡献，如增进社区就业、帮助弱势群体、社会福利技术的商业化等。[1]

三、创业公司中的道德风险

创业投资有着天然的制度优势，能够极大地促进经济的发展、科技的创新和企业家个人财富的增长。但巨大的利益诱惑也容易引发道德风险，特别是创业公司中投资人一般在投资之后并不控制公司，容易导致信息不对称。所谓信息不对称，是指交易双方对有关事件的知识或者概率分布的掌握程度不同，一方对信息的了解程度明显高于另一方，甚至第三方也无法验证特定的信息，如果想要了解和验证，必须花费巨大的成本。企业中的信息不对称主要是管理人和控股股东基于对公司的控制管理，与其他股东之间形成的信息不对称。道德风险主要出现在委托代理关系中，当代理人接受委托从事行为时，由于代理人和委托人之间的信息不对称，代理人掌握了更多的信息，委托人无法观察和监督代理人的全部行动，此时代理人可能采取满足个人利益最大化而有害委托人利益的行为。除了代理关系外，只要基于信息不对称形成的双方合作关系，都有可能产生类似的道德风险。在创业投资活动中，投资人和创业者之间对于企业情况的了解程度、经营管理活动的介入程度不一样，导致双方极易出现信息不对称现象，道德风险问题频发。根据主体和行为方式来进行区分，创业投资中的道德风险主要有以下几类：

（一）创业者的道德风险

1. 转移或挪用企业资金

公司内部人员可能通过直接占用、关联交易、捐赠、抵押、担保等方式把公司的财产和利益转送至企业以外。在实践中，创业者往往更多地参与公司的经营管理活动，对公司内部信息更为了解；多数投资人则仅提供出资，并不介入公司经营管理活动，或者无法获取更多的公司信息时，创业者可能通过种种交易行为转移公司利益，将企业资金吞噬殆尽，公司不得不进入破产清算程序，从而导致投资人遭受重大损失。更有甚者，创业者在得到投资资金之后不知所踪。

---

[1] 参见王益、许小松：《风险资本市场的理论与实践——从风险投资到创业板市场》，中国经济出版社 2000 年版，第 34 页。

PPG（批批吉）公司于 2005 年 10 月成立，业务模式是通过互联网售卖衬衫。轻资产、减少流通环节的理念，加上狂轰滥炸的电视、户外广告，迅速让 PPG 建立起市场领导者的地位。2006 年，PPG 获得了 TDF 和 JAFCO ASIA 的第一轮 600 万美元联合投资。2007 年 4 月，PPG 获得了第二轮千万美元的投资，除了 TDF 和 JAFCO ASIA 追加投资之外，还引入了 KPCB，KPCB 是美国最大的风险投资基金，与红杉齐名。2007 年底，PPG 已经开始被媒体披露出一些问题，如拖欠货款、货品质量投诉等，但仍然受到数家风投机构的追捧，三山投资公司击退竞争对手，向 PPG 投入超过 3000 万美元资金。2008 年，PPG 模式出现了 VANCL（凡客诚品）、优衫网、CARRIS 等几十家模仿者，PPG 不但丢掉了行业老大的地位、官司缠身、高管流散，更传出创始人卷款潜逃一说。2009 年末，PPG 商业神话像肥皂泡一样破碎了，总部人去楼空，消费者付款后拿不到货物，愤怒地将 PPG 称为"骗骗哥"。PPG 累计从上述多家知名创投机构处获得了 5000 万美元左右的投资，彻底关门也意味着投资人 5000 万美金血本无归。PPG 失败的真正原因在于，创始人李某表面上做电子商务，但配套的物流、仓储都是自己的关联公司，他以交易的名义不断向这些公司汇入资金，投资人的投资转化为费用变相进入创业者的腰包，直到把公司掏干，创始人也不知所踪。[1]

2. 中途退出或转让

首先，对于创业投资来说，创业团队是投资人决定是否投资的非常重要的考虑因素之一。一个既拥有独特技术资源又拥有优秀管理团队的项目无疑是最理想的投资对象。有经验的投资人都明白，即使所投资企业拥有某种独特的市场竞争优势，如果缺乏优秀的管理团队，创业者没有市场经验，员工缺乏激励，那么投资还是很难取得成功。[2]因此管理团队是投资人投资时考量的最重要因素之一。如果在企业经营管理过程中，创业者擅自中途退出，则会导致该项目的投资价值发生剧烈变化，给投资人造成重大损失。其次，如果在企业初创期，创业者尚未投入很多精力与资金，而投资人已然投入大量资金并约定双方股权份额的情况下，创业者擅自以低于创业投资合同确定

---

[1] 参见丁辰灵："17 家中国初创公司的失败史"，载 https://weibo.com/1717257814/3511771186420169，12-11-14.

[2] 参见刘曼红主编：《天使投资与民间资本》，机械工业出版社 2003 年版，第 106 页。

的企业价值的价格转让企业，将会直接导致投资人的投资金额缩水，造成严重的利益损害。

2004 年炎黄传媒创立，2006 年获得软银赛富 500 万美元的第一轮风险投资；2007 年获得包括兰馨亚洲（Orchid Asia）、崇德基金（CRCI）、银瑞达创业投资（Investor AB）、汇丰直接投资（HSBC）等投资人在内的第二轮 3500 万美元投资。之后炎黄传媒开始全国扩张和抢跑，收购了很多地方性的户外媒体公司，甚至不惜以超过竞争对手几倍的价格抢夺资源。至 2007 年底，炎黄传媒在全国 36 个城市共有 32 800 液晶块屏。2008 年金融危机爆发，投资人开始要求被投资公司节流过冬，但炎黄传媒的 4000 万美元融资款已经在快速扩张的圈地行为中消耗一空。随后炎黄传媒出现离职潮，2008 年公司 CFO 及继任者、副总裁、人力资源总监、COO、影视总监等先后离职。除了管理层离职外，公司销售骨干也陆续离职或被辞退，直接导致公司更为严重的盈利危机。由于炎黄传媒创始人与投资人之间有对赌协议，业绩不佳导致对赌失败后创始人应当降低在公司中的股份，但其拒不执行协议，投资方与创始人开始了一出相互弹劾的闹剧。彼时正是金融危机对国内经济影响最大的时候，炎黄传媒的内忧外患导致收入急剧下滑，企业经营很快衰败。[1]

3. 融资稀释

掌握公司经营管理权的创业者如果擅自进行再次融资，而投资契约又没有对该问题进行约定的话，投资人的股权将会遭到稀释。股权稀释是指当企业在规划不同阶段的策略追加投资时，后期的投资人股价低于前期的投资人，或者是在配股、转增红股而没有相应的资产注入时，公司运营前期的投资人的股票价值低于原预期价值，有时前期投资人甚至会因为后期增资行为从控股或控制地位出局。

在国外，面对股权稀释的风险，私募股权的投资人通常会在协议中加入反稀释条款，如规定转换权和优先购买权。国内的创业投资协议较少约定专门的反稀释条款，双方通常在协议中仅仅约定预期目标以及未达到预期目标后补偿的形式。因此在实务中，如果目标公司经营状态良好，产生新的投资时，原始投资人的股份可能就会因为新的投资人的加入而受到影响，偏离预期的收益，从而使得投资人的权利未能得到应有的保障。

---

〔1〕　参见陈建光："炎黄传媒：'捧杀'致死"，载《商界（评论）》2011 年第 11 期。

4. 甘冒高风险或投资于无效计划

在创业者对企业投入较小时，由于在企业经营管理方面的双方信息不对称问题，投资人对创业者的行为缺乏足够的约束力，尤其是在没有相应的激励措施的情况下，创业者的风险偏好性会加大，有可能为自身私利着想，甘冒高风险采取一项计划，或者投资于对企业整体发展无效但是可以为自身获利的计划。

2003年，在重庆某电脑城打工的郑立，和朋友一起创建了163888网站，寓意"一路上发发发"。很快，该网站逐渐成了当时中国首屈一指的网络歌手聚集地。香香、杨臣刚等网络歌手在该网站成功出道，《老鼠爱大米》等网络歌曲风靡一时，让163888网站名声大噪，号称"华人第一音乐社区"。随后，163888受到众多VC的追逐，如IDG、阿尔卡特等，先后投资800万美元。到2006年，网站注册用户达到1200万，163888也获得互联网领域的不少荣誉。当时仅24岁的郑立做客CCTV《财富故事会》，以"80后"领军人物的姿态讲述自己的财富故事，被媒体广泛报道。2007年，网站启用了新名字和新域名——分贝网，但其依靠卖空间和收取会员费的盈利模式难以为继，广告成了分贝网主要的收入来源。2009年，郑立涉嫌经营淫秽视频聊天业务被捕，2010年被判处有期徒刑6年。分贝网经营处于困境，除了市场竞争激烈、商业模式不清晰之外，创始人擅自改变经营领域、经营非法行业是重要原因。最终创始人的选择导致自己银铛入狱，投资人也血本无归。[1]

(二) 投资人的道德风险

1. 中途退出

一个初创企业的持续发展需要不断的资金注入。创业投资人为了规避风险，一般都会采取分段投资的方式，即资金不会一次性注入，而是根据企业的发展情况，分多次注入。在这种投资方式下，有可能催发投资人中途退出的道德风险。一旦投资人中途退出，对创业企业的打击巨大，极有可能导致企业资金链断裂，直接陷入破产清算的边缘。很多创业投资协议签订时，投资人处于较优势的地位，为了保护自身利益，在协议中往往规定了投资人无条件退出的条款。这种条款虽然对投资人的利益保护得非常到位，但是一旦

---

[1] 参见"分贝网创始人郑立犯组织淫秽表演罪获刑6年"，载《人民法院报》2010年6月2日，第3版。

权利被滥用，将会严重损害创业者的利益，对创业投资行业和高科技产业的整体发展也是有害的。

2. 知识产权泄露

知识产权是创业企业尤其是科技型创业企业的灵魂。在创业者吸引投资的阶段，需要向投资人提供详尽的商业计划书。如果创业者不对自己所拥有的独特技术作翔实的论述，则很有可能被投资人拒绝。但是当创业者将自己的技术特征和盘托出以获取投资人的信任和投资兴趣、投资人又没有进行投资时，就存在创业者的知识产权可能被泄露的问题。虽然无论是根据法律还是投资界惯例，投资人应当对此保密，但是不能排除某些投资人由于疏忽等原因泄露知识产权的问题。除此之外，在投资人投资之后参与企业的经营管理活动中时，也不可避免地要接触到企业的知识产权，在这一阶段中同样存在知识产权泄露的风险。

3. 竞业投资

创业者是具体经营管理公司的人，当然不能从事与公司业务相竞争的其他商业活动。但是投资人的竞业投资，在一定程度上也可能存在道德风险问题。在存在两个以上相类似的创业企业的情况下，有些投资人会采取对各个创业企业均进行投资的方式规避投资风险，投资人对每个企业的关注度会下降，经营业绩不好、发展势头不如竞争企业的企业很有可能会被减少投资乃至中途退资，对其发展构成一定的不利影响。因此有些创业投资协议中会对投资人的竞业投资作出规定。从法理上讲，公司高级管理人员和创业者存在竞业禁止，可以理解为投资人的出资已经买断了他们的管理能力和技术才能。而投资人作为资金的所有者，分配自有资金的投资方向是否能够构成竞业投资，进而成为道德风险的一种，目前仍然值得商榷。但是无可否认，存在竞业投资的情况下，创业者所承担的风险将会增大。

创业公司模式的法律特征 | 第二章
CHATPER 02

所谓创业公司模式，是以承认人力资本为前提，以创业者的人力资本为主导和核心内容，基于人力资本股东和物质资本股东的不同利益诉求而产生的不同权利义务安排。该模式的法律特征表现为：人力资本为核心要素，人格信用是重要基础，优先股是关键制度。本章将对这一问题分而述之。

一、人力资本是核心要素

当今社会经济发展的决定性因素正逐渐由物质资本为代表的资源性要素转变为以人的知识技能为代表的知识性要素，"人"的主观能动性和创造力的价值得到了前所未有的关注和重视。现代公司的发展越来越重视拥有科学技能和管理本领的知识型人才所拥有的不可替代的"人力资本"，正逐渐成为创业公司赖以生存和发展的决定性力量。[1]

（一）承认人力资本价值为前提

资本是公司运作的基础，来源于股东的出资，代表股东对公司的利益基础，同时也是界定股东之间分享公司利益的一种客观衡量标准。其中，作为物质资本的财产或权利，必须是具有经济价值的财产，具有一定的效用；必须具有可支配性，其产生的利益可以由公司享有；同时，这些财产可以独立转让，使出资者履行出资义务成为可能。物质资本可以被用来偿还债务或者强制执行，因此能够保护债权人的利益。与物质资本相对应，人力资本是凝结在劳动者身上的知识、技术及其表现出来的能力。[2]

创业公司对多层次的人力资本价值的认可是其基本前提。创业公司中人

---

[1] 参见黄勇："'人力资本产权化'的社会期待与法理分析"，载《法学评论》2016年第6期。
[2] 参见［美］西奥多·W. 舒尔茨：《人力资本投资：教育和研究的作用》，蒋斌、张蘅译，商务印书馆1990年版，中译本前言第1页。

力资本的拥有者主要有创业者（包括主创始人和联合创始人）和一般员工。英国经济学家约翰·穆勒曾描述：凡是对企业作出贡献的人，不论是用劳动还是用金钱作出这种贡献，都按其贡献的大小，像合伙人那样享有企业的股权。用利润的一定百分比奖励受到特别依赖的人，已成为惯例；这一原则推广应用于体力劳动者阶级也获得了极大的成功。[1]因此，允许人力资本出资、使人力资本能够通过其价值的实现获得股权的制度形态，就是对人力资本的合理控制和充分利用。

移动互联网创业时代与传统工业化时代和传统行业的主要区别在于：传统行业主要依靠经验，而在移动互联网时代下，企业发展主要靠创新和不断的学习调整。在此前提下，创业更多地依赖于多个知识结构不同、经验不同、思维角度不同的人在一起互相成就、共同成长，这样的核心团队才能带领企业在竞争中取得优势。在创业团队中，主创业者是核心人物，集公司的多数股权和管理权于一身；联合创业者是主创业者的助手，往往各有所长，在技术、市场、行政等领域负责不同的事务。从投资人角度来看，他看中的是创业团队的能力和资源，而不仅仅是主创业者个人的能力。相对于创业团队核心成员，公司普通员工拥有的人力资本虽然可替代性较强、稀缺性较弱，但是其努力工作也会对创业企业的发展产生重要作用。因此创业公司承认员工人力资本的价值，普遍采用多层次的激励股权方式，充分满足创业公司不同主体的利益需求和预期，也体现出创业公司对于不同类型人力资本的承认。在此基础上根据其人力资本对企业发展的作用大小进行区分，充分体现出创业公司中创业者人力资本的主导地位。实践中，为引进人力资本，创业公司在劳动合同的基础上，还采用了多元通道以实现人力资本的激励，如干股或代持、有限合伙或有限公司平台、海外持股平台、中国证监会的"指定平台"、职工持股会等方式。[2]

（二）以创业者人力资本为主导

1. 创业者人力资本的内涵

创业者拥有的人力资本主要包含三方面的内容：

---

〔1〕 参见［英］约翰·穆勒：《政治经济学原理：及其在社会哲学上的若干应用》（下卷），赵荣潜、桑炳彦、朱泱译，商务印书馆1991年版，第335页。

〔2〕 参见陆华强："股权激励的法律结构——以未上市创新企业为中心"，载《东方法学》2017年第1期。

一是已经创造出来的技术，包括知识产权和非专利技术等。知识产权是基于创造成果和工商业标记依法产生的权利的统称。其中最主要的部分为专利权、商标权和著作权。非专利技术，是指生产经营上采用的未经公开也未申请专利权的先进技术，也称专有技术、技术诀窍或技术秘密。非专利技术的范围较广，包括未公开的生产技术、尚未申请专利的发明创造、计算公式、配方、操作方法及软件包等。这部分内容从个人知识总体中被分离出来，其价值相对来说更容易确定，并可以通过一定的方式转让和许可使用，于是法律予以单独确认和保护，就体现为"知识产权"。非专利技术虽未能以权利的方式获得法律的保护，但是可以以许可和转让的方式进行处理，并通过许可和转让费转化为一定数量的货币，可以称之为"准知识产权化"的显性知识。

二是已经拥有的创意。创新是企业有效利用内部资源，以创新的生产方式来满足市场的需要，是经济扩张与经济进步最有力的发动机。创新的本质强调的是将知识转换为现实产品的"过程"，因此，创业者需要的是在商业机会面前独具慧眼，通过新产品、新生产方式、新市场、新供货渠道、新商务模式等创新形式，建立或打破垄断地位，最后实现市场价值。

三是对创业者及其团队未来能够创造的价值的估计。这种价值估量主要是基于对创业者的创业精神及创业能力（包括管理和领导能力、团队合作能力、技术研发能力、执行能力等）的评估和确信。这一内涵是创业者与传统企业家人力资本的主要区别，对这一内涵的进一步阐释如下：

首先，有无创业精神是创业企业家与传统企业家的最大区别。集中表现为：创业者善于发现机会、勇于承担风险、勤于创新。具体来说，创业者能以其卓越的才能发现别人不能发现的机会，这个机会需要接受市场考验、具有潜在利润。一旦发现机会，创业者果断决策，充分施展其组合要素的才能。他们对创业活动巨大的风险和不确定性具有明确的认知，不仅接受不确定性，而且善于处理不确定性，因承担风险而获得报酬。正因为具有创业精神这种特殊要素，创业者成为推动知识经济时代变革的主要力量。

其次，创业者的综合能力是创业者人力资本的主要内容。创业企业成长是创业者人力资本与组织资本不断相互作用、转化并实现提升的过程，这个过程的实现就是创业者及其团队的创业能力的体现。创业企业面对日益复杂的技术变革，其竞争优势的来源越来越依赖于组织成员的知识、技能和经验。创业能力包含了多方面的能力，其中管理和领导能力是创业者对企业进行计划、组织、协调、指挥和控制的能力；团队合作能力则是指建立在团队的基础之上，发挥团队精神、互补互助以达到团队最大工作效率的能力，对于团队成员来说，不仅要有个人能力，更需要有在不同的位置上各尽所能、与其他成员协调合作的能力；技术创新能力是在某一科学技术领域具备发明创新的综合实力，包括科研人员的专业知识水平和结构、研发经验和经历、科研设备等要素。这些能力在创业企业中均极其重要，是创业企业将创业者的"创意"转化为现实的生产力、将萌芽中的企业培育为成熟的公司的必要因素。创业者的综合能力是创业者作为出资的人力资本中最重要的组成部分，也是投资人决定是否投资的关键因素。

已经拥有的创意和未来的潜力这两项内容都是人力资本中未能单独分离出来的部分，价值更具有不确定性，严格依附于人身，无法转让和许可使用，这也是创业企业中人力资本的主要内容。尽管通说将知识产权从狭义人力资本的范畴中剥离出来，但是在实践中，创业者在签订协议进行出资时，通常做法都是将其所有的人力资本要素打包投入企业并合并进行估值，其中就包含了创业者所拥有的知识产权，知识产权并没有单独进行估值和转让。这也充分说明在创业者和投资人看来，法律认可的作为出资形式的知识产权、非专利技术与未被法律认可的人力资本中的隐性知识在实际出资时并没有本质性的区别。

2. 创业者人力资本的重要性

现代企业认可人力资本并且其作用日益凸显后，企业中已不再是物质资本一统天下，人力资本开始拥有了部分产权。甚至在创业公司中，二者的关系发生了某种逆转，人力资本的出资者拥有公司大部分的股权，物质资本的出资者拥有少部分股权，物质资本逐渐变为被动资本，而人力资本逐渐变为主动资本，成为企业的主导。

创业公司中人力资本为主导的合理性在于：

其一，创业公司是先有创业者的人力资本，后有投资人的物质资本。具体而言，传统公司是先有货币资本，再寻找管理人对企业进行经营管理；而创业企业是先有创业者的团队、创意和运营思路，再去寻找投资人为企业注入资金。所以创业公司中的人力资本是其灵魂和核心，在整个企业和创业过程中均处于绝对的主导地位。

其二，人力资本是创业公司发展的关键性要素。创业企业的主导资源是知识资本和人力资本而不是资金，这是创业投资明显区别于银行贷款等其他融资方式的重要标志之一。[1]美国学者比格利夫和蒂蒙斯认为，在创业企业早期发展阶段，称职的创业者对创业企业能否生存下去并发展成功影响重大，是创业企业最大的非货币性贡献，而事实上如果没有这一点，货币性贡献也不可能存在。[2]创业公司以科技创新为核心竞争力，创业者在公司治理中占据重要地位，代表着从财务资本导向范式到智力资本导向范式转变。[3]

3. 创业者所有人身份与管理人身份的比较

首先，创业者兼具所有人身份与管理人身份。根据投资人与创业者的协议，创业者一般同时担任公司的管理人，而投资人作为公司大部分资本的出资人，并不参与公司管理。因此创业公司中的创业者具有管理人和所有人的双重身份。

一方面，作为企业的管理人，创业者在企业成长的不同阶段起到不同作用。在创业阶段，创业者凭借其特有的技术和概念，利用其独特的才能和组合要素的能力，创办新企业，寻找创业资本的支持。通过出让企业的部分股权，与创业投资人共同承担风险，推动企业的成长。企业完成创业阶段后，仍然要不断地进行创新才能获得发展，创业者对企业的持续发展具有重要作用。

另一方面，作为企业的所有人，由于拥有大量股权，创业者同时具有了传统资本家的特征，具备良性的激励机制。同时由于掌握关键技术和信息，了解产业与市场的发展趋势，以新思维、新产品在新市场中竞争，使创业者又不同于传统产业中的企业家。

大部分有限责任公司中的大股东同时担任公司的高管人员，也可以称之为所有人身份与管理人身份的融合。但是与之相比，创业公司中的这种所有人身份与管理人身份的高度融合又呈现出不同的特点：一般有限责任公司是先由股东共同投资设立公司，公司成立后选举和任命大股东担任公司的管理人，大股东具有双重身份，但二者并非不可分离，如果股东辞去公司管理人工作，完

---

〔1〕 参见刘萍萍："创业投资家与企业家的人力资本特性研究"，载《技术经济与管理研究》2011 年第 1 期。

〔2〕 参见［美］W. D. 比格利夫、J. A. 蒂蒙斯：《处于十字路口的风险投资——美国风险投资的回顾与展望》，刘剑波等译，山西人民出版社 2001 年版，第 230~239 页。

〔3〕 参见金帆、张雪："从财务资本导向到智力资本导向：公司治理范式的演进研究"，载《中国工业经济》2018 年第 1 期。

全可以继续持有股份作为公司的所有者；但是创业公司与之不同，创业者对于企业的管理和经营是一开始就确定的，在此基础上再去找投资人，也就是说创业者先具有了管理人的身份，然后才与投资人通过协议取得公司的股份成为股东，投资人投资给创业企业的假设条件就是创业者将持续地负责企业的管理工作，这也是创业者向投资人作出的一个承诺。如果创业者在未超过一定期间或达到一定目标时，就不再从事管理工作而离职的话，一般都需要放弃其取得的部分甚至全部股权。可见创业企业中创业者股东身份与管理人员身份的高度融合也是人力资本在创业企业中成为主导性资本的必然结果。

其次，创业者所有人身份相较管理人身份更为重要。对于创业者而言，所有人身份赋予了其对企业的所有权，能够使其在企业经营成功时获得巨额财富，其管理人身份仅仅是实现所有人利益的途径而已。在此前提下，创业者就会在从事企业经营管理过程中，全面从所有人的角度出发，从企业利益最大化的角度出发，而不会仅从管理人的角度出发。所有人与企业利益的捆绑程度远远高于管理人。如果我们假定对个人收益的追求是激励控制者的主要动力，那么我们就必然会得出这样的结论，即控制者的利益有别于甚至常常是完全对立于所有者的利益。所以很明显，单纯追求利润的管理人不能很好地服务于所有者。[1]创业者是股东，也是公司的劳动者，他们和公司既有股权关系也有劳动关系。但他们基于股权关系的收益预期远远大于基于劳动关系的收益，相应地，基于股权关系而产生的主动为公司考虑的责任感，也超过基于劳动关系追逐个人利益。

最后，创业者基于所有人身份产生了特殊的竞业禁止义务。创业者对公司负有谨慎和诚信义务，投资人可以协议和制度安排对之加以控制和约束。公司利益与创业者的人力资本的使用密切相关，创业者要以约定的方式使用其人力资本，不得在公司外使用人力资本，不得以其人力资本向与其所出资公司的业务相竞争的企业出资，即要履行竞业禁止之义务。该义务是人力资本出资者基于其特定身份所负有的、基于公司对其人力资本的支配权而产生的，由人力资本的依附性所决定。

该种竞业禁止义务与普通公司对管理人课以的竞业禁止义务有本质的不

---

[1]　参见［美］阿道夫·A.伯利、加德纳·C.米恩斯：《现代公司与私有财产》，甘华鸣等译，商务印书馆2005年版，第133页。

同。普通公司中的管理人仅仅以其管理技能和方法从事相应工作，其竞业禁止义务是对公司忠实义务的体现，在任职期间如果在其他公司从事类似的行业，显然会造成顾此失彼、难以两全的局面，因此公司法规定一般情况下管理人不能在任职期间从事与本公司有竞争关系的行为。但是在其卸任后，如果公司基于该管理人掌握有公司专门技术和特定信息的原因而要求其继续负担竞业禁止义务时，只能依据与该管理人的协议而定，并且基于管理人的身份亦属于劳动合同法中的劳动者，要受到劳动合同法中关于劳动者离职后的竞业禁止有权要求企业支付劳动报酬的规定的约束。而创业公司中的创业者兼具管理人和公司股东的身份，其竞业禁止义务是基于股权关系而非劳动关系。创业者拥有公司股权的条件是以人力资本出资，其人力资本包含了创新精神、创业思路、管理能力等，这些创业者的人力资本已经随着其向公司出资而当然成为公司财产的一部分，如果允许这种人力资本随着创业者的流动而在同类企业中重复使用的话，显然会造成对企业和投资人的极大不公，严重损害公司利益。

二、人格信用是重要基础

（一）人格信用到财产信用的历史演变

1. 商事信用的含义

界定商事信用的内涵和外延是创建商事信用制度的基础工程。商事信用是人格信用与财产信用的有机统一。从心理学上讲，商事信用是商事主体在商事活动过程中所形成的一种信任感与安全感。因此，商事信用的核心是信任，从信任的基础来看，商事信用具有人格性和财产性双重属性。[1]可见，商事信用基础在于商主体所具有的人格和财产，具体可表现为人格信用与财产信用两个方面。人格信用是指以商事主体的人格即道德、伦理、情操等为基础的社会认同以及由此产生的良好声誉所保证的商事履行能力。财产信用是指在商事交易中，一方当事人以其所拥有的财产作为向交易对手取信之资本，并为其履行交易承诺之保障。[2]

---

〔1〕 参见雷兴虎、蔡晔："论我国的商事信用调节机制"，载《法商研究》2003 年第 5 期。

〔2〕 参见汪公文、陶舒亚："商事信用的基本理论框架：人格信用与财产信用的同质与异步"，载《浙江师范大学学报（社会科学版）》2003 年第 6 期。

商事信用不只是一种主观的社会评价，同时也是一种客观的履行能力，在不同的场景下，商事信用会表现出不同的属性。[1]其中，履约能力的社会评价实际上是在财产信用和人格信用共同作用基础上、长期的商事交往中所产生的社会认同，这种认同一旦产生，对于自然人而言就是其名誉，对于法人而言就是其商事信誉，名誉或者信誉会转化为企业的人格要素，因此这种商主体的良好社会评价可以归入人格信用的范畴。

公司的人格信用实际上表现为两个方面：一方面是其所有人、管理人等主要构成人员的个人信用；另一方面是企业在长期经营过程中积累而成的良好声誉，即商誉。[2]

商事信用的基本含义自罗马法以来没有根本变化，但是其侧重点却在不同的社会时期和社会领域发生了很大的变化。在社会发展过程中，人类社会经历了从人格信用为主到财产信用为主的演变，当前社会经济条件下，人格信用又得到了很大程度的回归，人格信用作为判断商事信用依据的重要性应当被重新审视。

2. 人格信用的重要地位

早期的商事信用主要体现为人格信用。人格在道德方面具有鲜明的特征，商事信用的人格化最能反映人类社会的原始风貌和道德需要。在一个相对地域封闭、商品经济还不太发达的环境里，人格信用对商事交易起着主导作用，交易伙伴之间要以彼此信赖、共同遵守诺言为前提，树立自己的"信用"形象是一个真正商人所必须具备的起码的道德品格。

人格信用在商事秩序的维持中起到了不可或缺的关键作用，可以这样说，没有人格信用，历史上就不会有商事信用的存在。[3]信用这种人格利益，具有不可估量的价值。也正是基于此，罗马法把"为人诚实，不损害别人"这些信用的基本要求作为法律的基本原则，并且把信用作为拥有法律上人格的重要条件。后世民法秉承罗马法的这一精神，将信用这一道德准则法律化，

---

[1]　参见赵旭东："商事信用的界定与制度构成"，载《浙江工商大学学报》2019 年第 5 期。

[2]　关于商事信誉到底属于企业的人格权还是财产权，理论界有不同看法：有人格权、财产权、复合权等观点。参见程合红："商事人格权刍议"，载《中国法学》2000 年第 5 期；张新宝：《名誉权的法律保护》，中国政法大学出版社 1997 年版，第 35 页；吴汉东："论商誉权"，载《中国法学》2001 年第 3 期；梁上上："论商誉和商誉权"，载《法学研究》1993 年第 5 期，等等。

[3]　参见刘斌："一人公司与外商投资企业在我国信用法律中的暗合——以人格信用和财产信用的互动调节为中心"，载《甘肃理论学刊》2009 年第 1 期。

使"诚实信用"原则成为民商法的一项基本原则。在经济活动中，信用从一般的社会伦理特定化为商业伦理，其所具有的伦理道德上的人格利益体现得更为明显，意义更为重大。[1]

关于商事人格信用的规范可以追溯到古代商法。《汉谟拉比法典》中对商人从事交易的信用形式与商人人格的规定非常严格。[2] 在欧洲中世纪商法中，诚信的一般原则几乎构成其所有法律体系的基础，人格信用在商事交易中发挥了绝对的主导性作用。其后教会法中宣扬的道德、公平和恪守承诺的观念又极大增强了人格信用在商事活动中的重要性。16 世纪的宗教改革和商业革命也为商事信用的人格特征增添了无限活力。德国商法典认为，之所以突出商人主体的身份，并非其拥有特权，而是对商人在人格及其道德诚信品格上有着特殊的要求。[3]

3. 人格信用向财产信用的演变

商品经济发展逐渐冲破了地域限制，交易范围大大拓宽，人格信用逐渐暴露其弱点：人们在商事交易中难以判断对方是否具有良好的道德品格，因为在商人面前的交易对手往往是其并不熟识的。社会生活愈发达，人和人之间往来也愈繁重，单靠人情不易维持相互间权利和义务的平衡，于是"当场算清"的需要也增加了。货币是清算的单位和媒介，有了一定的单位，清算时可以准确；有了这个媒介，可以保证各人间所得和所欠的信用。[4]此种情况下，仅仅依靠人格信用来维系商事交易变得困难重重。人格信用开始逐渐向财产信用演变。

财产信用本身还经历了从资本信用到资产信用的转变过程。资本信用是指公司以其注册资本为信用基础，资产信用是公司以其全部资产为对外偿债担保的基础。我国改革开放以来的公司法理论学说无疑是将资本信用神化为主导和核心角色，诸多学者都论及了公司资本作为信用基础的重要作用，例如，公司资本是公司赖以生存的血液，是公司运营的物质基础，是公司债务

---

[1] 参见江平、程合红："论信用———从古罗马法到现代社会"，载《东吴法学》2000 年特刊。

[2] 参见《汉谟拉比法典》第七条，《汉谟拉比法典》，法律出版社 2000 年版，第 13 页。

[3] 参见汪公文、陶舒亚："商事信用的基本理论框架：人格信用与财产信用的同质与异步"，载《浙江师范大学学报（社会科学版）》2003 年第 6 期。

[4] 参见费孝通：《乡土中国》，人民出版社 1985 年版，第 92 页。

的总担保。[1]另有学者则对这一论断质疑：资本不过是公司资产演变的一个起点，是一段历史，是一种观念和象征，是一个静止的符号……所谓公司的独立责任恰是以其拥有的全部资产对其债务负责，公司对外承担责任的范围取决于其拥有的资产，而不取决于其注册的资本……资本信用及其对债权的保障其实不过是一个理论和立法上的构思和假设。从资本信用到资产信用，是对公司信用科学分析基础上的理性选择，是公司法发展的历史轨迹，也是中国公司法正在形成的发展趋势。[2]事实上，从公司的独立法人财产和独立责任的基本理论出发，资产信用应是当然之理；只是由于公司资产始终处于变动不居状态，为了给予相对人更为明晰的判断标准，立法往往以注册资本公示，作为公司信用的外在表现。但是随着公司的经营发展，资本与资产的分离会越来越严重，资本无法彰显公司实际拥有的财产，资本作为公司信用基础的功能非常薄弱。

无论是资产信用还是资本信用，都是看重物的效用，属于财产信用范畴。财产信用似乎已经完全取代了人格信用，理所当然地凌驾于人格信用之上，甚至成为公司商事信用的唯一信用基础。但是随着社会生活的发展和法律规制技术乃至于法律理论和理念的变化，僵化而无效的资本制度被不断舍弃，信用社会的资本规则被重新配套设计。[3]

（二）人格信用的回归

1. 人格信用是公司信用评价的基本要素

信用无法脱离人与人之间的关系，对公司信用的判断不可能离开对公司所有人人格信用的判断，债权人绝不会仅仅依靠企业的财产数额作为其从事商事交易的依据。我们判断一个企业的信用如何，是在不自觉地强调盖然性和经验法则为基础的自由裁量。在我国，很多交易的达成，并不看重交易相对人特定时期的资产状况。换句话来说，一个公司的注册资本、资产负债表、现金流量表、利润表，以及是否存在既往违约事实，或者是法院判决、执行裁定等证据综合起来才能够显示出企业的总体信用，并非以其中的单一因素为判断基准。而这些判断因素中，对企业的所有人和管理人的个人能力和品

---

[1] 参见石少侠主编：《公司法学》，中国政法大学出版社2015年版，第80页；周友苏：《公司法通论》，四川人民出版社2002年版，第199页。

[2] 参见赵旭东："从资本信用到资产信用"，载《法学研究》2003年第5期。

[3] 参见蒋大兴："公司法改革的文化拘束"，载《中国法学》2021年第2期。

格的考量，也占有着极其重要的地位和作用。这种对企业综合信用的考察，包含了从过去到未来、从局部到综合的整体衡量，而非对静态时点的信用基础的盲目信赖。交易信用的维持除了"资产保障"外，还有"人格保障"。

比较公司信用基础的两个方面不难发现，人格信用在商事信用的判断中是基础性的，只不过在现代日益复杂的商事交易中，仅仅依靠人格信用不足以支撑整个商事信用，必须依赖企业财产作为企业信用的物质保障。将财产信用完全凌驾于人格信用之上甚至完全取代人格信用的做法，实际上只看到了商事交易的表面，没有看到其本质，忽略了公司背后主体的信用价值。"好公司"正是由"好股东"构成的。

2. 人格信用在有限责任公司和初创企业中的特殊作用

企业主要成员和控制人的个人信用对企业信用的影响，会随着企业的规模大小、股权结构的分散程度、企业所处的发展阶段的不同而变化。一般而言，企业规模越小、股权越集中、企业的历史越短，企业主要成员的个人信用和企业信用的融合度就越高；在这一阶段，企业的人格信用几乎完全取决于其主要成员的个人信用。随着企业的发展和壮大，企业逐渐积累了自身的商誉，并在企业的信用中逐渐处于主导地位，其成员的个人信用作为判断企业人格信用的因素会逐渐弱化。

人合公司相较资合公司的"人格信用属性"更强。股份有限公司是典型的资合性公司；而有限责任公司被认为是一种人合性的资合公司，其人合性主要体现在：股东是基于相互间的信任而集合在一起的，股东间的关系较为紧密，股份的转让必须征得其他股东的同意。其实，有限责任公司的人合性远远不只表现为以上几点。其中很重要的一个方面就是有限责任公司，特别是处于初创期的有限责任公司，其股东个人信用和公司信用发生了很大程度的绑定。债权人面对这样的企业，判断其公司信用时，往往是依据其主要股东的个人信用；同样，股东由于珍视其个人信用，为避免个人信用受损而将其个人信用延伸到公司信用中。信用丢失是"熟人交易失败"最大的惩罚。

3. 互联网信息时代促进人格信用回归

商事信用由最初的人格信用演变为财产信用，主要原因在于随着商事交易范围的扩大，熟人社会向生人社会转化，导致对人格信用的判断缺乏依据，破坏人格信用的行为由于信息不畅而难以对相应主体形成惩罚。但是在互联网信息时代下，这一问题得到了很大程度的解决。互联网使得世界变成了

"地球村"，大数据时代使得个人信息能够被广泛分享，此时生人社会一定程度上向熟人社会回归。商事交易主体可以通过互联网了解到相对人的各种信息，特别是其商事交易的信用记录，作为判断是否与其发生商业联系的依据；同时每一个商事交易主体既往的商事信用记录，都被记载下来，如果曾有不良记录，基于信息传播范围广、速度快的特点，使得其难以获得继续从事商事交易的机会，不良的人格信用会受到市场的惩罚。于是，在信息时代下，人格信用的回归拥有了肥沃的土壤。

（三）创业公司中的人格信用

1. 创业公司模式完美诠释了现代商事交易中人格信用的重要作用

创业公司模式是建立在投资人对创业者的绝对信赖之上。投资人先期投入巨大资金到创业企业中，其对公司的出资义务先行履行；创业者的出资义务体现为对公司的服务承诺，是后付义务，在未来很长一段时间内逐渐对企业投入。投资人把资金投入到创业者为大股东的企业中去，其投入资金可能构成企业资产的大部分，这将意味着：首先，投资人失去了对投资款的所有权；其次，投资人作为小股东，不能根本性地影响创业者对企业的控制力；最后，投资人同样不能干涉创业者对企业的管理权。可见，如果没有对创业者的信任，投资人就没有作出投资决策的基本依据。创业者获得了投资，也就获得了这种信任；为了获得持续的融资，创业者就需要以其诚实守信的经营来获得更多投资人的信任。这种信任和守信的良性循环成为创业企业中普遍的价值引导，创业企业的构造本身营造了很强的诚信氛围。

2. 创业公司人格信用的回归是人力资本出资为主导的必然表现

人力资本价值是创业公司模式的逻辑起点，在演化过程中，任何不符合诚信的想法或者行动，都会对人力资本价值产生致命的影响。人格信用是人力资本的当然构成要素之一，很大程度上也决定了人力资本的价值。面对创富神话的整体架构设计，创业者的一举一动、一言一行都会成为对其不断输血的投资人的判断证据之一，其失信行为负效在创业模式下会倍数放大。如果企业无法偿还债务，尽管创业者能够受到有限责任制度的保护，但是这种失信于人的行为，将会对创业者的人力资本价值造成巨大的损害。这种损害不仅及于一时一事，而且会波及支撑创业者生活基础的熟人结构，会进一步殃及未来潜在交易的生人结构。失信行为不但会使债权人对创业者个人人格信用产生负面评价，进而失去投资人对他的信赖，甚至会影响到潜在的投资人和债权人对其人格信用的认定，创业者在未来的商业交往中将会举步维艰。也只有在这样一种企业模式下，我们通常所说的诚信为本，才有真正意义上的聚焦式的体现。

为响应公司人格信用的回归，现代公司法应关注中国熟人文化的特质，将公司的信用基础建立在"人格信用"上，公司法的发展亦将呈现出一种"人格信用法"的倾向。[1]

三、优先股是关键制度

(一) 创业公司的股东差异性

创业公司股东主要由两类成员构成：一类是控制管理公司、以人力资本出资的创业者，另一类是向公司投入资金、主要以物质资本出资的投资人。为了充分激励创业者，创业企业中投资人一般持股较少，而创业者一方持股较多。两类股东在出资方式及进度、利益诉求及保护等方面有很大差异。

首先，出资的履行方式和风险不同。投资人以物质资本出资，往往以货币方式一次性或分期投入公司；创业者以人力资本出资，主要体现为未来的服务承诺。投资人是先付义务，创业者是后付义务，且人力资本的特点决定其不可能一次性到位，只能在将来逐步投入。由此导致两类出资人的履行风险不同：先履行的一方风险较大，不免担心人力资本出资者无法履行承诺，在投资后转股或者辞职；而人力资本出资者作为后履行的一方风险较小。

其次，出资评价标准的确定性不同。物质资本以具体数额为评价标准，确定性强；人力资本以何种方式和程度履行具有主观性和不确定性，既要看付出的过程，也要看换来的回报，即企业发展是否达到预期结果。

最后，股东的诉求不同。对于投资人而言，其主要目标是追求投资收益，不愿承担管理义务，往往对公司的控制权不十分在意，因为其商业模式是在一定数量的创业企业中进行分散化投资。[2]法律通常不要求风险资本的提供者获得控制权。[3]基于此，投资人投入资金多但一般持少数股，由此投资人必然产生获得合理的、优于创业者的退出机制保护的需求，以及对人力资

---

[1] 参见蒋大兴："公司法改革的文化拘束"，载《中国法学》2021 年第 2 期。

[2] 参见朱慈蕴、沈朝晖："类别股与中国公司法的演进"，载《中国社会科学》2013 年第 9 期。

[3] 参见［英］保罗·戴维斯：《英国公司法精要》，樊云慧译，法律出版社 2007 年版，第 275 页。

出资者控制公司产生代理成本的担忧。对于创业者而言，尽管其最终目标是创业成功、获得巨大财富，但是在创业阶段，其追求的主要是对企业的控制权和管理权。为了保持对公司的控制权，创业者能够接受在其他方面对其权利的限制。

可见，创业公司中投资人与创业者在公司设立阶段的出资形式与出资进度不对等，对公司经营的关注和参与程度亦不对等，导致两类股东合理地希望并接受不一样的股东权利安排，由此必然产生对优先股制度的诉求。特殊的制度安排是创业公司的新常态，也使创业公司成为优先股制度运用的典型代表。

（二）创业公司的优先股制度构造

创业公司的优先股制度设计就是对其股东天然诉求的恰当回应。投资人在创业公司所投的资本，可采取普通股、转换优先股、转换为普通股的贷款、附有认股权的贷款等投资形式，一般都采用普通股和可转换优先股的投资形式。投资人对创业公司的控制权，主要不是靠股份比例，而是通过把大量防范风险、确保回报的条款列入契约来实现。根据投资人与创业者的协议，投资人享有一系列的优先权利，包括对某些重大事项如企业产权转让、出售、上市等的一票否决权、清算优先权、优先投资权与回购、共同出售权等；创业者的权利会受到一系列的限制，包括股票分期成熟、在股票成熟前离职赋予公司对其股份的强制回购权、对股票的转让限制以及竞业禁止和禁止劝诱等。

优先股制度安排和投资人的物力出资构成一种"逆向平衡"。正因为在出资阶段投资人处于明显的不利地位，才需要特别的制度安排来确保投资人的利益实现，这样的权利义务、利益责任的制衡机制，是为了填补前期出资安排中对于投资人先履行义务而产生的潜在风险。例如对创业者股票分期成熟和强制回购的要求，就是由于创业者所持有的股票从来源看与投资人持有的股权有显著的不同，其股权没有财产出资的支撑，当创业者出现中途离职的情形，若对其离职后所持有公司股权不设定成熟安排，也不对未成熟的股权设定强制回购制度，将导致创业者获得不正当的利益，不利于实现创业者与公司保持长期利益绑定、维持创业团队的稳定性，同时使投资人遭受严重的不利益。再比如对创业者竞业禁止条款的约定，是基于创业者对公司的人力出资和服务承诺，这种人力出资包括创业者的创意、经验、精神、技术、管理等综合要素，创业者离职后遵守竞业禁止条款不能依据劳动合同法获得报酬，因为其在公司成立之初已经将其人力资本向公司出资，并获得了大比例的股权作为对价，为了实现权利与义务的统一，其离职后的竞业禁止不能获得补偿。

总的来看，通过对创业公司优先股特殊构造的考察，可以发现这一构造具有合理性和必要性，是投资人和创业者基于经济理性的考虑，是各方当事人为了实现自身利益诉求而选择的合理途径，其达成的协议是真实、自由的意思表示。

（三）优先股在创业公司中的重要意义

创业公司中的优先股制度安排看起来对投资人过于优待而对创业者非常苛刻。但是结合两类股东出资形式、利益诉求的差异性，恰恰形成一种平衡，使得投资人、创业者双方的商业目标均能合理实现。

对于投资人和创业者来说，他们既具有利益的同一性、协调性，也有着利益的矛盾性、差异性。其利益的同一性表现为双方都期望创业公司能够健康、快速地成长，以分享企业成功带来的收益。其利益的差异性体现为，创业者作为投入资金少而主导公司经营管理的一方，可能会追求高薪收入、在职消费，以及盲目追求企业的规模扩张；而投资人作为投入资产较多的一方，更多地追求企业的利润与资产价值的增值。双方利益的同一性决定了合作的可能，而利益的差异性决定了彼此监督与激励的必要性。

优先股制度特有的多样性和灵活性，可以有效填补投资人和创业者出资义务不对等而产生的潜在风险，解决投资人和创业者之间的利益协调和权利制衡问题，使得企业融资过程中不同诉求的投资人能够求同存异、互相妥协，从而极大地促成了资本与创业的结合。优先股的主要任务就是连接创业者和投资人的激励动机，以达到成功。[1]投资人能够在承担投资风险的同时，最大限度保障自己的利益，有效应对风险，避免信息不对称引起的代理成本；而创业者得到激励的同时，也受到制度的约束，最大程度地发挥自己的主观能动性。

创业公司是典型的风险企业，融资难度大，缺乏公开市场的融资渠道。

---

〔1〕 See William W. Bratton & Michael L. Wachter, "A Theory of Preferred Stock", *U. Pa. L. Rev*, Vol. 161, 2013, p. 1878.

创业者的创意和执行能力可能会带来高额收益，也可能被市场证明一文不值，创业者亟需资金将创意转化为产品来证明其市场效益。将创业者与投资人结合起来的机制一定不同于成熟企业在公开市场展开的融资，这一机制必须足够灵活以服务于投融资双方的权利义务设计。回应投资人需求、打破标准的投融资关系成为创业企业获取融资的客观需要。

美国的创业企业财务支持主要来自机构投资人、一些公众或者私人公司。[1]而我国的企业融资渠道更窄，创业公司融资困难问题突出；同时天使投资、私募投资基金等投资人对于创业企业有强烈的投资愿望。在这种情况下，优先股灵活多样的设计为公司融资提供了多种选择，投资主体与融资主体可以实现共赢。实践中，优先股在很多国家成为重要的融资工具并受到投资人的欢迎。[2]优先股主要适用于两个基本的领域：一类是针对公众公司的投资人，其诉求是获得相对普通股更为稳定的收入回报，股权内容主要体现为优先支付股利；另一类的典型代表是风险投资中的优先股，主要表现为投资人在投资增值和退出保护时优先于普通股。[3]美国学者的实证研究显示，优先股被广泛用于高风险、前沿尖端的初创企业，[4]在投资人和创业者签订的合同中用于应对适应创业投资需要的金融工具，如可转换优先股、附认股权债、可转换债等，予以法律上的肯定。[5]美国对赋权性规则之重视，为其金融创新留下充分的制度空间。[6]

总的来看，经过数年发展的经验积累，创业企业以优先股和普通股的区分设计为基础，发展了一整套独特的制度规则，是创业者与投资人利用各自拥有的资源展开博弈、追求利益最大化的同时进行协调和妥协的结果。多年实践检验后，这些制度安排成为创业公司中的商业惯例，并为各国的创业投

〔1〕　See Darian M. Ibrahim, "Debt as Venture Capital", *U. Ill. L. Rev.*, Vol. 2010, 2010, p. 1169.

〔2〕　参见刘胜军："类别表决权：类别股股东保护与公司行为自由的衡平——兼评《优先股试点管理办法》第10条"，载《法学评论》2015年第1期。

〔3〕　See Spencer G. Feldman, "Preferred Stock, A Privileged If Peculiar Class", *Prac. Law.*, Vol. 58, 2012, p. 57.

〔4〕　See Charles R. Korsmo, "Venture Capital and Preferred Stock", *Brook. L. Rev.*, Vol. 78, 2013, p. 1164.

〔5〕　See Steven N. Kaplan & Per Stromberg, "Financial Contracting Theory Meets the Real World: An Empirical Analysis of Venture Capital Contracts", *Rev. Econ. Stud.*, Vol. 70, No. 2, 2003, p. 281.

〔6〕　参见李安安："股债融合视域下的公司治理：现实检讨与法制回应"，载《西南民族大学学报（人文社会科学版）》2020年第4期。

资活动广泛采用。值得重视的是，这些制度安排的实现，需要通过法律制度规范和企业意思自治共同实现。由于创业公司本身与传统企业存在截然不同的法律特征，在创业公司模式下又存在不同类型、不同实力、不同利益诉求的投资人和创业者，创业公司所处的行业和成长的阶段也千差万别，导致实践中的具体制度安排并非千篇一律。这就要求制定法律时要充分尊重市场主体的自主权和选择权，相信市场主体具有充分的理性，在遵循国家法律强制性规范的前提下，给予他们充分的自治空间，允许他们根据自身情况确定权利义务规则。接下来，本书将以创业投资最为发达的国家之一美国为代表，对域外创业公司相关法律制度进行比较研究，以期对我国的相关立法形成借鉴。

创业投资的美国法考察 | 第三章 CHATPER 03

美国是当今世界上创业投资最为发达、相关法律制度最为完备的国家之一。英国前首相撒切尔夫人曾经说过，欧洲在高科技及其产业方面落后于美国，并不是由于欧洲的科技水平低下，而是由于欧洲在风险投资方面落后于美国 10 年。[1]美国创业投资的成功绝不是偶然的，它是法律制度、金融市场、社会环境以及经济背景共同作用的结果。其中，完善的法律制度体系是美国创业投资成功的一个重要原因。法律制度从创业资本的来源、运营效率和退出等多个方面为创业投资的成功提供了保障。[2]世界上许多其他国家和地区的创业投资制度借鉴的是美国。

一、美国创业投资合同考察

美国的法律制度在创业投资合同条款的确定中发挥着极其重要的作用。在法律规范允许的范围和限度之内，创业投资双方主体充分行使市场经济体制下的意思自治权利。风险投资家通过与他们所投资的创业企业的经理层签订合同，以确保他们的投资受到保护。[3]创业投资合同文本是双方利用各自拥有的资源展开博弈、追求各自利益最大化以及双方利益协调的结果，而创业投资合同的准备、签订、履行是双方在信息不对称条件下相互防范逆向选择与道德风险问题而展开的动态博弈过程。美国的创业投资合同的着眼点都是以证券市场为中心的创业企业治理结构，即以培育创业企业上市为目标。

---

〔1〕 参见李月平、王增业：《风险投资的机制和运作》，经济科学出版社 2002 年版，第 9 页。

〔2〕 参见彭丁带、陈玮："美国风险投资业发展历史的宏观考察——兼论立法与政府扶持政策的重要性"，载《经济师》2006 年第 11 期。

〔3〕 See D. Smith, "The Venture Capital Company: A Contractual Rebuttal to the Political Theory of American Corporate Finance", *Tenn. L. Review*, Vol. 65, 1997, p. 103.

(一) 创业投资合同的类型

创业投资交易多种多样，有些创业者因为已经证明了其创建企业的能力，获得了较好的声誉，对投资人的吸引力很大，在投资交易中拥有谈判优势；而另外一些创业者，特别是初次创业的企业家，因为能力不确定、经验不丰富、社会资源不足，在交易谈判中就会处于劣势。同样，投资人也因其是否有丰富的投资经验、良好的业绩记录而处于不同的谈判地位。因此，创业投资交易主体之间缔结的合同也有较大的差别。

美国学者将创业投资合同总结为六种类型：[1]

第一类合同是特异化合同 (idiosyncratic contracts)。这类合同省略了与其他合同相同的条款，而包含了一些非标准性的条款 (nonstandard terms)，比如只涉及普通股融资的条款，或者对股份所有权的转让进行更多限制的条款。

第二类合同是弱式合同 (weak contracts)，是不够具体化、短期的合同，对投资人只提供有限的保护，投资人可以得到累积性的红利。但他们不能得到反稀释条款的保护，也没有优先购买权。此类合同总是包含着股份回赎条款，允许成功的创业者以事先决定的价格回赎投资人的股份，回赎的价格一般会比投资时的价格高、但相对现有市场价格而言打了一定的折扣。

第三类合同是事先确定投资程序的合同 (pre-programmed contracts)。这类合同相对传统，但在兼并权、反稀释权以及股份回赎权等方面会确立相应的标准。其共同特征是投资人对创业企业的强大控制地位，以及在创业企业成功的情况下投资人主动退出、放弃其控制地位的意愿。

第四类合同是法律化合同 (legalistic contracts)。该类合同详细地规定了投资人与创业者之间的权利义务关系。它包含着强制性的可转换优先股条款、自由裁量的股份回购条款以及复杂的随具体情况而定的兼并条款，以保护创业企业处于上升趋势时的权益；同时，也包含了累积性红利分配条款、大量的约束性条款、信息披露陈述与担保条款以及反稀释条款等，以保护创业企业处于下降趋势时投资人的利益。此外，这类合同对创业投资的长期关系进行了详尽的规定，并赋予希望在以后的投资轮次中继续投资的投资人以优先购买权。

[1] See Gordon Smith, "Venture Capital Contracting in the Information Age", *J. Small & Emerging Bus. L.*, Vol. 2, 1998, pp. 133-176. 转引自彭丁带："美国风险投资合同及其对我国的启示"，载《河北法学》2006 年第 11 期。

第五类合同是密切性合同（close contracts）。该类合同与"法律化合同"较为类似，其条款的设计也是为了规范投资人与创业者之间的长期合作关系。合同规定的资本退出方式较少，也规定了自由裁量的股份回购权，对投资人登记其股份以公开出售的权利规定了严格的条件。这类合同对新的投资人的投资提供了一些约束，比如一些严格的反稀释保护条款、投资人的优先购买权以及大量的保护性约束条款。该类合同所规范的投资人与创业者之间的关系是长期的、密切的、排他的。

第六类合同是灵活性合同（flexible contracts）。与第一类合同和第二类合同一样，该类合同没有规定某些共同的投资条件，其意图是建立一种灵活的、可调整的关系。但与前两类合同不同的是，它包含了相当广泛的权利义务条款，如大量的信息披露与陈述条款、担保条款、约束条款，以及融资报告的义务、优先购买权、股份登记权，等等。创业投资双方都愿意并有能力在合同中规定双方的权利与义务，但是他们并不想规定得过于详细。

创业投资合同的多种类型，说明创业投资合同的条款设定既有一定的共性，又有着极大的灵活性。把所有的创业投资合同概括为一个类型是片面的、不足的，立法更无法为每一个创业企业提供权利义务设定的标准化模板。

（二）创业投资合同的主要内容

创业投资合同是创业企业的投资人与创业者之间最重要的法律文件，是确定双方权利、义务内容的主要依据，是在合同缔结后共同培育创业企业使之成熟壮大的行为规则。由于创业投资的方式和阶段等不同，创业投资合同也必然呈现出诸多差异。但在不断重复的创业投资行为中，创业投资合同的许多条款和内容基本定型，一般来说，创业投资合同应包括以下几个方面的内容：[1]

1. 投资金额与投资时间。创业投资机构通常根据创业企业资金需求与发展阶段的不同采取分阶段投资的方式，使每一轮次的投资额满足企业顺利发展到下一阶段的需要。投资轮次的多少、投资时间的长短通常与创业企业所处的发展阶段有关，创业企业越处于发展早期，投资轮次就会越多，投资时间越长。分阶段投资是创业投资的重要特征之一，是投资人赖以克服其信息劣势、降低与防范创业者的机会主义行为、保护自身利益的重要手段。

2. 投资工具的选择。投资人向企业投资，作为对价，企业通常向投资人

〔1〕 参见彭丁带："美国风险投资合同及其对我国的启示"，载《河北法学》2006年第11期。

发行表明其对企业享有权利的证券。其中主要包括在企业和持有人之间产生债权债务关系的债权证券和产生股权关系的权益证券。[1]投资工具的选择是投资契约的基本条款，决定了创业资本的进入方式和进入后的身份和地位。投资工具应该根据风险和收益的不同偏好，以及被投资企业的状况综合考虑。对投资人来说，债权证券收益稳定，但不能分享企业成功的高额利润；普通股虽能分享企业的利润，但安全性较差。在美国创业投资实践中，可转换优先股是适用得最为普遍的一种投资工具。学者对美国 118 个风险投资企业的200 轮次融资进行研究，发现其中 189 轮次或 94.5% 都使用了可转换优先股。[2]

可转换优先股的广泛适用是美国创业投资的重要特征，是投资人最重要的一项机制设计，也是协调双方利益的重要手段，对美国创业投资的发展起着至关重要的作用。可转换优先股在创业投资界的支配地位是有着深刻原因的：首先，美国法律支持公司根据自身需要设计不同类型、不同内容的优先股。如《美国标准商事公司法》规定，如果在公司组织章程中规定董事会可以决定各类股票或者各系列股票的条款，董事会就可以在任何一种股票发行之前，全部地或部分地决定该类股票的优惠、限制或有关权利；或者在同一类股票内的一个或多个系列的股票发行前，全部或部分地决定该系列股票的优惠、限制或有关权利。[3]其次，可转换优先股的自身特点，即股息分配优先权、清算优先权和控制权地分配能够很好地解决代理问题。[4]优先股在具体的适用中涉及兑换价格、优先权、股息、支付条件以及表决权等多方面内容。最后，美国的税收优惠政策等制度对可转换优先股采用了激励措施。[5]

3. 创业企业的股权安排。包含两层含义：一是对投资人和创业者持创业企业股份多少、种类的安排，即物质资本与人力资本出资者的持股比例和股东权利安排；二是对创业企业内部管理人与员工的股权安排，即创业者与员工之间依人力资本出资而产生的持股比例安排。前者主要体现创业者与投资

---

〔1〕 See Harry G. Henn, John R. Alexander, *Law of Corporations and Other Business Enterprises*, West Publishing Company, 1983, pp. 274-276.

〔2〕 See Steven N. Kaplan & Per Strömberg, "Financial Contracting Theory Meets the Real World: An Empirical Analysis of Venture Capital Contracts", *Review of Economic Stuelies*, Vol. 70, 2003, pp. 281-315.

〔3〕 参见卞耀武：《当代外国公司法》，法律出版社 1995 年版，第 24 页。

〔4〕 See Douglas J. Cumming & Sofia A. Johan, *Venture Capital and Private Equity Contracting*, Elsevier Inc., 2009, p. 390.

〔5〕 See David M. Schizer, "Realization as Subsidy", *N. Y. U. Law Review*, Vol. 73, 1998, p. 1549.

人之间的股权比例，它关系到双方对创业企业的控制权、决策权进而关系到双方分享创业企业的成长收益等重大问题。后者主要是着眼于创业企业的治理结构，使创业企业管理层和员工能在实现企业利益最大化的同时实现自身利益的最大化，即有效的约束与激励机制的设计问题。

一般来说，投资人持有优先股。确定其股权份额的方法通常是现金流量折现法，即通过将预测的创业企业未来的现金流折现的办法确定其在未来某个时点的价值，然后在考虑资本额大小的情况下，按照双方认可的投资回报率来确定投资人与创业者的股权比例。[1]创业者持有普通股，并且创业企业中相当一部分股权份额由创业者持有。这种安排满足了创业者控制自己创建的企业的需求。在对创业者的股权安排中，通常包含股权成熟条款，这一条款是保持管理团队稳定性的有效手段。对公司的高级管理人员通过授予公司股票期权来实现激励。在创业投资的早期阶段，创业者一般都是企业的首席执行官，但在企业发展到一定阶段之后，投资人常常会寻找经验丰富的职业经理人取代创业者。

4. 股权结构调整。包含估价调整条款、反稀释条款、分期投资条款等。投资人在投资前首先要对创业企业进行估值，然后根据投入的资本确定股权比例。企业的估值主要基于对企业未来的预期，如果预期没有实现，原来协商的估值就必须重新调整。投资人为了控制投资风险，根据"现在业绩"初步作价和确定投资条件，根据"未来业绩"调整作价和投资条件。即如果企业实际经营业绩低于预测的经营业绩，投资人会要求企业给予更多的股份，以补偿投资人由于企业的实际价值降低所受的损失。相反，如果企业实际经营业绩高于预测的经营业绩，投资人会拿出相同股份奖励创业者。[2]估值调整条款的触发条件非常广泛，既有财务指标，也有非财务指标，涉及企业运营和治理的多个方面，如销售额、利润率、是否上市等。以股权的数量和比例对企业确定的评估价值予以调整是最常用的调整方式，除此之外，还可以以董事会席位、二轮注资和期权认购权等多种方式作为调整手段。

反稀释条款着眼于防止公司股权结构的调整或后续融资导致投资人的股

---

〔1〕　参见赵振武："风险投资评估与决策研究"，天津大学 2005 年博士学位论文。
〔2〕　参见邹菁：《私募股权基金的募集与运作：法律实务与案例》，法律出版社 2009 年版，第125页。

份贬值，或投资人至少在一定程度上控制创业企业股权结构的变化。其内容是在不增发更多优先股的前提下，为优先股确定一个新的转换价格，使自己的股权比例不被稀释。

分期投资条款是指在初始的投资契约中，只规定首轮投资的细节，对于后续追加投资不作具体规定，未来根据企业的发展状况确定。每次分期投资，都是对企业的一次监督和审查，有助于投资人对企业的发展前景作周期性的重新评估，并保留是否继续投资的权利，从而减少错误决策所导致的损失。分阶段投资能在早期阶段对创业者的控制权形成威胁，并能通过再次投资，逐渐获得控制权。分阶段投资通常发生在相对较短的时间内，一般相隔不到一年，并经常是更短的间隔。与回购权和注册权相比，分阶段投资在早期创业企业控制权的平衡上起到重要作用。[1]

5. 创业企业的治理结构。主要是指创业企业内部如何建立股东会、董事会和经理层分权与制衡协调一致的公司治理结构，这既是公司法的一个重要内容，也是创业投资合同的一个重要内容。合同可以就公司的治理结构作出不与公司法强制性规则相抵触的安排。

其一，关于股东会的安排条款。一般来说优先股股东没有表决权，但为了参与被投资企业的管理，投资人有可能要求无论优先股是否转换为普通股，都拥有与普通股相同的表决权。此外，投资人往往持股量较少，其对企业的日常管理经营不关心，但是为了保证其在创业企业的重要事项中有话语权，投资人一般享有特定事项的"一票否决权"，即创业企业中的保护性条款。保护性条款设置的目的是保护作为小股东的投资人的利益，对创业企业股东会或董事会的权力进行限制，防止其利益受到出资少而持股多的创业者的侵害。[2]

---

〔1〕 参见于娟："美国风险投资中的契约研究——兼论对我国风险投资相关法律制度的借鉴"，吉林大学 2010 年博士学位论文。

〔2〕 投资人享有一票否决权的事项通常包括：（1）修订、改变或废除公司注册证明或公司章程中的任何条款对优先股产生不利影响；（2）变更法定普通股或优先股股本；（3）设立或批准设立任何拥有高于或等同于优先股的权利、优先权或特许权的其他股份；（4）增加或减少组成董事会的批准股东人数；（5）宣布或支付给普通股或优先股股利；（6）回购或赎回公司任何普通股（不包括董事会批准的根据股份限制协议，在顾问、董事或员工终止服务时的回购）；（7）公司视为清算事项的生效或同意；（8）批准任何合并、资产出售或其他公司重组或收购。参见美国风险投资协会编、李寿双主编：《美国风险投资示范合同》，北京市大成律师事务所、北京市律师协会风险投资委员会组织编译，法律出版社 2006 年版，第 256 页。

虽然保护性的否决条款起到很大的作用，但它不能使少数派的优先股股东用肯定方式决定公司的政策。

其二，关于董事会的安排。对于创业企业董事会席位的分配、投票规则、雇佣条件与薪酬标准等内容，创业投资合同一般都会作出安排。创业投资中的董事席位与股权份额不一定成正比，投资人可能是大股东，但只有很少的董事席位，或小股东却拥有较多的董事席位。投资人一般都会要求在创业企业的董事会中占有一定的席位，以表达自己的意愿、行使决策权。但美国的法律制度又使得投资人不太愿意对创业企业行使太大的控制权。投资人一般会避免在创业企业中占有一半以上的董事会席位，以防止自己被看作法律规则所规定的"控制人"，而由其个人对创业企业的债权人和其他投资人承担责任，即行使控制权可能导致承担法律责任。创业投资已存在高风险，如果还要对创业企业的债权人和其他投资人承担责任的话，风险就更高了。由此看来，美国的法律制度把投资人的控制权限制在一定范围之内，这有利于投资人和创业者双方的紧密合作，从而提高创业投资的效率。但是，为了保护作为小股东的创业投资人的利益，投资契约中一般也会规定需投资人董事特别批准的事项。

6. 信息披露条款。创业投资合同还会要求经理层定期向投资人披露财务信息，以使投资人能够理解并依此作出决策。主要有陈述与保证条款及投资人的知情权与检查权。其一，陈述与保证是创业企业、投资人和创业者对自己现存状态以及交易相关信息的充分披露，并保证披露内容的真实性与合法性。陈述与保证是双方交易的前提，可以避免因合同关系的基础出现问题，从而导致违约，交易落空，具有保证交易安全的功能，体现诚实信用原则。

其二，投资人有权在公司正常营业时间检查公司设施、账目和目录，并与相关董事、管理人员、员工、会计师、法律顾问和投资银行家讨论公司业务和经营情况。如果投资人拥有超过一定比例的优先股（包括普通股）股份，公司还应邀请投资人推选的代表以不参与投票的观察员身份参加董事会的各种会议，并向该代表提供其向董事提供的所有通知、会议纪要、批文或其他材料。

7. 创业资本的退出。投资人或创业者退出创业企业的方式有首次公开上市、收购兼并、回购等。

首次公开发行根据发行场所的不同，分为主板市场发行和二板市场发行。

主板市场上市标准高、监管严格，创业企业一般为中、小高新科技企业，在净资产、利润额等方面难以达到要求，美国专门建立了上市条件更为宽松、上市规模偏小的二板市场，活跃的二板市场为具备成长性的新兴中小企业和创业企业提供融资服务。首次公开上市能够给投资人带来巨额收益，并通过提高创业企业的知名度、信用度和社会形象的方式，获得在证券市场上持续筹资的渠道。其缺点在于成本高、时间长，但仍为最吸引创业者和投资人的退出方式。收购兼并是创业投资中另一类常见的退出方式。虽然兼并与收购不及首次公开发行收益高，但对于投资人而言亦具有一定的吸引力，因为这种方式可以立即收回现金或是换取流通性较高的证券，从而避免潜在风险实现创业资本的迅速退出。投资人为了防止其无法退出公司，通常在投资契约中规定在投资期届满，创业企业无法上市或无法出售给其他大公司的情况下，企业应按规定条件回购投资人所拥有的创业企业股份。[1]清算是指企业因破产、解散或出现其他清算事件时而清理债权债务、分配剩余财产的行为。当投资人确认创业企业失去了发展空间，无法实现预期的回报，就应尽早收回资金，以最大限度减少损失。据统计，美国30%的创业投资是通过企业股票发行上市退出，23%通过兼并收购，6%通过企业股份回购，32%是因亏损等原因清算退出。[2]不同的退出方式之间的收益相差悬殊，公开上市项目的平均收益率约为610%，出售约为70%，股份回购约为110%，而清算则亏损约80%。[3]

为了实现投资人退出公司的权利，创业投资合同中往往规定了股份回购权、共同出售权、强制随售权、清算优先权等权利内容。

8. 投资收益与违约责任。投资收益与投资工具、持股比例相联系，它包括投资人能得到什么样的股息、是否具有优先清偿权，以及在创业企业公开上市后，投资人是否可以要求创业企业为其所持有的股票优先注册登记等。违约责任主要规定双方可能出现的违约情形及其补救措施。

综上所述，在美国创业投资契约安排中，以创业资本的进入和退出为主线，在投资工具选择、公司股权结构设置、治理结构安排、信息披露、退出

---

〔1〕 参见程强："风险投资法律制度研究"，中国社会科学院 2002 年博士学位论文。

〔2〕 参见王益、许小松："风险资本市场及其运作机制研究（上）"，载《证券市场导报》1999年第 5 期。

〔3〕 参见陆世敏主编：《中小企业与风险投资》，上海财经大学出版社 2001 年版，第 327 页。

及利润分配上，平衡创业者和投资人之间的利益冲突，使投资人可以对公司产生持续性影响，并保有妥善退出渠道，且可获得公平的投资回报。

二、美国创业投资法律制度的特点及启示

(一) 创业投资法律制度的特点

创业投资体系的发展关系到国家经济结构的调整，同时其发展过程中充满不确定性，因此在创业投资的发展过程中，政府的干预是必要的。美国的立法者致力于为创业投资营造一个有利的法律环境，政府并不直接参与经济活动，而是提供法律框架和依据，为创业投资提供制度支持。具体来看：

其一，保障了创业投资主体的多样性。美国是一个市场主体组织形式发达的国家，其法律制度对多种组织形式进行了规范和保障。美国的创业投资主体可以选择采取最适合于自身特点和偏好的组织形式，包括股份公司、有限公司、合伙等，从而保障了创业投资主体的多样性、提高了创业投资的效率。

其二，保证了创业资本来源渠道的畅通。《美国雇员退休收入保障法》要求各个公司设立公司退休基金，并规定了强制性的最低退休基金标准。这样，许多大中型公司会积累数额相当巨大的退休基金，在合适的时候他们会将一定比例的退休基金投资于创业投资机构。法律在保证创业资本充足供应的同时，也限制某些组织为创业投资机构提供创业资本。例如，对银行业进入创业投资领域有一定的限制。这种限制为美国的创业投资独立于银行而依靠其他投资主体的发展道路奠定了基础。这与德国、日本的风险投资严重依赖银行的现象形成了鲜明对比，也是美国风险投资能够蓬勃发展的原因之一。当然，养老基金之所以可能介入高风险的创业投资与美国相对成熟的市场环境、完善的投资管理人信义义务约束以及相关税法规则的构造密不可分。

其三，资本市场准入与公司控制权市场保证了创业投资退出渠道的畅通。美国的法律制度对创业投资的最大贡献在于美国证券市场规则的建立。没有一个健康有序的证券市场，创业企业就不能上市，创业投资机构赖以退出的主要渠道就会阻塞不通。在美国，资本市场的流动性为其他国家所不及，注册制使得公开上市不是漫长的等待和大公司专享的稀缺资源，可能的巨额回报使得投资人能够甘冒风险、放手一搏；同时，控制权市场是整个经济体的重要部分，公司间收购司空见惯、资本无眠、流动不息，而控制权市场的活

跃在相当程度上得益于以公众股东权益保护为指向的强制信息披露、董事义务、公司收购等法律制度的有效运作。

其四，公司参与方的风险承受力较强。一方面，公司控制权市场锻造了人力资本的风险承受力，活跃的公司控制权市场使雇员和经理面临风险，尽管偶尔会有对并购和精简的抵制，学界普遍认为这些风险对公司参与方具有合理的约束功能；另一方面，活跃的证券交易市场增进了货币资本的风险承受力，美国公司治理体制的参与方不会像日本那样基于关系网络紧密结合从而受到约束，货币资本所承担的风险也主要通过流动性和分散投资来规避。实际上，美国公司法中灵活的赋权性规则盛行，其中的一个基本原理就在于促成进入与退出，在变动不居的情势中保护期待。人力资本的风险承受力使初创期企业不乏管理与技术人才；货币资本的风险承受力则极大地激发了资本的冒险逐利本性。[1]

其五，美国的创业投资历史较长，其创业投资已经进入成熟阶段，形成一系列配套措施。美国创业投资的政策与其他的相关政策有很强的一致性。如美国政府对创业投资的扶持力度大，但不是依靠简单的直接贷款或资金投入。鉴于高新技术的研制前期和中小企业的发展前期风险极高，普通风险资金承受不起，政府便制定扶植计划投入创业资金，弥补"投资空白"，对高新技术的发展起到了非常大的推动作用。除了这样的直接投入外，美国政府更注重的是通过各个计划中的多种措施，利用政府资金的示范和杠杆作用，推动私人和机构投资人的创业投资，进而推动整个社会的高新技术创新和社会投资的发展。

经过长期发展，美国创业投资市场已经相当成熟，天使资本家、机构投资人、各种中介机构以及其他参与主体相互合作配合，运作高效，形成了一个健康、规范的创业投资市场。创业企业，特别是高科技创业企业也因创业投资市场的繁荣而迅速发展。由于制定了相对完善的创业投资法规，政府并不直接干预创业投资的具体运作，而是通过运用相关的法律和政策来规范调控各个主体的行为，建设一个健康有活力的创业投资市场，使创业投资在法律的框架下运行。

---

〔1〕 参见于莹、潘林："适应性效率理论与公司法的适应性——以创业投资为样本的研究"，载《吉林大学社会科学学报》2013 年第 6 期。

（二）创业投资法律制度与契约自治的关系

美国市场经济的成长、成熟是一种自下而上、自发生成的秩序，市场交易中主体自治的理念深入人心。由此，通过缜密的合同架构私人秩序是交易的常态。政策制定者充分认识到创业投资本质上是一个市场过程，其主体是无数追求利润最大化的理性经济人，无论创业者还是投资人，均是利用创业投资这一模式实现自己的利益诉求。公司法律规则不仅提供了种种创新可资利用的制度工具，也对私人交易中的契约自治给予了最大限度的包容和适应。美国的有限责任公司与大陆法系国家的有限责任公司名称相同，英文名称都是 Limited Liability Company，其实内容上有较大区别。美国的有限责任公司是一种新型的企业组织形式，主要是为鼓励企业发展，给予公司经营上更多的自主和灵活，并提供税收上的优惠而产生的，是介于商事公司与合伙之间的一种形式。[1]这种土壤不仅造就了数不胜数的金融创新，也实现了有效激励与强大监控并存的组织治理目标，从而有效管理了创业投资中的风险。

美国在立法和政府干预上属于以间接干预为主的市场经济类型。与其他国家相比，其强制性法律制度与当事人契约自治实现了契合。

其一，美国的公司立法主要体现为为企业划定大的行动边界，对于具体的权利义务设定几乎全部交由公司和股东自己来决定，这样就给了创业投资这种新的企业形式极大的灵活性和极强的生命力。公司与民事诉讼相关法律中包含诸多与创业投资相关的法律规定，在这些法律规范中，美国法奉行公司高度自治的原则，如规定公司可发行多个类别的股票，其法律制度不再注重"优先股"或"普通股"的标签，而是致力于如何提供最大限度的灵活性，具有高度适应性。这样就最大限度给予了创业企业根据自身需要进行自主安排的制度空间，也赋予了创业企业极强的生命力，激发了投资人和创业者的积极性。美国创业投资蓬勃发展的重要原因就在于，法律制度在给予创业企业各种扶持的前提下，将公司内部的权利义务分配都交付私人主体根据其需要而决定。许多欧洲国家的法律制度对于人力资本出资、优先权创设等都或多或少有着约束，难以适应创业投资多样化的制度安排，其创业投资的发展也远远落后于美国。

其二，美国政府对创业投资给予的支持主要体现在政府为其创造了宽松、

---

[1]　参见毛亚敏：《公司法比较研究》，中国法制出版社 2001 年版，第 57 页。

稳定的政策环境，直接干预很少。美国政府的直接干预主要体现在直接投入政府资金支持创业投资，如对高新技术研制前期的资金支持。这种做法有助于调动整个社会和中小投资人参与创业投资的积极性。而在其他方面，美国政府非常重视市场自身的调节作用。在创业投资领域，市场需求产生了供给，供给又引发了更大的需求，这是美国创业投资发展的主要动力，政府只是通过立法等一些间接手段进行扶持。美国关于创业投资的强制性立法数量较少，主要是促进创业投资的各种政策支持型法律法规，其往往在市场体系已经有相当发展的基础上出台，出台的政策能够取得良好效果。政府直接干预的弊端在于，政府对于供需的敏感程度远不如市场，政府的发现、决策和实施过程相对于市场来说都需要很长的时间，这就使得采取直接干预政策的国家在发展创业投资方面远落后于美国。

（三）美国创业投资制度的启示

对美国创业投资的研究表明，创业投资的发展一方面依靠市场主体和市场力量的推动，另一方面依赖于政府强制措施的扶持。

从宏观来看，在创业投资发展过程中，政府的干预和法律的强制性规定不可或缺。创业投资的强制性法律法规为投资人和创业企业提供了合法合理的依据，使其运作能够遵循既定的法律规范，使创业投资市场有序运转。立法者和政府应根据各个经济发展阶段的特点，结合创业投资自身的规律，采用一定的措施和手段，为创业投资提供必要的扶持和良好的发展环境。

从微观来看，私法要尽可能多地给当事人预留自治空间。法律在进行基本的规范限定之后，应当把更多的自由留给创业者和投资人，由他们根据需要进行制度安排。在法律对封闭公司自治、出资形式的多样化、优先权的自由创设等大原则确定的前提下，允许创业企业中的投资人与创业者根据自身利益需要和公司发展需要，灵活制定公司运营规则，通过谈判确定彼此的权利义务，以实现各方双赢的预期结果。立法不应对创业者和投资人约定的创业者物质资本投入少而持大股这一貌似不公平的股权配置予以排斥，同样也无须对创业者和投资人通过契约实现的投资人享有一系列优先权利的制度安排感到惊讶。判断商事主体到底吃亏或占便宜，监管者和立法者不能缺位，但绝不能越位，不能代表创业者和投资人来作出判断。创业公司模式这一新型交易结构既然符合创业者和投资人尊重人力资本出资并使之处于主导性作用的共识，其实质就是合理的，法律制度没有理由强行介入、蛮横干预或者坚决禁止。这样的交易结构到底有无风险和风险多大，应该主要由债权人自行判断，立法者和监管人没有必要越俎代庖。当面对高速发展的经济和科技时，法律无法预知公司的商事安排，过度的干涉会导致新的企业形式不被认可，相关当事人出于真实、自由意思而创设的制度被否定，实践证明这样的做法不利于创业企业模式的发展。

以上两个方面是相辅相成的。如果没有宏观政策的支持，创业企业在资本实力雄厚的巨型公司的夹击下难以找到生存空间；而如果微观层面的法律过于严格琐碎，又会极大地扼杀创业企业的生命力。

综合以上分析，我们应当适当借鉴美国经验，充分认识到创业投资体系的建立具有高度市场化的特征。在创业投资发展初期，政府以各种方式直接提供资金参与创业投资是必要的，但更重要的是积极进行法律法规建设和制度创新，为创业投资的发展营造良好的环境，为其他私主体进入创业投资领域提供示范和指导。随着创业投资市场体系的发展，政府的直接参与行为应逐渐淡化，将创业投资的发展主要交予市场。在法律法规的制定上，理想的模式应当是进行有限的制度约束，最大限度地为私主体的意思自治提供制度空间，充分尊重创业者与投资人根据自身利益诉求决定自身权利义务的制度安排，保障其意思自治的实现。唯有如此，才能调动创业者与投资人的积极性，促进创业投资的繁荣发展，进而促进整个国家经济的持续发展。

创业公司模式与公司法的适应性研究

创业公司人力资本出资与公司法出资制度的适应性研究

一、创业公司的人力资本出资

（一）人力资本出资的内涵与特征

1. 人力资本的内涵

资本是公司运作的基础，来源于股东的出资，代表着股东对公司的利益基础，同时也是界定股东之间分享公司利益的一种客观衡量标准。美国经济学家舒尔茨的人力资本理论有两个核心观点：一是在经济增长中，人力资本的作用大于物质资本；二是人力资本的核心是提高人口质量，教育投资是人力投资的主要部分。他认为经济制度的最显著特征就是人力资本的增长，人力资本是促进经济增长的重要生产要素，人力、知识和技能是资本的一种形态，对人力资本的投资收益率超过对一切其他形态资本的投资收益率。[1]

人力资本根据其知识结构、技能水平和专业化程度的不同，可以划分为一般型人力资本、管理型人力资本和技术型人力资本。企业中的普通雇员具有通过教育、培训、医疗等投资支出形成的基本知识、经验、技能等的人力资本，称为"一般型人力资本"。人力资本所有者拥有的管理经验、管理知识、管理能力等称为"管理型人力资本"，如企业家、公司高级管理人员主要表现为此类人力资本。人力资本所有者拥有的从事技术工作所必需的经验、知识与能力被称为"技术型人力资本"，公司的技术人才主要表现为此类人力资本。技术型人力资本不同于技术本身，它体现为人的大脑掌握并拥有技术，

---

〔1〕 参见 ［美］西奥多·W. 舒尔茨：《人力资本投资——教育和研究的作用》，蒋斌、张衡译，商务印书馆 1990 年版，第 50~61 页。

其使用过程主要体现为人的智力活动过程。管理型人力资本和技术型人力资本可以称为"专门型人力资本"。相比较而言，一般型人力资本的可替代性较强、稀缺性较弱，管理型人力资本和技术型人力资本则具有较强的不可替代性和稀缺性。

2. 人力资本的特征

人力资本主要具有以下几方面的特征：

第一，具有人身依附性和专属性。即人力资本专属于特定的人身，是一种不可转让、继承，也不可交易的特殊资本。这是人力资本与物质资本最本质的区别。舒尔茨指出，人力资本的显著标志是它属于人的一部分。它是人类的，因为它表现在人的身上……没有人能把自己同他所拥有的人力资本分开。[1]凝结在人身上的知识技能必须依附于特定的个体，也只能通过特定的个体才能得以运用，而这一个体必须是活生生的人。正因为人力资本这一特殊性，其出资制度的设计有着相当的复杂性，操作上也存在一定难度。人力资本的存量信息只被其所有者掌握，他人难以准确地加以认识与度量。因此，要根据历史、业绩及受教育状况等各种外在信息加以分析、评估。

第二，具有综合性。人力资本不是某种单一性资本，而是包括知识、技能、体力、经验等若干要素的集合，是一种集合性资本。由于人力资本本身所包含内容、要素的丰富性和多样化，人力资本出资具有自身独特的内涵，对其法律约束也比较复杂。

第三，具有动态性。人力资本所附着的人身不是固定不变的，因此人力资本本身也处于动态发展过程中，其价值会随着人力资本所有者自身的知识、经验、能力、社会影响、健康等因素的变化而变化。人力资本的形成与效能的发挥都与人的生命周期紧密地联系在一起，不仅取决于人的生命存在，而且与人的年龄、健康、精力等自然状况相联系。

第四，具有无形性。人力资本不是有形的实物和货币，但人力资本的无形性与知识产权的无形性又有着本质的区别，知识产权可以通过一定的物质载体表现出来，如在向公司投资专利时可以以技术图纸、生产配方表等物质载体表现出来，而人力资本以人为载体，其表现方式和程度与一般的物质载

---

〔1〕 参见［美］西奥多·W. 舒尔茨：《人力资本投资——教育和研究的作用》，蒋斌、张衡译，商务印书馆 1990 年版，第 40 页。

体相比具有极大的特殊性。

第五，具有专用性。人力资本往往具有仅适用于某一环境领域的专用性。[1]随着社会分工的细化，人力资本的专用性程度也随之加强。具有某种专门技术、工作技巧和拥有某些特定信息的人力资本所有者，一旦长期服务于某一企业，其人力资本的使用就趋于单一，缺乏向其他用途转移的可能性。同时专用性资产的价值严重依赖于团队的存在和其他团队成员的行为，人力资本在使用过程中也会强烈依赖于企业整体的协同效应，与其他专用性人力资本必然会有相互协作关系，若其离开协作而孤军奋战，价值将大打折扣。[2]人力资本与企业也会产生"共存"效应，双方之间有种相互依存的关系。此时双方中的任何一方离开对方，都会造成价值贬损。[3]无论是人力资本的提供者，还是接收者，企图单方面终止契约都会带来很大的损失。

第六，具有稀缺性。与人们无限多样的需求相比，经济资源具有稀缺性，人力资本同样也是一种稀缺资源。从个人来看，由于人力资本的形成需要投入时间、金钱、劳动等稀缺性资源，所以个人能获得的人力资本是有限的，而且由于人的生命有限性，个人维持人力资本的时间也是有限的。从整个社会来看，不同社会成员拥有的人力资本水平不同，存量水平越高的人力资本，其拥有者的人数也就越少，从而其稀缺性也就越大。

第七，具有风险性与不确定性。人力资本的人身依附性决定了它的使用完全取决于其所有者，在实现价值增值过程中会有伸缩性，既可能实现财富的增长，也可能阻碍财富的增长。譬如管理人才和高科技人才具有的理性和主观能动性，使他们根据企业竞争中的新要求不断弥补和更新原有的技术和特长，以适应新产品的需要，技能和知识相应得到提高，人力资本的价值会出现上升的趋势，对企业实现财富增长也将发挥举足轻重的作用。反之，如果人力资本利用不当或不能正常发挥其价值，也可能会阻碍财富的增长，使企业存在一定风险。[4]由于人力资本具有的不同于物质资本的特征，导致其

---

[1] 参见郭龙："对完善人力资本出资制度的若干思考"，载《兰州交通大学学报（社会科学版）》2004年第4期。

[2] 参见杨瑞龙、杨其静："专用性、专有性与企业制度"，载《经济研究》2001年第3期。

[3] 参见李建民：《人力资本通论》，上海三联书店1999年版，第45~49页。

[4] 参见蒋大兴：《公司法的展开与评判——方法·判例·制度》，法律出版社2001年版，第109页。

带来的风险与物质资本带来的风险亦有所不同，因此需要设计特别的法律规则来防止其负面影响。

（二）人力资本出资的属性

1. 人力资本具备资本属性

通常认为，人力资本出资的主要困难在于人力资本的"非资本性"和人力资本评估困难以及人力资本出资对交易安全的威胁的问题，即"观念性障碍"。[1]传统公司理论认为，公司是为了实现资源优化配置而组织起来的经济实体，公司首先必须具备一定的财产作为资源的基础，无财产则无公司。资本结构理论提出的所谓公司所有者，只包括股东和债权人，[2]而将人力资本的所有者排除在模型之外。实际上，企业是一个通过一系列契约把各种要素和资源联结在一起进行生产经营活动的经济组织。这些要素既包括物质资本，也包括人力资本。在某种意义上也可以说，企业是物质资本（非人力资本）与人力资本组成的特别契约。不允许人力资本出资的资本制度导致的一个治理上的缺陷是，人力资本的所有者不能作为剩余索取权人，而从内部对企业进行监督和制衡，导致了各种各样的机会主义行为和代理问题。事实上，人力资本具有财产性，完全具备资本的基本属性。

自罗马法以来，基于对财产的主要构成只限于对有体物的认识，人们设定的也是物质化的财产权制度。随着商品经济的发展，在社会财富的构成中，出现了所谓抽象化、非物质化的财产类型，即表现为知识、技术、信息等无形财产，人们对财产的认识发生变化，财产更重要的意义不在于其是"物"而在于其具有"价值"。知识产权制度的出现，为人们提供了"获得财产的新方式"，它以知识、技术、信息等精神产品作为其保护对象，是一个独立存在的崭新的财产权制度。尽管知识产权具有人身权因素，但从其名称就不难看出财产权才是其关键属性。[3]人力资本属于广义的劳动力的范畴，人力资本体现的是一种劳动能力权，长期以来，在法律上只承认其

〔1〕 参见蒋大兴："人力资本出资观念障碍检讨及其立法政策"，载《法学》2001年第3期。

〔2〕 经济学理论认为，只要对公司拥有权益的人就是公司的所有人。因此债券持有者通常也被并入到股东之列，视为公司的部分所有者（part owner）。参见［美］阿道夫·A. 伯利、加德纳·C. 米恩斯：《现代公司与私有财产》，甘华鸣等译，商务印书馆2005年版，第131页。

〔3〕 参见魏振瀛主编：《民法》，北京大学出版社2013年版，第36页。

为一种人格利益。[1]20 世纪后，随着科学技术的发展，人的知识和创新能力在经济发展中的作用越来越大，经济增长的决定性要素由物质资本转向人力资本。[2]对人力资本利益的保护远非人身权所能包容和体现。人力资本表现的劳动力不仅是一种劳动行为，更是一种投资行为，劳动者不仅可以获得劳动收入，而且应该像公司其他财产投资人一样受到产权保护，即获得企业收益。

　　人力资本财产权的内容包括对人力资本的占有、使用、收益和处分的权利，承认人力资本是一种财产，是一种以人为载体的无形财产。因此，人力资本所有者也应该像其他财产权主体，例如物质财产、知识产权的所有者一样具有同等的经济收益地位。以此来说，人力资本具有财产权属性，它具备了成为财产权客体的合法基础，这种基础也正是人力资本可出资的根本原因。人力资本天然地属于个人的产权特性，以及个人是人力资本不可替代而又难以考察的所有者和控制者，从而决定了人力资本只可"激励"，不可"压榨"。因此，人力资本的管理关键在激励。人力资本的激励机制主要包括两个方面：外在报酬和内在获得。外在报酬形式主要有晋升、薪水、福利、津贴、资金和股票期权等。内在获得是指劳动者对工作的胜任感、成就感、责任感，受重视，有影响力，个人成长和富有价值的贡献等。人力资本拥有者通过评估上述两类报酬，来判断他们的努力是否得到了充分的回报。外在报酬中，年薪、经营管理人业绩奖金、在职培训、福利等是人力资本参与企业收益分配的一般形式；而股权、期权的实施赋予了人力资本拥有者对企业一定程度的所有权，是一种长期激励报酬制度，也是一种更为有效的激励机制。[3]后一种激励制度被称为人力资本的产权激励。它使得知识（技术、企业家的智能）劳动对价值的累积贡献通过转化为资本的形式获得回报，使企业的价值积累不单纯归属于最初的货币资本出资者。此时，企业所有权归资本所有者，物质资本的提供者和人力资本的提供者都成为企业的所有人。

---

　　[1]　参见杨立新：《人身权法论》，人民法院出版社 2002 年版，第 432 页。
　　[2]　参见洪银兴："新经济的经济学分析"，载《江海学刊》2001 年第 1 期。
　　[3]　参见陈雪萍："人力资本出资的法律地位及相关问题探讨"，载《华东政法学院学报》2006 年第 3 期。

2. 人力资本的功能

公司法意义上的资本一般是指注册资本，是由公司章程确定并载明的、在公司登记管理机关登记的、由股东出资构成的财产总额，这一资本既可以是股东实际缴纳，也可以认缴。公司资本承担着运营和担保两大功能，一方面，对内支撑着公司的运营和发展，是公司获得独立人格的必备条件，是公司资本充实的实践性标准；另一方面，对外是相对人衡量公司信用能力及活动能力的尺度，是债权人实现债权的重要保障。在公司终止、清算时，具有实质性清偿能力的只能是物质资本，以至于反对人力资本出资者质疑人力资本在运营、担保特别是清偿方面的功能。事实上，以传统的资本功能来衡量，人力资本同样具备了资本的基本属性，是一种公司法意义上的资本。[1]

(1) 人力资本的运营功能

所谓运营功能是指可以用于公司的日常经营运作，以满足公司购买生产资料、从事生产经营需要的功能。具有运营功能的任何资源和要素都可以作为股东出资。[2]物质资本可以购买生产资料和维持正常的生产经营，而人力资本在投入企业后，通过对人力资本的使用，满足企业经营需要，为企业创造市场价值。人力资本和物质资本是财富创造过程中不可或缺的两种基本元素，二者相辅相成。

在资源型经济条件下，物质资本是企业发展最基本、最重要的要素，它能满足购买生产资料这种基本生产要素的需要。在知识经济条件下，物质资本已不是公司最关心的要素，人力资本的作用日益突显。人力资本依附了较高的创新能力、科研能力和管理能力，反映出比传统的物质资本更强的经营能力。在现代市场竞争中，代表公司核心竞争力的管理水平和技术开发能力均取决于拥有这些能力的人。比如，在 IT 业中，科技人员及高级程序员所研究出来的核心技术产品是企业盈利的主要砝码，其为企业创造的新增价值是一般产品所无法比拟的。

更深入来看，在企业运营中，物是运营的对象，人是运营的主体。物只有在人的管理、支配下才能运营，才能发挥效用，显然人的因素在运营过程

---

[1] 参见蒋大兴："人力资本出资观念障碍检讨及其立法政策"，载《法学》2001 年第 3 期。

[2] 参见赵旭东：《企业与公司法纵论》，法律出版社 2003 年版，第 235 页。

中是主要的，物的因素是辅助的。传统模式下强调物质资本不强调人力资本，其重要理论背景在于，在有一定的物质资本投入的前提下，人能够被雇佣，可以采用非资本出资的方式对企业发挥效能。但是其忽略的关键问题在于，人既可以被雇佣也可以被投入，当创业者人力资本被投入到创业企业中而非如同传统企业模式下那样被雇佣为职业经理人时，其对企业发挥的效能会远远高于其被雇佣所能发挥的效能，企业运营的成功与否几乎完全取决于人力资本所有者的个人能力。

可见人力资本不但具备运营功能，而且在很多情况下对企业的重要性超过了物质资本。

（2）人力资本的担保功能

公司资本的两大功能相比较而言，运营功能是主要的、基本的功能，担保功能是次要的功能，因为公司的设立首先考虑的是如何经营而不是如何偿债；从另一个方面讲，只有公司的经营状况良好，公司才有能力履行偿债的义务，债权人的利益才可能得到切实的保障。对潜在债务人来说，判断企业的管理人是否有足够的能力和责任心，是否会让企业陷入破产的窘况，比判断企业破产之后的偿债能力更重要。

从出资标的本身的属性来看，人力资本出资是不利于债权人利益保护的。但这并不意味着人力资本的担保功能必然弱于传统的物质资本。

①传统物质资本担保功能的局限性

实践表明，物质资本的担保功能是有限的。公司资本只不过是在公司成立时注册登记的一个抽象的数额，而不是公司任何时候都实际拥有的资产。除在公司设立的瞬间，公司资产纯粹由资本构成且资产本身未发生任何价值变化，会出现公司实际资产与注册资本完全一致的情形外，公司资产与资本的脱节是公司财产结构的永恒状态。股东投资一旦注入公司，就表现为公司的资产，公司的资产会随着经营的好坏或盈利或亏损，因此资产会呈现大于或小于注册资本的状态。公司对外承担责任的能力在设立初期是公司的资本，之后就在于公司拥有的资产。债权人的利益保护和安全目标的实现与公司资本的多少和维持并无必然正相关联系，公司责任能力的大小取决于其经营效率的高低，一个纵使拥有数千万资本的公司在长期的负效益经营状态下最终只会成为一具空壳，对其偿债能力必定构成严重威胁或破坏，而成立伊始的小公司只要持续高效经营其所负债务纵使巨大也有可靠的安全保障。

公司法研究已经重新认识资本的作用，并作出了新的论断。学者纷纷指出，注册资本只是一个账面数字，它只不过表明股东已经按其出资额履行了其对公司债务的责任，[1]它在大多数情况下并不能反映公司资信情况。公司资本对公司债权人是虚幻的，是没有实际意义的。[2]在西方某些国家由于商业信用的发达，注册资本已逐步丧失了原来的意义，成为公司的一种象征。[3]在公司存续一段时期后，公司资本实际上已成为纯粹的计算上之数额。[4]资本不过是公司资产演变的一个起点，是一段历史，是一种观念和象征，是一个静止的符号或数字。[5]

②人力资本与担保功能的关系分析

人力资本不具备一般意义上的变现偿债的担保功能，但是并不意味着人力资本对于企业偿还债务、累计信用不能发挥作用；相反地，人力资本与企业对债权人的担保有着相当密切的联系。

首先，人力资本为企业创造巨大的价值，成为对债权人实质意义上的担保。从实际的清偿能力而言，公司资本几乎是没有任何法律意义的参数，以资本为核心所构筑的整个公司信用体系根本不可能胜任保护债权人利益和社会交易安全的使命。公司对外承担责任的范围取决于其拥有的资产，公司资产的数额就是公司财产责任和清偿能力的范围。[6]在这一前提下，无论公司注册资本的数额有多大，真正对偿还债务有意义的是公司实际拥有的财产。在创业公司模式下，创业者的创业激情和责任心都被充分地激发，能够更有效地利用和调度公司资产，以实现公司盈利最大化，使公司资产从最初的注册资本所记载的数额，短期内实现数倍增长，公司资产大幅度增加，公司的债务清偿能力得到有力的提高。

其次，企业信用与个人信用的融合，能够增强对债权人的担保。人力资本出资并作为主导的企业，实际上将企业信用和创业者的个人信用进行了一

---

〔1〕 参见刘燕："对我国企业注册资本制度的思考"，载《中外法学》1997 年第 3 期。

〔2〕 参见徐燕：《公司法原理》，法律出版社 1997 年版，第 310 页。

〔3〕 参见甘培忠：《企业与公司法学》，北京大学出版社 2001 年版，第 235 页。

〔4〕 参见柳经纬：《商法》，厦门大学出版社 2015 年版，第 119 页。

〔5〕 参见赵旭东：《公司资本制度改革研究》，法律出版社 2004 年版，第 27 页。

〔6〕 参见赵旭东："从资本信用到资产信用"，载《法学研究》2003 年第 5 期。

定程度的融合。信用本身是人力资本价值的一部分构成，因此人力资本出资者特别重视个人信用，并延伸到企业信用中。创业公司中，创业者既是大股东，又是管理人，企业的失败往往意味着创业者自身的失败，企业信用的丧失也同样意味着创业者个人信用的丧失。这种将企业信用与个人信用的深度融合，导致创业者对待创业公司的债务往往像对其个人债务一样重视，此时企业的债务清偿能力因人力资本的加入得到了加强而非削弱，企业的债务偿还能力有了更大的保障。

最后，通过人力资本出资与物质资本出资的公示，明确企业资本的担保功能。传统的物质资本体现出的担保功能，主要体现在其公示效应上。立法要求公司将股东投入的资本在公司的营业执照、章程等文件中标注出来，允许潜在的债权人通过公开渠道查询，以此方式知悉该公司的资本额度，并为其是否与该公司交易提供判断基础。可见，当前立法所实现的资本担保功能，其本质是"公示出的资本的担保功能"。允许人力资本出资，同样可以要求将人力资本和物质资本分别进行公示。人力资本出资的公司可以在营业执照及公司章程等文件中加以标示，提示交易相对方注意。在此前提下，由于人力资本出资和物质资本出资已经分别公示，不会影响公司的对外信用。作为理性经济人的债权人在充分了解风险和利益的基础上，具备相应的判断能力和基础来决定是否加入交易。由此产生的交易后果，应当适用民法意思自治的基本理念，由债权人自负其责。实际上，在充分公示的情况下，物质资本作为公司偿债的基本前提，而人力资本则是债权人综合考虑公司实力的因素之一，这一因素的权重会因为公司具体情况的不同以及债权人判断能力和角度的不同而有所区别。但无论如何，其与纯物质资本的公示并无本质不同。在物质资本相同的前提下，公司只会因人力资本的加入而加强其偿债能力，而不会因为人力资本的加入反而减少公司的偿债能力。

随着知识经济时代的到来，债权人的信赖基础已经悄然发生变化。公司真正具有决定性意义的资产是具有管理才能和研发能力的人力资本所拥有的智慧财产，这也是债权人首要考虑和关注的对象。人力资本完全可以具备公司法意义上资本的属性，而且是一种更加适应知识社会生活的资本形态。与其放弃人力资本作为一种出资形式，不如设计一种合理的公示方式以缩减债权人可能面临的风险。

（三）创业公司人力资本出资的具体制度体现[1]

1. 股权成熟（Vesting）

股权成熟制度是指，为创业者以人力资本出资所换取的股权，设定一个附成熟条件的期限，在这个期限内，如果创业者不能达到或违反了成熟的条件，投资人或其他股东对于未成熟的股权，可以强制性地要求创业者按照既定的价格，转让给指定的主体。

股权成熟制度是赋予投资人或其他股东的针对创业者的附条件要求其转让股权的权利，也可以被视为对创业者的强制回购权或强制转让权。股权成熟的条件一般包括：创业者应当持续在公司工作，或者持续担任公司的某一重要职务，或达到一定的业绩指标。通常会提前约定未成熟股权的转让价格等同于创业者取得该股权的价格，即不能使创业者在转让未成熟股权的交易中获益。投资人和创业者也可以约定股权分期成熟，即随着创业者为公司服务期限的时间经过，其持有的股权按比例成熟。

股权成熟制度有其特殊的背景和渊源。成熟一词来源于英文的 vesting，在常用的投资协议中除了成熟外，也被翻译为"兑现"或者"释放"。股权成熟制度的目的，是基于创业者的人力资本出资只能在投融资交易完成后逐步释放这一特点，为了防止创业者违反承诺、在创业阶段未结束前就不再向公司投入人力资本，而设立的对应制度安排。其中，成熟条件可以被视为对人力资本投入标准的预设，因为这一标准的准确量化有一定难度，所以成熟条件在设计时会相对模糊，甚至只是以与公司保持劳动关系这种最基本的表现形式为标准，这也体现了创业公司模式需要建立在一定的信任基础之上；成熟期限可以视为对人力资本投入完成期限的预设，这个期限也比较模糊，需要以各方的信任为基础。成熟阶段充分体现出人力资本逐渐投入这一特征；未成熟时的处理方式，也体现出对未能如约投入人力资本的创业者将丧失对应的获益机会这一公平的制度安排。

股权成熟制度的应用不仅限于创业企业的核心创业者，也会应用于起辅助作用的联合创业者，以及持有激励股权的骨干员工甚至是全体员工，即该制度适用于所有因提供人力资本而获得股权的股东。从传统投资模式的角度

---

[1] 参见张明若等：《创业投资模式的制度创新——公司法人力资本价值的理性回归》，法律出版社 2016 年版，第 97~101 页。

看股权成熟制度，可能有人会认为其违反了"同股同权"原则甚至"显失公平"。因为在传统的公司法理论中，股东身份与劳动关系是相互独立的两件事，股东是否同时是公司的员工不应该影响其股东权利内容，更不要说影响其是否能够持有公司股权。但基于创业者股东获得股权的对价，正是其人力资本的投入而非物质资本的投入，股权成熟制度非常合理且必要。

在创业初期，创始团队成员之间尚在磨合，这个阶段出现创始团队的人员更替颇为常见。当创业者出现中途离职的情形时，如果对其离职后所持有的公司股权不设定成熟制度安排，也不对其未成熟的股权设定回购制度，每一次创始团队成员的变动势必要带走公司部分股权，将导致其他创业者与投资人为离职股东打工，这样既有失公允，也不利于实现创业者与公司保持长期利益绑定；同时新进入公司的创业者往往拿不到足够份额的股权来支持其创业的主观能动性，对公司未来经营十分不利。所以给每个创业者设定股权成熟比希望创业者在道德或理想的驱使下工作，更有制度性保障。

2. 股权锁定（Lock-Up）

股权锁定制度是指，公司一定期限内（如 IPO 之前），未经投资人书面同意，创业者不得向任何人转让其以人力资本出资获得的公司股权。

公司、创业者与投资人各方通常都希望创业团队长期稳定。为了实现创业团队与公司长期利益绑定，限制创业者股东在上市前转让股权是解决方案之一。股权锁定制度的设计原理有二：一是人力资本在投入时间和投资标准等方面具有不确定性；二是创业企业以创业者为主导的同时也要求创业者承担主要责任。在此基础上设置股权锁定制度，给创业者在上市之前转让股权设定限制条件，可以增加创业者对企业、对投资人的责任。

创业者和投资人达成一致后，投资款一旦进入公司，股权价格就会大幅度增加。创业者在几乎不投入物质资本的情况下，持有公司大部分股权；而投资人仅持有少部分股权。投资人在决定投资时，创始团队的人力资本价值是最重要的考量因素，创始团队人员的变化会直接改变投资人对创业企业的预期和判断。如果没有股权锁定条款，创业者可以随时变卖自己的全部或者部分股权，这样不符合人力资本的特点，对投资人来说也非常不公平。如果允许创业者在短时间内转让股权获利，则该获利行为可能存在不当性，也不利于对创业者道德风险的防范。因此股权锁定制度有利于平衡投资人与创业者的关系。

在股权未成熟阶段，创业者不能自由转让其持有的股权，可以说在股权成熟期内创业者的股权是当然被锁定的。而股权锁定制度是在此基础上更进一步，要求创业者的股权在其成熟之后、约定期限之内不能自由转让。

但是，创业者通常在初期没有很高的工资，工作繁忙辛苦，因此很多时候也会在协议条款中设置，创业者股东可以在一定条件下小额套现。

二、我国人力资本出资制度梳理及比较法研究

(一) 人力资本出资制度现状及法律障碍

1. 人力资本出资相关制度

《公司法》第 27 条规定，股东可以用货币出资，也可以用实物、知识产权、土地使用权等可以用货币估价并可以依法转让的非货币财产作价出资；但是，法律、行政法规规定不得作为出资的财产除外。可见，《公司法》未直接认可人力资本出资，人力资本通常被认为难以用货币估价、更无法转让，也不符合《公司法》中规定的出资形式的概括性要件。此外，《中华人民共和国公司登记管理条例》（以下简称《公司登记管理条例》）第 14 条明确禁止股东以劳务、信用、自然人姓名、商誉、特许经营权或者设定担保的财产等作价出资。2021 年 12 月公布的《中华人民共和国公司法（修订草案）》（以下简称《公司法修订草案》）第 43 条对以上条款进行了微调，明确在货币、实物、知识产权、土地使用权等财产之外，股权、债权也可以作价出资，此外其他符合法律规定的可以用货币估价且可以依法转让的财产条件的，亦可以作价出资。[1]这一条款相比之前的规定没有实质性的变化，仅是将实务中已经普遍使用的股权、债权等出资形式在法条中进一步明确，但是对于人力资本作为出资仍然未予认可。

我国一些地方性法规及地方政府规章曾经进行过允许人力资本出资的尝试。2005 年，上海市工商局和浦东新区人民政府联合制定了《浦东新区人力资本出资试行办法》，明确规定在浦东新区范围内登记注册的有限责任公司和股份有限公司，属于以金融为核心的现代服务业、以高新技术为主导的先进制造业、以自主知识产权为特征的创新创意产业的，可以人力资本作价投资

---

[1] 在 2022 年 12 月公布的《公司法修订草案》（二次审议稿）的第 48 条延续了该规定。本书后文如不特意指出，则表明 2021 年修订草案与 2022 年修订草案（二次审议稿）规定相同。

入股，同时限定以人力资本作价出资的金额不得超过公司注册资本的 35%。同年天津市人大常委会通过的《天津市实施〈中华人民共和国中小企业促进法〉办法》明确规定，注册成立公司制中小企业的，注册资本中可以包括智力成果、人力资本等无形资产。2006 年温州市颁布了《温州市人力资本出资入股认定试行办法》和《温州市人力资本出资登记试行办法》，这两个规范性文件对人力资本出资的适用主体、价值评估、股权转让、股东责任都作了比较详细的规定。

2. 人力资本出资不被认可的消极后果

在现行公司法体制下，由于人力资本不能出资，人力资本股东与其他股东都遭受严重的利益损失，最明显的就是其他股东要为人力资本出资人缴纳出资款，采用溢价增资方式，承受更大的出资压力。[1]创业者和投资人对公司进行估值，同时对投资人向公司的投资金额达成一致，在此基础上根据公司总估值计算股本总额并分配创业者与投资人的持股比例。但是，投资人与创业者共同确定的投资后的公司总估值只是公司股东间的内部约定，无法依据法律公示出来。其原因在于根据《公司法》规定，有限责任公司各方的持股比例取决于公司注册资本中各方的出资比例，而公司基础估值中很大一部分实际上是对创业者人力资本的认可。于是，为了确保各方的持股比例与注册资本中的出资比例一致，投资人不得不将其绝大部分出资作为出资溢价计入资本公积金，只把少量出资计入公司注册资本，以便与创业者分配持股比例。

但是该种做法容易产生很多弊端，资本结构被扭曲，股东纠纷增多，制造不必要的社会矛盾。具体来看，第一，导致公司资本在成立时被严重低估，明明百万、千万的投资，却以几万元的注册资本成立公司。第二，程序繁琐、成本高昂，《公司法》允许公司设立后可以溢价增资，但在公司设立时不能溢价设立，很多在设立时就拿到创业投资的项目，不得不把公司的设立和接受投资分成两步操作，先设立公司再溢价增资，造成不必要的时间和成本损失。第三，很多创业公司在接受投资后，希望把计入资本公积金的资本溢价部分调整为企业的注册资本，可体现出企业的真实资本投资规模，有利于提高企业的形象，同时较高的注册资本也是企业申请部分资质及参与某些项目招标

---

〔1〕　参见梁上上："人力资源出资的利益衡量与制度设计"，载《法学》2019 年第 3 期。

活动的必要条件。但在资本公积金转增资本的操作中，部分省市税务机关还要求原股东（通常为创业者股东）缴纳股权投资收益的个人所得税，创业尚未成功创业者就要先承担大额税负。第四，存在潜在的法律风险。如果投资人或者创业者中途违约，完全可以以双方协议形式上显失公平为由，主张法院撤销合同，拒绝履行协议而不受到任何惩罚，这样就会造成遵守合同的一方无法得到法律保障、违反诚信的一方反而能够得到法律支持的不公平现象，法律规定的疏漏使得诚实守信的投资人或创业者充满了不确定性和不安全感。

（二）人力资本出资的比较法考察

传统公司法严格限制股东的出资方式，禁止人力资本出资。这种做法极大地影响了公司设立和经营的效率，也限制了人力资本参与公司的程度。在人力资本的重要性日益彰显的背景下，不少国家和地区纷纷摒弃禁止人力资本出资的传统立法理念，或破旧立新，放开对人力资本出资的限制，或权衡利弊，对人力资本出资作出折中性的规定。由于各国和地区法律传统、经济发展水平、市场经济模式以及公司治理理念的不同，关于人力资本出资的法律规定和制度设计有着较大差异，制度模式大致可以概括为禁止模式、限制模式和宽松模式三类。[1]

1. 禁止模式

即对人力资本出资持否定态度，禁止人力资本出资进入有限责任形态公司的出资领域，以大陆法系的德国、韩国为典型。

根据德国法的规定，无限责任股东可以以人力资本出资，但有限责任股东只能以现金、实物出资。《德国股份公司法》第27条第2款规定，实物出资或实物接收只能是可以确定经济价值的财物；劳务不能算作实物出资或实物接收。[2]德国立法之所以如此规定，是与其经济和信用的发展程度以及对资本经济价值确定性的严格要求高度相关的。资本确定、资本充实原则被作为股份公司制度的基本条件，因此对人力资本出资也加以严格限制。但是，德国的法律不是不保护人力资本所有者对公司的控制权，而是通过共同决策制将员工（人力资本所有者）的代表引入公司治理结构的内部，形成回应其

---

〔1〕 参见项先权："人力资本出资的比较法考察"，载《河北法学》2010年第10期。
〔2〕 参见卞耀武主编：《德国股份公司法》，贾红梅、郑冲译，法律出版社1999年版，第14页。

利益要求的共同决策机制，公司决策机关一定比例的成员由雇员选出的代表充任。

《韩国公司法》规定，无限公司社员可以以金钱及其他财产、劳务（人力资本）或信用出资，人力资本出资不限于脑力劳动或体力劳动，也不管它是临时性的或持续性的，不过如对其人力资本给予额外报酬，则不能算作出资。两合公司中承担有限责任的社员不能将信用或劳务作为出资的标的，这与在全体社员承担有限责任的资合公司中强调资本充实的理由如出一辙。对于股份公司股东的出资也限于财产出资，在人合公司中允许的人力资本出资没有换价性，又有害及资本充实的可能性，所以在股份公司中不能成为出资方式。[1]

可见，德国、韩国禁止人力资本出资的立法模式，并非限制在无限公司或两合公司中以人力资本出资，而是禁止承担有限责任的股东以人力资本出资。其制度设立受到了法定资本制理论的桎梏，认为人力资本很难通过评估来明确界定其价值，从而将其准确地折算为货币并换算为股份；此外，人力资本的价值存在变动性和不易评估性，如果允许人力资本出资的同时股东承担有限责任，则有可能形成虚假出资，从而增加与公司进行交易的债权人的风险，进而损害债权人的利益，破坏交易安全。受到这种保守理论的影响，德国、韩国等国家坚持禁止人力资本出资入股，这也使得其本国的创业投资发展十分缓慢。与美国相比，德国、韩国的创业投资起步较晚，发展速度缓慢，缺少应有的活力。

2. 限制模式

限制模式即在一些特定的条件下允许人力资本出资，但对人力资本出资进行严格的法律规制，以实现公司法中效率和安全价值的相对平衡。这种限制模式实际上是相对宽松的人力资本出资制度，以法国为代表。

《法国民法典》并没有使用"人力资本出资"一词，而是使用"技艺出资"一词。在法国法中，技艺实际上是高级形态的劳动力（即以脑力劳动为主）[2]，本质上属于人力资本的范畴。《法国民法典》第1832条第1款规定，

---

〔1〕 参见［韩］李哲松：《韩国公司法》，吴日焕译，中国政法大学出版社2000年版，第118~225页。

〔2〕 参见李友根：《人力资本出资问题研究》，中国人民大学出版社2004年版，第162页。

公司是由二人或数人通过契约约定将其财产或技艺集于一共同的企业以分享由此产生的利润和经营所得的利益而设立。《法国商事公司法》第38条第2款规定，有限责任公司股份不得以技艺出资方式认购……但与实现公司宗旨有联系的，得以其技艺出资。[1]可以看出，法国法在原则上并不像德国或韩国那样绝对禁止人力资本出资。自1982年以后，法国法允许有限责任股东以人力资本出资，但股东用人力资本出资时不能成为公司（注册资本）的构成部分，只能作为享有股东权利、承担公司亏损的依据。《法国商事公司法》第1844-1条规定：仅以其技艺出资的股东，其分享利润以及承担损失的比例，与出资额最小的股东比例相同[2]。对于法国人力资本出资的这一特点，我国学者解读为：《法国民法典》规定的公司资本的构成不计以技艺形式的出资，但这种出资计作有权参加分享利润和净资产，并承担损失的股份。[3]但是，股份公司依然不可以接受劳务出资，其理由为研究项目、课题、劳务往往不构成具有可以评估之价值并可触及的实际资产，难以将其作为基本股。

3. 宽松模式

对人力资本出资采取态度宽容、自由高度的立法思路的国家以美国、英国、日本为代表。

美国对人力资本出资的限制是一个逐渐放宽的过程。20世纪70年代以前，美国商事公司法和多数州的公司法规定，能够成为股权有效约因的"人力资本"，必须是已完成的劳务，至于承诺履行的"将来的人力资本"，则被排除在有效约因之外，即股东不得以未履行的人力资本出资。[4]未来劳务不能出资不仅有制度上的规定，而且被当时的主流理论所接受。其后修订的《美国标准商事公司法》剔除了上述限制，在第6.21条第5款中规定，任何有形或无形资产或其他公司的利益，包括现金、支票、欲履行的劳务、劳务合同，或者其他的公司证券，都可以作为股份的对价，从而使预期的（尚未发生的）人力资本出资成为可能。1994年的《美国统一有限责任公司法》第401节规定，有限责任公司成员的出资可以包括有形的无形的财产或其他对公司的利益，包括金钱、期票、提供的劳务，或者同意向公司交付现金或财产，

---

〔1〕 参见卞耀武主编：《当代外国公司法》，法律出版社1995年版，第367、385页。

〔2〕 参见卞耀武主编：《法国公司法规范》，法律出版社1999年版，第7页。

〔3〕 参见薄燕娜："股东出资形式多元化趋势下的劳务出资"，载《政法论坛》2005年第1期。

〔4〕 See Harry. G, *Law of corporations*, West Publishing CO., 1970. p. 306.

或者未来提供契约劳务。目前在美国，立法已经不对出资形式进行强制性规范，而将之交由公司董事会根据公司经营的需要作出判断。公司董事会可以接受一切有形或无形财产包括人力资本作为出资方式，如果有股东对董事会的评估提出异议，必须通过诉讼证明评估过程中存在欺诈行为，否则法庭不会轻易否定董事会的评估结论。有学者从美国新经济发展的角度进行解释，认为有限责任公司这种新型的商事主体制度是与新经济的发展模式互动的结果，以使智力资本与物质资本低成本、高效率地结合，并使商事组织内部形成有效的治理结构。[1]鉴于人力资本出资的独特性，美国的法律在允许人力资本出资的同时，也兼顾了公司的交易安全和债权人利益保护，规定了人力资本出资的三项措施：一是设置股份托管账户；二是进行限制股份转让的安排；三是根据支付的股份购买价格，将分配利润贷记。在这三项措施的制约下，如果人力资本出资未能履行，托管股份或受限制的股份以及贷记的分配利益，可能全部或部分被取消。上述措施实际上是为人力资本出资提供担保的制度，体现了美国公司法在授权资本制下对债权人利益的保护。

1893 年之前英国在人力资本出资问题上的立法也属于禁止模式。但是随着人力资本的地位和作用日益得到提升，禁止人力资本出资的法令已经不能适应经济发展的需要。议会于 1893 年提出议案，确立了一直沿用至今的人力资本出资原则。该原则认为，公司提供劳务以换取股权的协议是可以接受的，可作为公司股权的约因。自此，英国的判例法确认人力资本可以换取股份。2006 年《英国公司法》第 582 条规定了公司股份缴付方式的一般规则：公司配售的股份以及股份上任何溢价，可以货币或货币等值物（包括商誉和专有技术）缴付，并未禁止劳务出资。同时，《英国公司法》对公众公司做了特别规定，明确禁止接受工作或服务的承诺作为出资方式，其第 585 条之（1）规定：为缴付其股份或股份上任何溢价，在任何时候公众公司都禁止接受任何人做出的他或其他人应当为公司或任何其他人工作或提供服务的承诺。[2]

在日本，原《日本商法典》第 150 条规定，有限责任股东只能以金钱和其他财产作为出资标的；其第 168 条规定，现物出资只限发起人可以实行。

---

〔1〕　参见王志达："新经济下商主体制度的特点"，载徐学鹿主编：《商法研究》（第 3 辑），人民法院出版社 2001 年版，第 53 页。

〔2〕　See Companies Act 2006, UK, §582, 585.

2005 年 5 月 17 日，日本国会通过了《新会社法》，对公司的出资方式采用了
较为宽松的规定，规定除了金钱出资外，信誉和劳务等也可以算作出资。[1]
至此，日本也完成了人力资本出资从禁止模式到宽松模式的变迁。

可见，经济发达国家和地区对人力资本出资的立法模式，普遍经历了从
禁止模式到限制模式的变迁。法律作为上层建筑必须适应经济基础的发展，
当经济理念与经济关系发生了变化，必然要求法律规则和制度发生相应的改
变。从中我们可以得到的启示是：首先，人力资本出资符合知识经济时代对
人力资本的重视和对人才尊重的客观要求。各国尤其是英美法系国家纷纷进
行公司法律制度的创新，在公司资本出资的立法理念上，充分注重效率原则
和公司自治，只要得到股东的认可和同意，具有经营功能的资源和要素都可
以出资，人力资本也不例外。其次，人力资本出资具有不同于传统的货币出
资或现物出资的特殊性，对人力资本出资的范围可以进行一定的限制。最后，
其他国家和地区关于人力资本出资的制度设计一直力图在公司所追求的效率
价值和安全价值之间寻求平衡，在允许人力资本出资的同时，制定相应的配
套制度加以保障。

三、公司法人力资本出资制度的完善思考

（一）基本原则：公司法应认可人力资本出资

人力资本对于现代企业尤其是高新技术企业和创造型企业来说，其地位
和意义远非物质资本可以比拟，限制人力资本出资不利于促进和保护科技进
一步和现代公司发展。[2]《公司法》应尊重创业创新类公司与传统行业的差
异，认可人力资本出资安排和扁平化公司治理模式。[3]具体到创业公司中，
股权分配由投资人和创业者按照公司估值协议确定。作为人力资本出资制度
的保障，应强化公司信息公示，对于公司中的人力资本和物质资本股东的
构成、出资方式和数额、承担责任方式等都予以明确公示，以保护债权人
利益。

---

〔1〕 参见汪志平、李致平："日本新公司法：演进、背景和变革"，载《安徽工业大学学报（社
会科学版）》2006 年第 4 期。

〔2〕 参见黄勇："'人力资本产权化'的社会期待与法理分析"，载《法学评论》2016 年第 6 期。

〔3〕 参见冯果："整体主义视角下公司法的理念调适与体系重塑"，载《中国法学》2021 年第 2
期。

在我国公司实践中，广泛存在着人力资本出资的情形，职工持股计划以及股票期权计划等在上市公司中已经非常流行。例如普遍存在的"干股"[1]，实际上就是当事人自治基础上形成的一种市场对人才、知识和能力的一种合理评价，是公司股东在合作中反复较量、讨价还价的结果。现行法律对技术出资制度及其观念并未全面确立，技术干股、管理干股的大量应用，反映了人们对人力资本出资的一种间接肯定，预示着人力资本出资的一种必然性。

基于公司资本担保功能和债权人利益保护的僵化理念。而禁止人力资本出资的传统立法模式迫切需要进行反思与重构。我国公司法客观上打造和形成了资本信用的神话，立法、司法及公司法理论所构筑的资本信用制度和理念，建立了一个简单的信用标准，将公司信用、保护债权人利益和整个社会的交易安全等的重大责任交给了静止的注册资本。资本信用有意无意地冲淡和误导了人们应有的风险意识，这是一个很大的误区。事实上，建立在资本信用基础上的我国公司法制度并未产生预期的效果，其对债权人的保护是脆弱的，以资本为核心所构筑的整个公司信用体系根本不可能完全胜任对债权人利益和社会交易安全保护的使命。我们对安全的追求不应局限于静态的资本，而应关注资产的动态运营效率，唯此才能实现真正的安全。

《公司法》通过几次修改，资本制度已经渐趋宽松。2013年《公司法》修正全面取消了公司最低注册资本数额、缴纳时间及比例等的规定，实际上就是对资本功能弱化的肯定，体现了公司法鼓励企业设立、降低准入门槛、支持有限责任公司股东自治的基本理念。对人力资本出资的放开符合新公司法的立法趋势和理念，人力资本出资完全可以融入我国现行公司法体系。

基于人力资本出资的特殊性，需要在《公司法》允许出资的前提下，构建更为精细的配套制度，以保护公司、其他股东、债权人利益以及交易安全，在充分利用人力资本的同时有效降低或化解由此带来的不安全因素。

（二）人力资本出资具体制度构建

人们长期以来担心人力资本出资会导致公司资本虚化，特别是因为人力资本难以评估，也难以转移到公司，如何克服这些难题呢？这不但需要我们

---

[1]　干股是指公司无偿赠送的股份。参见中国社会科学院语言研究所词典编辑室编：《现代汉语词典》，商务印书馆2016年版，第420页。

更新观念，也需要对法律制度作全新的理解与设计。[1]

1. 人力资本的价值评估

人力资本难以评估是人力资本被允许出资的主要障碍之一。令人遗憾的是，唯一能使自身增值和通过自身进行增值的经济学元素，是最难以评估的，这就是人力因素——显然，这是资源管理中最令人伤脑筋的东西。人类几乎无穷的可变性和不可预测性，使评价人力因素时的复杂程度，远远超过了一个按详细说明书操作生产出的机电部件。[2]

对人力资本进行评估首先要研究人力资本价值的组成。人力资本的价值评估通常包括三个部分：第一部分是人作为劳动者消耗的价值，这是用于补偿人力资本消耗的"补偿价值"；第二部分是人力资本投资资本化的价值，通过分摊逐步转移的"转移价值"，这两部分价值，可以通过成本核算的方法，从账面上取得资料；第三部分是人力资本的使用所创造出来的"创新价值"，也就是转移到劳动成果中物化的那一部分价值，其中包括经营者的管理贡献、决策贡献、科技人员的科技贡献以及所有劳动者的劳动贡献。这种贡献的量化显然是一个难题，需要采用专门技术进行评估。[3]

股东间的自我评估价格就是真实市场价格，股东约定价格是股东之间互相博弈的产物，是一种天然的市场价格。具体到创业企业中，人力资本的评估主体可以是全体股东。经全体股东协商评估形成对人力资本的估值。由于人力资本的出资首先涉及的是出资人相互之间的权利义务分配，各利害关系人基于本身的利益驱动及对人力资本所有者的了解，可以高效率、准确地界定人力资本的价值与相应的股权对价。另外，如果在约定的人力资本履行期届满前，人力资本出资者退出公司或者因自身原因无法履行出资的，则人力资本出资者应对其未能实现的人力资本使用权价值承担填补责任，比如依据成熟条款退回股权。由于人力资本出资更适用于人合性强的公司，因此由股东自行评估是成本最低、效率最高的方法。人力资本的估值很大程度上都取决于全体股东对于拟出资的人力资本的主观评价，这种评价是基于对经济发

〔1〕 参见梁上上："人力资源出资的利益衡量与制度设计"，载《法学》2019 年第 3 期。

〔2〕 参见 [美] 雅克·菲兹-恩兹：《人力资本的投资回报》，尤以丁译，上海人民出版社 2003 年版，第 35 页。

〔3〕 参见张文贤："人力资本三部曲：定位·定价·定性"，载《会计之友（上旬刊）》2007 年第 10 期。

展形势、对市场需求的预测、对创业者团队能力的判断和对其未来可能实现的价值的估量，这种评价很难用具体的指标来预测。如果采用专门的法定评估机构，反而无法准确评估人力资本的实际价值。第三方评估仅是人力资本定价的参考。

2. 人力资本的公示与诚信制度

人力资本出资应有相应的风险控制机制，为了交易安全，建立人力资本信息公示制度是十分必要的。人力资本出资的公司应当在营业执照中加以标示，提示交易相对方注意。[1]这项制度不仅是对交易相对人的提示，也是对人力资本出资企业的规制。公司必须将人力资本股东出资情况明确记载于公司章程，并通过企业信用信息公示系统向社会公示。行政机关在颁发营业执照时在注册资本中注明人力资本出资的比例并备案，以便查阅。对于申请材料存在虚假情况，并且给相对人造成损害的，全体股东必须承担连带责任。

人力资本出资者对公司中的物质资本出资者同样负有诚信义务。创业投资特别依赖于创业者和投资人的诚信度，信用是投资人与初创期科技型企业建立合作伙伴关系的基础，是双方发生经济关系的前提条件。然而，目前我国缺乏完善的信用体系，社会整体信用缺失现象比较严重，导致创业投资的谈判成本增加，投资人缺乏投资信心，资金只投给自己非常熟悉和了解的创业者，严重压缩了投资范围。因此，由政府引导和建立个人诚信体制，是提高人力资本出资的诚信度的重要渠道。具体来说，由国家设立专门的机构负责信用征集管理，征集的对象应该包括工商、税务、银行各方面的信息，建立以身份证、法人名称、股东名称或者法人代码为基础的信用库。这些信息对社会各界开放，包括政府部门、银行、税务机构可以随时查询，以增强整个社会的信息透明度。随着体系建设的逐步成熟与完善，还应该渐进式地引入市场机制，推进社会信用信息收集、利用的市场化。

3. 人力资本出资人的股权转让

在人力资本出资人履行完毕之前，要限制其对外转让股权。从股东平等和营业自由的角度讲，股东持有的股权应当可以自由转让。但是人力资本出资人所持有的股权具有很大的特殊性，因此在美国等国家涉及人力资本出资

---

[1] 参见李友根：《人力资本出资问题研究》，中国人民大学出版社 2004 年版，第 243 页。

的公司设立协议中，一般都会规定人力资本出资方的股权内容与普通股权有所不同，需要分期成熟或者锁定股权。这个成熟的期间可以视为人力资本出资履行的期限。在股权成熟前，人力资本出资方的出资还没有履行完毕，因此其持有的股权被限制转让；只有在股权成熟之后，往往是在公司成立三至四年之后，人力资本出资方的出资可以被认为已经履行完毕，其股权成熟，成为与物力出资方持有的股权相同的股权，就可以不受股权转让条款的约束。美国法还要求在人力资本全部出资完毕之前，公司可以将股票暂存他处或限制该股票的转让，直至人力资本提供完毕，〔1〕也体现了限制人力资本出资人转让股权的制度安排。

4. 人力资本出资人的责任承担

人力资本的最大弱点就是其人身依附性，如果出资人不愿履行，就会出现难以强制执行的情况。借鉴域外经验，人力资本出资人对债权人的责任承担问题主要有以下一些解决办法：

一是针对人力资本出资缩水或因自身原因贬值的人力资本，出资人负出资填补责任或强制减少或注销其股份的责任。

二是针对在公司清算时人力资本不能变现，要求人力资本出资人承担相当于剩余年限人力资本使用价值的债务清偿责任，用现金或其他财产替代清偿。

三是针对人力资本与其所有者人身不可分离而受到健康、意外风险等因素的影响较大，要求人力资本出资人承担强制人身保险责任，该保险应以其人力资本折股价值为投保额，以公司为受益人。一旦出资者遭受伤病死亡等危险，其人力资本存量减少或灭失，则公司可以获得相应赔偿用以充实公司的资本。〔2〕

四是借鉴法国法的做法，不把人力资本出资计入公司注册资本，仅作为对内调整股东间权利义务关系的依据，而不作为对外承担债务的依据。人力资本出资可能有两种情况，一种是对已经履行完毕的服务和劳务进行评估作价出资。此种人力资本出资数额和价值确定，应当允许构成公司注册资本的

---

〔1〕 参见《美国标准商事公司法》第6.21节e款，沈四宝编译：《最新美国标准公司法》，法律出版社2006年版，第50页。
〔2〕 参见陈雪萍："人力资本出资的法律地位及相关问题探讨"，载《华东政法学院学报》2006年第3期。

一部分，如公司成立后奖励员工的股票，实际上就是一种对已经履行完毕的人力资本出资的认可；另一种是尚未履行的服务和劳务。此时的人力资本价值尚未确定，完全是投资人对于创业者未来发展和潜力的一种估计，具有比较大的不确定性。此时人力资本出资不计入公司注册资本，仅作为分配利润和承担损失的依据。这样可以有效地解决对债权人承担责任的问题。

　　具体到创业公司中，其人力资本出资的承担应采用第四种模式为宜。因为创业公司的价值主要取决于人力资本的价值，创业者在公司中占有大部分的股权，没有能力提供同样数额的财产作为担保，在企业出现债务时也不可能拿出同样的财产来填补其人力资本出资的不足。创业者所持有的股权完全是投资人对其实力的认可和对未来的预测，双方的股权配置不具有对外的效力，仅仅是股东间对其权利义务的分配，不涉及对债权人责任的承担问题，所以不会对债权人利益保护和交易安全产生任何的不利影响。也就是说，公司的注册资本是投资人实际投入的全部资金，创业者的股权仅具有内部的分配利润和管理公司方面的权利。

创业公司优先股制度与公司法股权制度的 第五章
适应性研究 CHATPER 05

一、优先股的内涵

（一）优先股含义的发展演变

优先股在我国理论界常见的定义是：公司发行的与普通股相对应的、在公司利润分配和破产清偿时享有优先权的一种特殊类型股份。优先股享有经济性权利的优先性往往是以参与性权利的限制或取消为对价。[1]优先股是一种风险小于普通股、而收益大于普通债券的投融资工具，融合了股权和债权的双重特点，一方面其基本属性为股票，但另一方面又具有债券的诸多特征，[2]如股利收益固定、权利更多体现为合同性而非法定性、表决权受限制等。[3]

以上定义一定程度上揭示出优先股的内涵和特点，但是在一百多年的发展历史中，优先股制度内容不断充实，内涵逐渐丰富，已经不仅限于在分配股利和剩余财产方面具有优先性的股份，而成为发行公司为适应投资人多样化诉求而设计的一种融资手段。

《美国标准商事公司法》第6.01部分规定，授权公司不受限制地创设新奇的类别或者系列股份，公司经常会创设载有新颖、特别条款的证券类型，有时为了响应公司特定情形下的需求，有时为了解决资本运作中的财务问题，

---

[1] 参见汪青松：“股份公司股东权利多元化配置的域外借鉴与制度建构”，载《比较法研究》2015年第1期。

[2] See Charles R. Korsmo, "Venture Capital and Preferred Stock", *Brook. L. Rev.*, Vol. 78, 2013, p. 1165.

[3] 参见刘胜军：“类别表决权：类别股股东保护与公司行为自由的衡平——兼评《优先股试点管理办法》第10条”，载《法学评论》2015年第1期。

也有时是为了实现企业参与各方之间的控制与被控制的关系安排。[1]公司可以根据设立和运营的不同阶段的不同需要创设新的类别或形式的股份，法律规定无法预设公司发展中的所有情形，也没有必要提前框定公司股份的类型。《美国标准商事公司法》第10.04条还规定某一类别股东在法律允许的若干情况下，可对章程的修订进行与普通股不同的特别表决，该修订可能会改变该类别股东享有的权利、该权利的优先性位次和受到的限制。[2]

美国《特拉华州普通公司法》对优先股相关内容描述为：任何公司都可以发行具有完整的、部分的甚至无表决权的股份，可以发行有优先参与权、选择权或有其他特殊内容的权利，包括有特别限制的股票；同时要求公司章程或者董事会根据章程条款的授权发行该特别股票的决议中，应该对该种股票所包含的特殊的权利、义务和限制有明确规定；还对可能包含的特殊权利进行了一定程度的列举，如公司股份回购的权利、优先分红派息的权利、优先清算分配的权利、优先转换为普通股或其他类别股份等权利。[3]从规定的宽泛列举不难看出，其对优先股规定的出发点同样是授权、示范性的，而非限制。

2006年《英国公司法》第17部分第9章对于优先股所附权利的设定和更改作出了相应的程序性要求，允许公司根据自身发展需求对于类别股的不同优先等级进行设定或者更改，但要求股东在设立公司时必须在发售文件和章程中明确约定优先股的权利内容，未来一旦发生争议，法院会以相关文件中陈述的权利内容为准。[4]

可见，优先股的概念在实践中已经被大大拓宽，优先股表现为公司可以自由创设的一切不违反公司强制法律的股权类别或系列。优先股无法被单一的、固定的特征或内容所描述，其核心特点就是多种类和异质性。特别是在优先股运用于风险投资领域时，没有一种放之四海而皆准的、理想化的模式，

---

〔1〕　See American Bar Association, *Model Business Corporation Act Annotated* (Vol. 1), ABA Section of Business Law, Supp. 2009, pp. 6–12.

〔2〕　参见沈四宝编著：《最新美国标准公司法》，法律出版社2006年版，第158~159页。

〔3〕　See William W. Bratton & Michael L. Wachter, "A Theory of Preferred Stock", *U. Pa. L. Rev.*, Vol. 161, 2013, pp. 1847–1852.

〔4〕　See Companies Act 2006, UK, §630–635.

而应该是量身定做的制度安排。[1]同时，就优先股这一概念而言，其真正含义不在于"优先"，而在于"特别"。优先股侧重描述的是一种特别的股份权利，其上记载有不同于一般股权的权利义务安排。当一个公司存在特别的"优先股"，与其相对应的其他股东权利也往往会发生某种变化，不再普通。基于此，我国2021年《公司法修订草案》及2022年《公司法修订草案》（二次审议稿）均规定为"类别股"。

（二）优先股制度的意义

优先股制度对于公司发展和宏观经济建设具有重要意义。

首先，有利于建设多层次的资本市场，促进经济发展。发展优先股有利于丰富我国资本市场的证券品种，多层次的资本市场能更好地满足经济在不同区域、层次发展有不同需求的市场。因此，应大力完善资本市场机制，鼓励证券品种创新和发展，满足我国特殊经济发展环境的需求。

其次，有利于公司拓展融资渠道，实现多元化的股权设计。传统的融资方式主要是发行债券，但是其门槛过高，不利于实力弱、融资难的创业创新型企业获得融资，而单一的融资渠道会造成公司单一的资本结构，不利于公司稳固地抵御风险。优先股的发行能够更加顺畅地增加公司资本，又因为优先股股东通常无表决权或表决权受到限制，不会对原有创业者股东对公司的控制产生不利影响。优先股融资可以大大降低公司在财务方面和管理层决策方面的压力。

再其次，有利于改善公司治理结构，提高公司的运行效率。一方面，我国公司普遍存在股权结构过于集中、一股独大的问题，而优先股的股东通过放弃表决权享有固定股息分配权，扩充了股份发行种类和广度，有利于克服股权集中的弊端。另一方面，通过发行优先股给公司的董事、高管，让他们持有公司的股份，享有公司发展的巨大红利，会促使他们从公司的切实利益和长远利益出发来执行决策，但同时他们手中的优先股表决权有限，不会对股东会的决议产生大的影响。

最后，有利于保护中小股东合法权益，满足不同股东诉求。有关公司法规定的看似平等的一股一权制度，实际上却可能成为大股东、控制股东欺压

[1] See Charles R. Korsmo, "Venture Capital and Preferred Stock", *Brook. L. Rev.*, Vol. 78, 2013, p. 1171.

中小股东的合法依据。类别股制度可以作为保护中小股东的措施之一而出现。为实现这个目的，涉及优先股股东利益的决议，在股东大会表决通过之后，须经优先股股东决议通过方可实施，赋予优先股股东在特定事项上的表决权，以平衡股东之间的利益冲突。同时，优先股的设计也满足了不同股东的多方面诉求。

二、创业公司的优先股制度安排

多年来的创业投资实践，已经磨合出一套比较成熟的针对创业企业的制度安排，最充分地体现了优先股的特点和优越性。根据投资人与创业者签订的契约，投资人享有包括否决权、清算优先权、优先投资权、回购权、共同出售权在内的一系列特殊权利；而创业者的股东权利会受到一系列的限制，包括股票分期成熟、对股票的转让限制、竞业禁止和禁止劝诱等。[1]

（一）清算优先制度（Liquidation Preference）

清算优先制度是指，当公司发生清算事件时，投资人享有优先分配公司剩余财产的权利。清算事件不限于公司法中的清算情形，泛指公司的"资产变现事件"，具体包括：公司拟终止经营进行清算；公司出售、转让或处置全部资产或核心资产和业务；因股权转让或增资导致公司50%以上的股权归属于创业者和投资人以外的第三人等。清算优先权的行使方式有很多种，常见的是清算事件发生后，在股东可分配财产或转让价款总额中，首先向投资人支付相当于其投资款加一定收益率的款项或等额资产，剩余部分按持股比例分配。

清算优先权是在创业企业投资人退出公司时的财产分配制度安排。投资人投入到有巨大竞争潜力同时具有高风险的创业企业中，其目的通常不在于长期持有企业股权，而是通过一定期限的持有后退出变现获取投资收益。创业投资不仅需要建立成功状态下的退出机制，也要建立投资失败或者经营不顺利时的退出机制。清算优先权制度服务于这一目的，其设计原理是基于人力资本出资在公司清算事件中不能通过转让等方式作价变现这一特性，而在清算时给予投资人优先权。

---

〔1〕　参见张明若等：《创业投资模式的制度创新——公司法人力资本价值的理性回归》，法律出版社2016年版，第96~115页。

（二）否决权制度（Protective Provisions）

否决权制度又称"保护性条款"，是指在创业者负责公司日常经营管理的同时，赋予投资人对公司重大事项的一票否决权。否决权事项可分为两类，即核心否决事项与可选否决事项。核心否决事项是保障投资人作为优先股股东的权利和地位，以及与公司的股权、重大资产、重大人事、公司是否存续等相关的重大事项，不涉及公司具体的经营事务，包括变更投资人所持股权的条款，增发或减少注册资本、回购公司股权、出售公司、修改公司章程、变更董事会董事数量、分配股利等。可选否决事项是指其他侧重于公司日常经营管理事项的否决事项，通常可能根据每次交易的不同情况以及谈判结果有所变化，如制定年度预算等。

在创业企业中，融资结束后投资人是公司的小股东，通常不参与公司日常经营的管理，也不拥有足够影响股东会或董事会决策的股权。为了保护投资人作为小股东的权益，通常给予投资人对涉及其切身利益的公司重大事项的一票否决权。这一条款在美国和我国的融资交易文件中都被广泛使用。需要注意的是，保护性条款给予投资人的是一票否决权，而非一票决定权，即只有在公司作出从事某些行为的决定时，投资人才可对该决定行使否决或同意的权利，但是对相关事项没有提名权，投资人无权干涉公司的日常经营行为。

（三）竞业禁止和禁止劝诱制度（Non-Competition & Non-Solicitation）

该制度是赋予创业者的义务。创业者的竞业禁止是指，创业者在企业任职及离开企业后的一段时间内，不能到与公司有竞争关系的其他用人单位任职，或者参与和公司有竞争关系的企业。同时，公司不必因该竞业禁止要求对创业者进行经济补偿。创业者的禁止劝诱是指，在公司任职期间及离职之日起一定时间，创业者不能说服、邀请公司的员工从公司离职，到与该创业者有关系的其他公司工作。创业者与公司基于股东关系而产生的竞业禁止义务可分为两种情况：一是在职期间的竞业禁止义务，如果创业者同时是公司的董事或高管，公司法明确约定了其不得自营或者为他人经营与所任职公司同类的业务；二是从公司离职后的竞业禁止义务，法律没有明确禁止。创业公司的竞业禁止制度实际上是对公司高管的一般要求之外提出了更严格的要求。创业者竞业限制的范围通常和公司的"主营业务"直接相关。从公平合理的角度看，竞业禁止的范围应限制在公司直接经营的具体主营业务范围内，不能将创业者的竞业禁止范围无限扩大。

　　创业企业中的禁止竞业及劝诱制度，其制度基础是投资关系而不是劳动关系，原则上不以义务人与公司有劳动关系为必要条件。创业者以人力资本出资而获取股权，其对公司的忠诚义务应高于公司的一般员工，而由此种更高的忠诚义务要求，衍生出创业企业中特有的竞业禁止义务和禁止劝诱义务。

　　根据投资人与创业者的协议，创业者一般同时担任公司的管理人，而投资人不参与公司管理。创业者对公司负有谨慎和诚信义务，要以约定的方式使用其人力资本，公司利益与其人力资本的使用密切相关。因此，创业者负有围绕创业企业的核心利益来使用其人力资本的义务，不得在公司外从事人力资本的使用，更不能以其人力资本向创业企业的竞争对手出资。该义务是人力资本出资者基于其特定身份所负有的、基于公司对其人力资本的支配权而产生的，是由人力资本的人身依附性所决定的。

　　这种竞业禁止义务与普通公司对管理人课以的竞业禁止义务有本质的不同。普通公司中的管理人以其管理技能和方法从事相应工作，其在任职期间如果在其他公司从事类似的行业，可能会引发关联交易、攫取公司机会等有损于公司利益的行为，因此公司法规定一般情况下管理人不能在任职期间从事与本公司有竞争关系的行为，但是在其卸任后，如果公司要求其继续负担竞业禁止义务，只能依协议而定，并且基于管理人的身份亦属于劳动法中的劳动者，因此要依据相关法律规定及劳动合同给竞业禁止义务的承担者支付相应的劳动报酬。该问题本书在第二章进行了详细阐述。

　　（四）反稀释制度（Anti-dilution）

　　反稀释制度着眼于防止公司股权结构的调整或后续融资导致投资人的股权贬值，或至少投资人在一定程度上控制创业企业股权结构的变化。反稀释意味着资本结构的重新调整，但是这个转换过程有可能由于对以后投资人销售廉价股票而使以前的投资人的股权遭到稀释，为此在股东协议或投资人和企业的其他协议中有专门的反稀释条款。由于反稀释条款往往通过转换价格来实现，所以反稀释条款又叫价格保护机制。其实就是在不增发更多优先股的前提下，为优先股确定一个新的转换价格，使自己的股权比例不被稀释。

　　反稀释主要通过两种条款实现：一是结构性反稀释条款，如有后续融资，赋予投资人优先认购权。优先认购权赋予投资人在公司进行下一轮融资时，在新增的股权中优先认购与其现有持股比例相当的股权的权利，如此投资人在公司的股权比例就不会因为后续增资而降低。二是调整性反稀释条款，包括各类股权比例调整条款，约定投资人所持股权在后续降价融资的情况下，可根据不同公式进行股权比例调整以确保投资人股权不被稀释。调整性反稀释条款赋予投资人一项权利，即当后续融资为降价融资时，公司须按照后续融资的较低价格调整投资人所持有的股权比例。调整性反稀释条款是投资人和创业者之间的一种特殊的利益调节机制，起着控制风险、保护投资和激励企业管理层等多方面作用。从资产负债表涵义上说，稀释是指融资后导致每股净账面价值下降。[1]

在创业企业中，投资人一般以溢价增资方式对公司投资。公司物质资本基本来自投资人投资，而投资人仅占有小比例股权，公司如发展顺利，将进行多轮融资。公司主要的投资人通常通过反稀释条款以防止其持股比例在后续融资后降低，或者其所持股权因后续融资价格较低而贬值。

优先认购权条款给予投资人参与后续融资并保有甚至增加现有股权比例的可能。当投资人不愿根据结构性反稀释条款优先认购新增股权时，就可以利用调整性反稀释条款以防止降价融资拉低股权价值。如果没有反稀释条款的保护，投资人可能被创业者通过低价增资的方式大量稀释股权，以致淘汰出局。另一方面，调整性反稀释条款的存在又激励创业者好好经营公司，以较高的价格进行后续融资，否则创业者则会承担因降价融资触发反稀释调整的不利后果。

三、优先股制度的比较法研究与制度借鉴

（一）英国优先股制度

优先股最早于1825年前后在英国出现。当时英国若干铁道及运河公司因缺乏资金，工程中途停顿。原有股东不愿再进行投资，发行普通股无法吸引新的投资人参加，对外举债，又恐将来无力负担必须按期偿付的利息与本金，且囿于政府对债权融资比例的限制，铁路公司发明了优先股这一创新的融资工具。

在英国，优先股主要特征是当公司有可分配利润时，持股股东能优先于

---

〔1〕 参见章彰："试析创业投资机制中的若干契约安排"，载《证券市场导报》2000年第3期。

普通股股东享受一个固定比例的分红。同时，与普通股不同，优先股股东通常没有就业务经营事项进行投票表决的权利。这两个特征使得公司能从消极投资人处融资，而不用担心偿付本息或业务经营受到干预。这一解决方案是双赢的：一方面，政府能在可预见的一段期限内收回救市资金且不用直接介入日常经营；另一方面，银行没有偿付本息的压力或丧失业务经营控制权的担心。

英国制定法既没有描述优先股的权利内容也没有对优先股进行限制。2006 年《公司法》中第 17 部分第 9 章专章规定了"类别股和类别权利"[1]，该章提供了类别股所附权利的设定或更改程序，授权公司根据自身需要设定或更改优先性。股东设立公司时，必须在发售文件和章程中明确约定优先股的权利内容。如果在未来发生争议，法院会假设相关文件中陈述的权利内容是穷尽的。

（二）美国优先股制度

美国的创业投资中广泛采用了创新性的金融工具，其优先股制度发展至今，已经有着相当程度的灵活性。虽然美国各州制定各自的公司法，但是有很多共同之处。以下以《美国标准商事公司法》和《特拉华州普通公司法》为例来说明。

《美国标准商事公司法》是由美国律师协会商事公司法委员会制定的一部示范性法律。第 6.01 条规定公司可发行多个类别的股票，包括优先权、权利和限制。该条（c）款以非穷尽的方式列举了公司章程可授权发行一个或者多个类别或者系列的股票：（1）拥有特殊的、有条件的或者有限制的投票权，或者没有投票权；（2）根据公司章程可赎回或可转换；（3）使股票持有者有权获得以任何一种方法计算的利益分配，包括可以累计、非累计或者部分累计的权利；（4）在利益分配时享有优先于任何其他类别或者系列的股票优先权，包括公司解散时的分配。而第 6.02 条允许董事会根据公司章程规定决定优先股的条款，包括第 6.01 条列举的优先性、权利及限制。[2]第 6.01 条部分授权公司不受限制地创设新奇的类别或者系列股份。这部分基本是授权性而不是限制性的，因为公司经常发现种种原因使得创设新的类别或者系列股

---

[1]　See Companies Act 2006, UK, Part 17, Chapter 9.

[2]　参见沈四宝编译：《最新美国标准公司法》，法律出版社 2006 年版，第 44~48 页。

份成为必要。在公司章程中披露新的类别或者系列股份的条款，这是一个官方记录的问题，没有理由去限制创设这些类别或者系列股份的权力……载有新奇条款的证券经常被创设来回应公司在特定情形下的需要或者是由于资本市场条件产生的财务问题。创设类别或者系列股份也会被用来实现企业参与方之间控制关系的安排。[1]此外，第 10.04 条规定某一类别股东在特定情况下可对公司章程的修订进行特别表决，例如该修订会改变该类别全体或部分股东享有的权利、优先性或限制。[2]

特拉华州是美国公司法领域最重要的司法管辖区，是美国大多数上市公司的住所所在地。《特拉华州普通公司法》第 151 条规定任何公司都可以发行具有完整或部分表决权、无表决权，有优先权、参与权、选择权或其他特殊权利或限制的股票，公司章程、其修正案或者董事会根据公司章程条款的授权发行该等股票的决议中应该对这些特殊权利和限制明确规定。第 151 条还列举了某一类别股票可以具有的特殊权利，包括回购、分红、破产时要求优先分配、转换等权利，可由公司章程或董事会作出的发行该类股票的决议载明。尽管美国各州的公司法规定各不相同，但是对优先股的规定基本都是授权式而非强制性的。事实上，优先股的权利主要是契约性质的，对优先股条款的解释实质上体现了法院对合同的解释。[3]

总的来看，在我们尚未真正容纳优先股之时，在以缔造创业奇迹和财富神话著称的美国，俨然已经打破了称谓、概念上的局限，促成了公司融资最大限度的灵活性与适应性。[4]

四、我国优先股制度的立法演变与发展困境

(一) 立法演变

我国优先股制度的适用经历了漫长的摸索过程。在 1990 年中国人民银行颁布的《证券公司管理暂行办法》、1991 年中国人民银行深圳分行颁布的

---

〔1〕 See American Bar Association, *Model Business Corporation Act Annotated* (Vol. 1), ABA Section of Business Law, Supp. 2009, pp. 6~12.

〔2〕 参见沈四宝编译：《最新美国标准公司法》，法律出版社 2006 年版，第 158~159 页。

〔3〕 See Elliott Assocs. , L. P. Vs. Avatex Corp. , 715 A. 2d at 852.

〔4〕 参见于莹、潘林："优先股制度与创业企业——以美国风险投资为背景的研究"，载《当代法学》2011 年第 4 期。

《深圳市证券机构管理暂行规定》中对普通股和优先股在股息分配、清算等环节的区别作了规定；1992 年，国家经济体制改革委员会颁布《股份有限公司规范意见》，后被确认为具有政府部门规章的法律效力，第 23 条规定公司在设置普通股的同时可设置优先股，公司对优先股的股利须按约定的利率支付，在公司终止清算时，优先股股东优先分配剩余财产。1993 年深圳市人民政府公布的《深圳市股份有限公司暂行规定》规定股份有限公司可以发行多种类型的优先股，并不局限于无表决权的利益分配优先股。

2001 年，财政部制定《金融企业会计制度》，第 101 条第 7 款第（一）项规定，应付优先股股利，是指金融企业按照利润分配方案分配给优先股股东的现金股利。2005 年国家发展和改革委员会等联合发布的《创业投资企业管理暂行办法》第 15 条规定，经与被投资企业签订投资协议，创业投资企业可以以股权和优先股、可转换优先股等准股权方式对未上市企业进行投资。该规定反映出客观的社会发展需求在商事立法中得到了及时的回应。但是，该办法将优先股确立为一种"准股权方式"，作为创业企业规则的权宜之计。但这种"准股权"的定位令人费解，它与股权是怎样的关系？法律地位有何区别？这一规定与《公司法》如何协调？[1]这些问题难以得到回答。此后关于优先股的探索主要集中于公众公司。

2013 年 7 月，国务院办公厅发布《关于金融支持经济结构调整和转型升级的指导意见》，明确提出要通过探索发行优先股、定向开展并购贷款等方式，支持企业兼并重组。优先股制度作为金融创新手段受到了重视。2013 年11 月国务院发布《关于开展优先股试点的指导意见》，该指导意见从优先股股东的权利义务、优先股发行与交易、管理和配套措施等几个方面对优先股作了较为详细的规定。根据该意见规定，优先股是指依照公司法，在一般规定的普通种类股份之外，另行规定的其他种类股份，其股份持有人优先于普通股股东分配公司利润和剩余财产，但参与公司决策管理等权利受到限制。除本指导意见另有规定以外，优先股股东的权利、义务以及优先股股份的管理应当符合公司法的规定。优先股股东能够优先分配利润、优先分配剩余财产、转换为普通股以及要求发行人回购等；同时，优先股股东的表决权受到

---

[1]　参见于莹、潘林："优先股制度与创业企业——以美国风险投资为背景的研究"，载《当代法学》2011 年第 4 期。

限制。优先股分为公开发行和非公开发行，公开发行优先股的发行人限于证监会规定的上市公司，非公开发行优先股的发行人限于上市公司（含注册地在境内的境外上市公司）和非上市公众公司。公司已发行的优先股不得超过公司普通股股份总数的50%，公司公开发行优先股的，应当采取固定股息率。该指导意见可以说是股份制改革以来最全面、效力层级最高的关于优先股的法规。但是，相关规定限定了我国政策允许的优先股类型就是分配公司利润和剩余财产的优先股，往往赋予了持股人在分配公司盈余方面的优先权利，但同时限制了其在表决权、管理公司事务等方面的权利，可以说这类优先股实际上是将股权债权化，其并没有以不同类型的股权为基本创设，构造比较简单。

中国证券监督管理委员会2014年发布、2021年修正、2023年修订的《优先股试点管理办法》以规范优先股发行和交易行为、保护投资人合法权益为目标。该管理办法的出台标志着作为我国资本市场一直缺失的一个层级工具——优先股，在我国正式启航。开展优先股试点，有利于我国进一步深化企业股份制改革，为发行人提供灵活的融资工具，为投资人提供多元化融资渠道，促进资本市场稳定发展。此外，中国证监会于2014年对发行优先股的募集说明书、申请文件、定向发行优先股说明书和发行情况报告书及申请文件等内容与格式发布了准则。

国务院相关部委也陆续发布了一些促进优先股发行的部门规章和规范性文件。如2014年4月发布的《中国银监会、中国证监会关于商业银行发行优先股补充一级资本的指导意见》、2014年10月发布的《中国保险监督管理委员会关于保险资金投资优先股有关事项的通知》等。

上海证券交易所及深圳证券交易所也发布了相关的行业规定，如《关于优先股纳入股票质押回购交易标的证券范围相关事宜的通知》《优先股投资风险揭示书必备条款》《优先股试点登记结算业务实施细则》《深圳证券交易所优先股试点业务实施细则》《上海证券交易所优先股业务试点管理办法》等，这些规定对于优先股的上市、交易、转让和信息披露进行了详细的规定，使得我国的优先股制度步入了规范发展的道路。

此前我国对于优先股的探索主要集中于法规和规章层面，作为公司领域效力层级最高的《公司法》鲜有涉及。《公司法》第131条授权国务院可以针对公司发行其他种类的股份另行作出规定，给下位法的立法者探索类别股及相关法律制度保留了空间，但由于制度惯性该种授权一直限于股份有限公司。2021 年《公司法修订草案》第 157 条专门对类别股作出了规定，公司可以按照公司章程的规定发行下列与普通股权利不同的类别股：（一）优先或者劣后分配利润或者剩余财产的股份；（二）每一股的表决权数多于或者少于普通股的股份；（三）转让须经公司同意等转让受限的股份；（四）国务院规定的其他类别股。公开发行股份的公司不得发行前款第（二）项、第（三）项规定的类别股；公开发行前已发行的除外。该规定如能体现于未来正式颁行的《公司法》中，将成为在法律层面上首次对优先股、类别股作出的较为详细规定的尝试。但是不难看出，草案对于优先股的规定仍然小心翼翼。一方面，类别股规定于"股份有限公司的股份发行和转让"章，意味着类别股的发行仍然只适用于股份有限公司，排除了有限责任公司设立的可能性；另一方面，采用列举方式限定类别股类型，固守类别股是对股东平等原则的突破的基本观念，始终难以走出"表决权优先股""分红优先股"的类型窠臼。

总的来看，相关法律制度规范虽然对优先股进行了有益尝试，但多数仍固守狭义的理解，将优先股的适用范围限定为公众公司，认为优先股是一种有更强的分配财产利润功能，相对应地会减少参与公司决策管理功能的股权。统一、僵化的优先股规定显得过于保守，无法适应创业公司的需要，大大抑制了创业公司中优先股功能的发挥。

（二）法律障碍

1. 法律规定的不足

（1）公司法规定模糊使特殊的优先股设计效力存疑

《公司法》规定虽然隐含着公司发行优先股的自由，但不够明确，仅有模糊的授权性规范。《公司法》第 131 条规定，国务院可以对公司发行本法规定以外的其他种类的股份，另行作出规定。但是第 126 条规定，股份的发行，实行公平、公正的原则，同种类的每一股份应当具有同等权利。同次发行的同种类股票，每股的发行条件和价格应当相同；任何单位或者个人所认购的股份，每股应当支付相同价额。这样规定的问题在于，一方面《公司法》坚持"同股同权"的基本要求，似乎排除了优先股适用的余地；但另一方面又通过授权国务院规定，为优先股留有余地。这样的规定虽然给下位法的立法者探索优先股及相关法律制度保留了空间，但是由于公司法对优先股制度的语焉不详，导致公司中自行设定的优先股效力不确定。

此外，《公司法》第 34 条规定，股东按照实缴的出资比例分取红利；公司新增资本时，股东有权优先按照实缴的出资比例认缴出资。但是，全体股东约定不按照出资比例分取红利或者不按照出资比例优先认缴出资的除外。第 42 条规定，股东会会议由股东按照出资比例行使表决权；但是，公司章程另有规定的除外。可以看出，《公司法》对于有限责任公司的股东分红权及表决权进行了除外规定，即允许股东不按照出资比例来自由约定这两项权利。但是股东权利中的另外两项重要内容——股东转让股份获利的权利以及分配剩余财产的权利，仍然只能根据出资额确定。所以，《公司法》对有限责任公司股东自治的有限放开，正是基于将股东权利的不同安排视为一种特殊情况的体现，可以说是治标而不治本。

其他制度规范虽然在不同层面对优先股进行了有益的尝试，但多数对优先股仍固守狭义的理解，将优先股视为一种有更强的分配财产利润功能、而相对应地会减少参与公司管理功能的股权，其本质仍然是将股权债权化。这种理解忽略了股东间因可能存在的差异而产生的不同诉求，忽略了因不同诉求可能出现的各种各样的权利表现形式，没有允许股东根据实际需要和利益诉求对股东权利进行灵活、自由的安排，没有以不同类型的股权创设为基本出发点。僵化的优先股制度规定无法适应创业企业的需要。

（2）优先股发行限制过多

首先，发行主体限制过多。在发行人范围上，目前法规规章中明确认可的公开发行优先股的发行人限于证监会规定的上市公司，对于在美国广泛认可的发行优先股的另一类主要主体——"创业公司"却并未明确认可。[1]根据域外经验，优先股主要适用于两个基本的领域：一类是针对公众公司的投资人，其诉求是获得相对普通股更为稳定的收入回报，股权内容主要体现为优先支付股利；另一类的典型代表是风险投资中的优先股，主要针对投资人在投资增值和退出保护时优先于普通股。[2]美国学者的实证研究显示，优先

---

[1] 参见刘胜军："类别表决权：类别股股东保护与公司行为自由的衡平——兼评《优先股试点管理办法》第 10 条"，载《法学评论》2015 年第 1 期。

[2] See Spencer G. Feldman，"Preferred Stock：A Privileged If Peculiar Class"，*Practical Lawyer*，Vol. 58，2012，p. 57.

股被广泛用于高风险、前沿尖端的初创企业，[1]在投资人和创业者签订的合同中应对适应创业投资需要的金融工具，如可转换优先股、附认股权债、可转换债等，予以法律上的肯定。[2]美国对赋权性规则之重视，为其金融创新留下充分的制度空间。[3]但我国的优先股发行人限于上市公司和非上市公众公司。优先股股利是税后支付，相当于固定付息成本，且不能税前扣除，这就会造成较高的融资成本；而上市公司有更好的融资途径，权衡之后往往对于发行优先股并无特别大的需求。

其次，发行比例限制过多。《优先股试点管理办法》对优先股的发行规模进行严格限制，上市公司已发行的优先股不得超过公司普通股股份总数的50%，且筹资金额不得超过发行前净资产的50%，已回购、转换的优先股不纳入计算。大多数大陆法系国家只对股本额进行限制，而我国是在股本和股份发行比例方面都进行了限制，导致我国发行条件更严格，过于保守，优先股实际上的运用并不活跃。

（3）优先股股东权利保护不足

首先，优先股与普通股之间存在利益冲突。优先股股权的内容从某种意义上说具有合同性，内容的确定主要来自公司章程的规定或是认购协议中的说明，但作为表决权过小的优先股股东，在对公司的经营管理上，他们没有足够的权利可以左右普通股股东的决定。比如在利润分配上，优先股股东能获得的股利是固定的，其在分配剩余财产时的获得也是固定的，而对于普通股股东来说，更倾向于不分配股利，因为将公司的盈利转化为公司的资本不会对他们的利益产生太大影响，还能够提升公司股票价值。但这种做法显然会严重影响优先股股东利益的实现，尤其是当所发行的优先股属于非累积优先股时，优先股股东当年的股利就会消失。

其次，未设立专门的优先股股东的议事机构。域外国家立法中有关于优先股股东会的相关条款，如《法国公司法》规定，公司为融资发行，必须组

---

[1]　See Charles R. Korsmo, "Venture Capital and Preferred Stock", *Brook. L. Rev.*, Vol. 78, 2013, p. 1164.

[2]　See Steven N. Kaplan & Per Stromberg, "Financial Contracting Theory Meets the Real World: An Empirical Analysis of Venture Capital Contracts", *Rev. Econ. Stud.*, Vol. 70, No. 2, 2003, p. 281.

[3]　参见李安安："股债融合视域下的公司治理：现实检讨与法制回应"，载《西南民族大学学报（人文社会科学版）》2020年第4期。

建"专门股东大会"。我国在《优先股试点管理办法》中提到，公司召开股东大会会议应通知优先股股东；对涉及有关优先股股东权益的事项的表决，不仅要出席会议的普通股股东所持表决权的三分之二以上通过，还须经出席会议的优先股股东所持表决权的三分之二以上通过。这些规定显示出立法者对于优先股股东权益的考虑，并为未来规定优先股股东会条款留下了空间。但是大部分的公司依照《优先股试点管理办法》的规定，将严重影响优先股股东利益的表决事项放到股东会进行表决，且须经过特别决议才能通过。基于优先股股东表决权的有限性，股东会通过对优先股股东严重不利的决议的情形是比较常见的，实际上优先股股东的利益被严重忽视。

最后，优先股股东的表决权经常受到阻碍难以实现。我国《优先股试点管理办法》第 10 条对优先股股东的表决权行使进行了限定，优先股股东有权出席股东大会会议，就以下事项与普通股股东分类表决，其所持每一优先股有一表决权，但公司持有的本公司优先股没有表决权：（1）修改公司章程中与优先股相关的内容；（2）一次或累计减少公司注册资本超过 10%；（3）公司合并、分立、解散或变更公司形式；（4）发行优先股；（5）公司章程规定的其他情形。以上规定设立的主要目的是：优先股股东通常不参加公司事务表决，只在严重影响自身权益的时候才能参与表决，由此一定程度保障优先股股东的权利不受公司及大股东的侵害，但优先股股东掌握的信息量少，经常被公司及大股东利用充分的知情权以及控制权、决策权等优势欺压，其表决权经常遭到公司妨碍导致难以得到实现。

2. 优先股法律障碍对创业公司的影响

由于法律法规中的制度供给不足，创业公司中的各项特殊权利义务约定只能体现在股东协议中。依据私法领域"法无禁止即允许"的一般原则，如果股东间特别的权利义务约定没有违反《公司法》的强制性规定，应当是有效的。但该种合同解决方法存在较大的不确定性。

首先，部分优先股安排与《公司法》的规定存在矛盾。如投资人优先清算权，违反了《公司法》关于清算财产分配的强制规定；强制回赎权易触犯关于股份回购的规定；股权成熟制度与通常的公司出资和股权制度相悖；一票否决权与其他关于表决权分配的约定，违背一股一权与资本多数决的原则；投资人与公司签订的股权估值调整协议，可能损害公司利益与债权人利益，等等。当这些约定出现争议诉诸司法解决时，法院可能因缺少具体法律制度的支持而认定无效。[1]即便《公司法修订草案》中对类别股进行了明确，但是其发行主体限于股份有限公司，对于主要采用有限责任公司组织形式的创业企业并没有实质上的突破。

其次，股东权利尤其是其中的共益权部分，应该记载于公司章程才能对公司以及未来的股东发生效力。但是，在我国，公司股东自主设计章程的做法并不流行，更何况，股东自行拟定的章程条款经常面临是否合法、是否有效的争议。[2]由于理论界对优先股普遍存在的狭义理解，相关立法对优先股设立语焉不详，导致我国公司登记机关等实务部门，普遍对于优先股制度十分陌生或持否定态度。事实上，大多数有限公司的章程通常是直接套用工商行政管理机关提供的章程范本，而后者又是照搬《公司法》条款的产物。创业企业中各种特殊的权利义务约定无法在章程等对外公示的文件中体现。而股东协议不是公司的组织性文件，它体现的是股东对自己私权利的处分，适用合同法的规定。当涉及公司的公共利益和股东的共同利益时，公司章程效力当然要高于股东协议的效力。缺乏公示的优先股效力受到质疑。

再其次，"优先股是股不是债"常常成为融资方背信、拒绝履行合同义务的借口。在公司商业决策的托词下，优先股股东的投资很可能成为实质上无须偿还的借贷。我国实践中大量对赌协议不获履行的纠纷涌向诉讼和仲裁即是适例。实际上，债权人利益保护是否是优先股语境下最为典型和突出的问题值得反思。创业企业能够获得多少债权融资是有疑问的。与之形成对比的是，在对赌协议纠纷中，公司利益、债权人利益保护反倒成为公司、持有普通股的创始人股东拒绝履行合同义务的有力抗辩。[3]此种情况下，优先股制度的供给不足，导致优先股股东的处境比任何其他财务参与方都更加被动。[4]

最后，容易引发道德风险，对守约方不公平。在创业者或者投资人违背承诺时，仅仅以违约的方式来承担责任，非违约方不能要求相应权利的行使，违约方的违约成本可能远远小于违约取得的利益。同时，事后反悔的创业者

---

〔1〕 参见朱慈蕴、沈朝晖："类别股与中国公司法的演进"，载《中国社会科学》2013年第9期。

〔2〕 参见钱玉林："公司章程'另有规定'检讨"，载《法学研究》2009年第2期。

〔3〕 参见潘林："优先股与普通股的利益分配——基于信义义务的制度方法"，载《法学研究》2019年第3期。

〔4〕 See Lawrence Mitchell, "The Puzzling Paradox of Preferred Stock (and Why We Should Care about It)", *Bus. Law*, Vol. 15, 1996, pp. 443-444.

或者投资人可能会以合同约定显失公平为由主张撤销合同。由于创业公司中的权利义务安排从表面上看确实存在对创业者的明显不利，在实践中协议可能被判定为显失公平而被撤销，"劣币驱逐良币"的制度风险显现。

可见，试图在现行法律框架下以契约约定的方式作出优先股安排将不可避免地面临法律障碍与风险。但是股东间个性化的需求是客观存在的，需求与制度的割裂导致股东不得不在法外寻找空间，各种变相实施优先股的做法游走在管制与自治之间，给投融资双方增加了诸多不必要的制度成本。

五、公司法优先股制度的完善思考

（一）优先股制度的理论争议回应

尽管优先股在域外国家已经获得了充分的认可并焕发出制度的勃勃生机，但在我国的发展一直伴随着争议。究其原因，优先股被认为与公司法的部分基本原则和理念相悖。因此，创业公司能够名正言顺适用优先股制度的基本前提，是对优先股制度的理论争议进行解读和回应。

1. 优先股体现股东实质公平

股东平等是我国公司法的基本原则之一，体现为资本平等和股权平等，通常理解为同股同权，在法律文本上集中体现为《公司法》第 126 条。《公司法修订草案》保持了类似表述。从字面意义看，股权平等和同股同权是指每个股东持有的每一股份额在公司中享有相同的权利，承担相同的义务。当公司仅发行一种类别的股份（即所谓的普通股）时，这一理解看起来并无问题。但是当股东有不同的持股原因和背景，公司需要应不同股东的投资偏好而发行两种或两种以上股份时，各种股份上所附着的权利义务必然存在区别。当所谓的"优先股"和"普通股"的权利义务明显不同时，是否有违股东和股权平等原则是优先股发行绕不开的质疑。

追根溯源，我国历史上曾经出现过法人股、职工股、集体股等概念，不同身份的持股人享有不同的股东权利，使得企业和股东产权不清、责任不明，最终引发股权分置改革，因股东身份不同而产生的类别股被大规模消除。在这一历史背景下，股东平等、同股同权原则被认为是破除计划经济桎梏、培养市场经济平等自由精神的有力工具，因此被不断地重复和强调。但与此同时，同股同权原则在传播过程中也被简单、机械地加以理解，所有股东都享有一模一样的股东权利才是同股同权，完全相同的股东权利是常态，不同的股东权利只能是特殊情况下的变通。依照这一理解进行逻辑推演，公司一般只发行普通股，优先股是例外。实际上，就《公司法》文义而言，不仅没有规定普通股是唯一被准许发行的股份，而且"同次发行的同种类股票"也从侧面肯定了不同种类股份存在的可能。换言之，普通股仅仅是同股同权规则下的一种表现形式而已。[1]不同种类股份之间，本没有"同股"之前提，也当然没有"同权"之适用。把股东平等原则理解为所有股份均享有相同的权利，是对股东平等原则的误读。

在不同时代，股东平等的内涵在不断发展变化。在资本平等的语境下，股东平等的内涵被抽象为不具有伦理价值的经济关系。衡量平等原则的标准通常是股东持股数量、分红权利、表决权的行使以及优先认购权等。但这种资本层面的平等并没有关注到资本背后的出资主体在市场地位、信息获取、权利行使等方面存在的巨大差异，[2]又使得资本平等在实践中产生异化，导致股东间的压迫等不平等现象的产生。[3]伴随着公司理论的深入，关于股东平等内涵的认知应当从资本层面向主体层面演进，尊重股东之间的差异，满足股东不同的投资偏好成了当前语境下股东平等的新内涵。[4]优先股的核心是对"同股同权"内涵的修正，将原本僵化的所有股份一律平等，修正为同一类型的股份权利平等。[5]允许有不同权利诉求的股东采用不同类别的股权安排，是股东平等原则的当然逻辑，是超越形式平等的实质意义上的股东平等。

2. 优先股适应股东异质化特性

普通股设立的基本假设是每个股东都被拟制为"同质"的个体。在股东同质化假设下，股东对于公司股票中的控制权利益和经济利益被拟制出具有

---

　〔1〕　参见李洪健："同股同权规则的再释义与我国公司股权结构改革"，载《西南政法大学学报》2018 年第 5 期。

　〔2〕　参见汪青松："一元股东权利配置的内在缺陷与变革思路"，载《暨南学报（哲学社会科学版）》2016 年第 8 期。

　〔3〕　参见朱慈蕴："资本多数决原则与控制股东的诚信义务"，载《法学研究》2004 年第 4 期。

　〔4〕　参见李洪健："同股同权规则的再释义与我国公司股权结构改革"，载《西南政法大学学报》2018 年第 5 期。

　〔5〕　参见傅穹、肖华杰："我国股份有限公司类别股制度构建的立法路径"，载《西南民族大学学报（人文社会科学版）》2019 年第 8 期。

相同的偏好。[1]同样，股东拥有的股权也是同质的，即可以将公司的股权看作是被切开的馅饼。就馅饼而言，那些吃它的人可能得到的大小不同，但是每一块的内容都应该具有相同的性质……就股份而言，这意味着与企业的财富有关的一套相同的权利。[2]

事实上，股东的同质化假定并不成立。首先，股东利益并不同质。资本多数决规则将股东分化为控制集团和非控制群体两类，伴随着压迫问题的产生，中小股东的利益常常会遭到控制股东的侵蚀；另外，股东的身份差异与投资组合差异也会使股东间的利益产生分歧。其次，股东目的因人而异。在如何使公司利益最大化问题上，股东往往持有不同见解，短期持股的股东倾向于选择短期内能提升股价的高风险项目，长期持股的股东则更愿意选择稳妥的收益项目。最后，股东参与公司治理的能力存在显著差异，如缔约能力、判断能力和信息搜集能力上都存在很大的区别。[3]

可见，构造精致的同质化假设属于理论对现实的一种扭曲，股东同质化假设不能成立，异质化才是其天然特性。相应地，股东权利的个性化安排应该是常态，同质化的安排才是特例。普通股是对股东权利的一般性设计，相当于为了降低交易成本而采用的"格式合同"；优先股体现的是公司和股东对股东权利的个别化诉求，是对彼此权利义务的精心设计，迎合和适应了股东异质化现实的需要。特别是在创业企业中，其创业者和投资人的投资目的、利益诉求、参与公司管理的意愿和能力等都有巨大的差异，相比普通股而言，优先股在创业企业中的适用反而是常态。

优先股和普通股在公司中的地位，不应由公司法预设而有所偏重和歧视。《美国标准商事公司法》鲜明地体现了这一立法宗旨。传统理论对于"优先股"和"普通股"的区分不再重要，公司某一类别的股份是"优先股"还是"普通股"仅仅是挂上一个称谓标签，"是官方文件记载和披露的需要"。公司制度不拘泥于"优先股"还是"普通股"的划分，而是致力于如何提供最大限度的灵活性和多样性选择以满足公司股东的需求。公司既可以创设享有优先权利的"普通股"，也可以设计在公司表决或分配剩余资产等方面没有任

---

[1] 参见冯果："股东异质化视角下的双层股权结构"，载《政法论坛》2016年第4期。

[2] 参见［加］布莱恩 R. 柴芬斯：《公司法：理论、结构和运作》，林华伟、魏旻译，法律出版社2001年版，第509页。

[3] 参见冯果："股东异质化视角下的双层股权结构"，载《政法论坛》2016年第4期。

何优先权利的其他类型的"优先股"。事实上,《美国标准商事公司法》已摆脱了传统的"普通股"和"优先股"的概念,以更宽泛的语言来反映现代公司实践中创设类别与系列股份的事实灵活性[1]。在我国公司法律制度对优先股还处于犹豫徘徊的阶段时,公司法律制度发达国家俨然已经打破了称谓、概念上的局限,促成了公司融资最大限度的灵活性与适应性[2]。

总的来看,优先股在创业企业内部权利分配上体现股东个性,将特定权利与特定股东捆绑以强化股东向心力,这虽然看似突破了"股东平等原则",却能最大限度迎合公司的异质化需求,拓宽公司的自治空间。[3]

3. 优先股延续私法自治精神

优先股是对公司个性化需求的回应,体现了股东权利的多元化配置,其制度基石是私法自治和契约自由。

公司法基本理论和规则的形成,基本上可以归纳为两大流派:一类演绎式,从公平和效率理念出发,逐步进行下一层次的演绎推理过程,分层分级展示这一理念的价值;一类归纳式,从鲜活生活中出现的经济结构出发,对于其中符合公平效率理念的情形用法律制度加以固定。对优先股的认可体现为归纳式的立法路径。公司及股东根据现实需要设计了不同的权利类型和内容,博弈出最优化的交易结构,由此呼唤与之匹配的法律制度。采用归纳式的立法流派,不提前进行自我设限,而是将已出现的最优交易结构,及时通过法律制度予以肯认,体现了与时俱进。如果用现有制度去框定新生事物,甚至于进行限制和打压,不仅与私法精神相违背,欠缺法理上的正当性,而且过度限制了公司融资的自主性甚至直接毁灭融资困境中的公司。[4]

优先股体现出强烈的合同性特征,使得公司可以根据自身状况、公司目的和市场形势量身打造自己需要的优先股。在私募发行的情况下,双方当事人之间对优先股条款有更多的谈判空间;在公开发行的情况下,优先股条款更多地表现为发行人的单方起草,投资人的认购则表明对其优先股条款的认

---

[1] See American Bar Association, *Model Business Corporation Act Annotated* (Vol. 1), ABA Section of Business Law, Supp. 2009, p. 10.

[2] 参见于莹、潘林:"优先股制度与创业企业——以美国风险投资为背景的研究",载《当代法学》2011 年第 4 期。

[3] 参见李润生、沈鹏:"有限责任公司适用种类股制度研究",载《学习与实践》2017 年第 11 期。

[4] 参见张志坡:"论优先股的发行",载《法律科学(西北政法大学学报)》2015 年第 2 期。

可。优先股合同性的本质是私法自治。[1]

英美法律中关于优先股的设定没有内容上的特别限制，但均要求优先股的权利内容应当明确记载于公司章程或者董事会发行优先股的会议决议中，以确保优先股的设定、发行和认购均是所有股东的自愿行为。

事实上，如果认识到优先权利的设计未必冠之以"优先股"的称谓，完全可以通过投资合同等实现优先股安排，其实我国也并非例外。由于公司法采取了授权国务院对优先股作出特别规定的策略，而相关规定中仅规定了股份有限公司的优先股发行，创业企业只能利用公司法为有限责任公司释放的自治空间，努力寻找优先权利实现的变通路径，以实现国际私募股权投资游戏规则的本土化。[2]

综上，优先股制度是公司法对于经济活动中长期形成并且反复适用的商事交易惯例的确认，是私法自治的延续和深化。正因为优先股的合同性特征，封闭公司股东人数较少，彼此关系密切，相互信任程度高，股东之间的自治性强，反而更加容易形成自由灵活的股权种类设置。[3]封闭公司而非公众公司才是优先股发挥功能的首要场域。[4]创业公司就是其典型代表。

（二）优先股的具体制度设计

虽然合同性是优先股的本质特征，但是优先股同样具有股权性，经由合同设立的股权形式，只有得到立法的确认，才能够产生股权的效力。但是我国的优先股制度供给不足困境日趋明显，极大地限制了创业企业的发展，亟需立法规则的回应。[5]

1. 优化优先股制度的立法模式

发展优先股制度应以完善立法模式为基础。综观世界各国对于优先股制度的立法，都是以法律为基础进行制度构建的。从我国优先股立法历程来看，从 1992 年颁布的《股份有限公司规范意见》到 2014 年制订、2023 年修订的

---

〔1〕 参见张志坡："认真对待优先股的合同性"，载《兰州学刊》2017 年第 2 期。

〔2〕 参见李寿双：《中国式私募股权投资：基于中国法的本土化路径》，法律出版社 2008 年版，第 20 页。

〔3〕 参见任尔昕："关于我国设置公司种类股的思考"，载《中国法学》2010 年第 6 期。

〔4〕 参见潘林："优先股与普通股的利益分配——基于信义义务的制度方法"，载《法学研究》2019 年第 3 期。

〔5〕 参见傅穹、肖华杰："我国股份有限公司类别股制度构建的立法路径"，载《西南民族大学学报（人文社会科学版）》2019 年第 8 期。

《优先股试点管理办法》，优先股制度始终没有迈出行政法规、地方性法规与部门规章的范围。《公司法》中有关优先股制度的只言片语，也仅仅是一个授权而非具体的指导性规则。《公司法修订草案》及《公司法修订草案》（二次审议稿）中对于类别股有了较为明确的规定，但一方面发行主体限定于股份有限公司，另一方对类别股的类型进行了列举规定，实际上仍然未能走出传统优先股认知的窠臼，远不能适应当下的创业公司股权设计需求。

法律在公司内部关系中的"大一统"努力往往只是一种理想主义的一厢情愿，它没有充分考虑到公司各成员间的多样化需求。一元化股东权利配置制度所引发的现实后果必然是：某些投资人所看重的某些权利因为保障不足而难以充分实现，另一些权利则因缺乏行使积极性而沦为虚设。[1]随着创业投资在我国的长足发展和企业融资的现实需要，公司业务类型推陈出新，各种新的公司治理方案和制度设计层出不穷。与其让投融资双方借助游走在法律边缘的契约条款实现优先股投资目的，不如直接扫除法律障碍，将公司设立多类别股份的自由还给公司，以实现股权内容的自治性配置。[2]

我国《公司法》经过若干次修改，立法趋势是对公司的强制与管制逐步减少，对股东自治的鼓励不断增加，公司法的现代化改革方向亦为赋予公司更多制度创新的自由。允许优先权自由创设，对于拓宽创新创业型企业融资渠道、提升公司竞争力、为包括创业企业在内的各类型企业的发展提供法律保障、保护创业投资活动参与各方的自由意志和合法利益均具有重要意义。可以预见，随着我国优先股制度的实践先行，在提高对该股份类别风险和利弊的综合认识后，扩大优先股发行主体范围、解除公司设立优先股桎梏是应对复杂多变的市场环境的重要渠道之一。

未来关于优先股的立法模式，应当是由公司法进行统领，除对公众公司中的优先股发行条件和要求进行明确外，对于非公众公司的优先股设定作出原则性肯认，对于与优先股相冲突、与经济发展不相适应的规则进行调整和淡化。行政法规和部门规章进一步细化规定，对于优先股的设定条件、程序进行总体规范，对于优先股的权利构造和行使、权利处分和保护等进行描述；

〔1〕　参见汪青松："一元股东权利配置的内在缺陷与变革思路"，载《暨南学报（哲学社会科学版）》2016年第8期。
〔2〕　参见傅赵戎："私募股权投资适用优先股的法律路径"，载《河北法学》2015年第5期。

出台配套的规范性文件和示范文本，对于常见的优先股条款进行列举和说明，以起到充分的提示作用，避免信息不对称引起的股东缔约地位不平等产生的不公平后果。

法院在司法裁判中亦应把握好司法强制与公司自治的边界，把握时代声音，维护企业创新，尊重商业习惯，促进企业利益最大化。[1]

2. 允许封闭公司股东自由约定股权比例和股权内容

封闭公司应当享有相当大的自治权利。封闭公司通常被称为"公司型合伙"，在管理模式上以股东直接参与管理为主，股东就像合伙人一样将自己看作是业主在管理公司，因此产生的代理成本问题比较少，而股东间的纷争、欺压和僵局问题比较严重。[2]对于封闭公司立法应更多地赋予股东自治的权利，由股东协商确定公司的各项事宜，包括权利义务的配置。

（1）建议在有限责任公司中使用"股权"的概念

出资是股东的基本义务，也是其取得股权的事实根据和法律根据。出资实质上是股权的对价。我国公司法上对出资概念的使用不甚统一，有时是指有限责任公司股东对公司进行直接投资后所形成的相应资本份额，有时是指股份有限公司股东认购的股份，有时则又泛指各种公司（包括股份有限公司）股东对公司进行的直接投资。如我国《公司法》第 35 条、第 93 条[3]、第 199 条[4]中所称的"出资"即分别指向这三种不同的含义。建议用"股权"来代替"出资"，[5]其理由在于：一是避免"出资"的歧义，有利于法律的确定性；二是《公司法》在第 71 条规定有限责任公司的股东权利的转让时，已经使用了"股权"这一词汇，而非转让"出资"，那么这里的"股权"实际上是指股东之间依照出资或者其他标准确定的股东权利，包括表决等管理

---

〔1〕 参见薛前强："论股东利益异质化的私法衡平——以美国优先股司法实践为视角"，载《西南政法大学学报》2019 年第 6 期。

〔2〕 参见施天涛：《公司法论》，法律出版社 2018 年版，第 303、308 页。

〔3〕《公司法》第 93 条规定，股份有限公司成立后，发起人未按照公司章程的规定缴足出资的，应当补缴；其他发起人承担连带责任。股份有限公司成立后，发现作为设立公司出资的非货币财产的实际价额显著低于公司章程所定价额的，应当由交付该出资的发起人补足其差额；其他发起人承担连带责任。

〔4〕《公司法》第 199 条规定，公司的发起人、股东虚假出资，未交付或者未按期交付作为出资的货币或者非货币财产的，由公司登记机关责令改正，处以虚假出资金额 5%以上 15%以下的罚款。

〔5〕 参见赵旭东主编：《商法学》，高等教育出版社 2008 年版，第 287~288 页。

公司的权利、分红等财产性权利、转让股份的资本利得权以及清算分配公司剩余财产的权利，既然这些权利在股东转让时需要用"股权"来表述，那么在股东未转让时显然也需要用"股权"来描述，简单地使用出资这一概念远远无法满足实际需要；三是根据《公司法》的规定，有限责任公司既没有基本出资额的要求，也没有出资期限和比例的限制，在此种情况下，其内部股权的确定显然和"出资"不是同一概念。

在有限责任公司中明确引入"股权"的概念后，应当进一步规定"股权"与"出资"相分离。按照传统公司法理论来看，任何人欲取得公司股东的身份和资格，必以对公司的出资（一般来说仅是指物质资本出资）承诺为前提，而要获得实际的股东权益，则应以出资义务的履行为前提。同时，股东享有股权的大小取决于其出资的比例或数额。[1]而明确区分"出资"和"股权"这两个概念，有利于厘清出资与股权的关系，进而为股权的确定与出资相分离奠定理论基础。

（2）允许封闭式公司股东自由约定股权比例

同股同权、一股一权等内容不再作为强制性规定，改为默示性规范，允许公司通过章程予以排除适用。明确允许有限责任公司股东在章程中可以自由约定各方股权比例，不以出资比例为限；同时股东可以对股权内容进行特别约定。允许公司章程在权利计量标准、权利行使顺序等维度上作出差异化安排。[2]这一立法修改建议无论在是否修改人力资本出资条款的情况下都可以适用，与人力资本出资条款既相互独立又可以相互依存。

以创业公司为例，假设创业者和投资人协议成立公司，投资人出资1000万元。如果允许人力资本出资，则根据双方协议，对创业者的人力资本出资估值为4000万元，由于人力资本出资不计入注册资本，公司的注册资本仍然为1000万元，5000万元为公司估值，投资人和创业者分别占股20%和80%；此种处理方法与目前实务中通过溢价增资形式实现的股权安排是完全相同的，只是少了繁琐的程序和高昂的成本。如果不允许人力资本出资，则双方直接根据协议约定，创业者持有公司股权80%，投资人持有股权20%，公司注册

---

〔1〕参见赵旭东主编：《商法学》，高等教育出版社2008年版，第261页。
〔2〕参见汪青松："一元股东权利配置的内在缺陷与变革思路"，载《暨南学报（哲学社会科学版）》2016年第8期。

资本为 1000 万元。可见，无论是否认可人力资本出资，股东间自由约定持股比例仅仅是有限责任公司股东实现充分自治的途径，仅涉及公司内部关系的调整，完全不影响对外部债权人责任承担，法律没有必要加以限制。在目前公司法已经放开有限责任公司股东分红派息权、表决权、增资认股权等权利可以自由约定的情况下，完全可以更进一步，允许股东自由约定股权比例，实现与出资比例分离。

允许有限责任公司的股东约定股权比例，尊重有限责任公司的充分自治，其好处在于，对内可以使法律关系明晰，减少股东权利义务的不确定性，降低法律风险；对外不影响对债权人义务的承担，无损于交易安全。

（3）允许封闭式公司自由设定股权内容

建议《公司法》中明确有限责任公司或者非公众公司股东可以对股权内容进行特别约定的基本原则，为优先股的创设提供法律依据。对于股份有限公司，其中的非公众公司应比照适用有限责任公司规定；对于公众公司，在目前已建立的优先股制度基础上，进一步增加股东可以灵活安排优先股权利内容的空间。

有限责任公司股东有权利在公司法框定的范围内，充分发挥自由意志，针对公司的具体情况，制定合乎公司要求的各项规章制度。随着社会经济的飞速发展，公司业务类型的推陈出新，各种新的公司制度也是层出不穷，这绝不是工商登记机关提供的寥寥几个模板能够穷尽的。公司登记机关可以提供模板，但仅作为一般公司设立参考之用，而不能将不符合模板的章程排除在外。由于可能出现违反公司法的章程，而拒绝对体现股东自由意志的合法章程进行登记的行为无异于因噎废食。

公司登记机关对章程仅负形式审查义务，无须实质审查；辅之以章程宣告无效或撤销制度。登记后的章程如果存在不符合强制性法律规定的地方，由利害当事人（包括公司股东、高级管理人员以及债权人等）申请工商机关进行审查并宣告。章程违法的不利法律后果由拟定和通过章程的人共同承担，包括公司的发起人及公司法律顾问等。事后的监督远比事前的审查更有效率。

3. 放宽公众公司优先股的发行规模限制

公司的融资需求并不取决于法律的规定，其在运营的各个阶段皆可能出现资金短缺现象，相关制度设计不应一味追求市场稳定而忽视现实需求。因此，我国优先股市场的发展不仅应当以稳定或者以服务银行等金融机构为主要目标，更应该从优先股的市场规模和流动性角度考虑，扩大可发行优先股的市场主体范围，使优先股制度能够发挥重要作用。

对于优先股发行的规模限制是没有必要的。其一，优先股股东权益的实现与优先股数量的多少并无实质性关联，而是取决于公司的盈利能力与优先股具体的权益构成。如果公司有盈利且根据章程及时向优先股股东分配股利，即使优先股数量占公司股份总额绝大部分比例，优先股投资的收益预期也可以实现；但是假若公司经营不佳无力进行优先股股息分配，即使优先股占公司股份很小的比例，优先股持有人也会受到侵害。真正意义上的公众投资人保护理念绝不是以保护对象的数量来判断保护的效果。优先股的发行规模限制过严会使金融工具出现供不应求的局面，直接影响优先股的售价水平，从而导致投资人须以超额成本取得并不等价足值的优先股股份，恰恰是对公众投资人的损害。其二，公司以优先股形式进行融资，带来的不仅是资金需求的满足，同时也是公司内部普通股股东权益的变化。优先股所具有的优先分红、优先分配财产等权益，实际上是对普通股股东权益的实质性削弱。但面临公司的融资需求，普通股股东基于公司存续方能保证资本投入价值实现的考虑，在确保自己利益实现的同时作出让步。所以即使法律未作出规模限制，公司也不会超额发行优先股股份。法律的强硬限制，反而干涉了公司和股东的内部自治，剥夺了公司持续发展的机会。其三，经实践考证，相比于作出规模限制的大陆法系国家，优先股制度更悠久、优先股比重更大的、未对优先股作出规模限制的英美法系国家，并未出现因优先股的大量发行造成公众投资人权益受损、资本市场不稳的局面，可见规模限制的规定并无充实的市场实践基础。因此，无论是从满足现实存在的广泛融资需求，还是从规模限制不能实现其立法目的方面考虑，我国现行规范中规定的优先股发行规模的上限均应取消。

4. 加强对优先股股东的权利保护

（1）设立优先股股东会

在创业公司中，各类股东往往在加入公司之时，已经就优先股的基本权利义务以合同的方式进行了约定，通常包含了重要的一票否决权。但是对于其他类型公司而言，优先股往往并非公司的多数或者主要股东，其权利义务如何行使，除了在章程中有粗略规定外，并无法律和其他保障。可考虑参照股东会的模式建立优先股股东会，作为优先股股东的议事机构。在设立的程序上参照股东会的一般标准，对在什么情况下举行、由谁发起、如何行使表决权作出规定；内容上尽可能将有关涉及优先股股东权益的重大事项进行列举。优先股股东会的履职应从不干扰公司的日常经营与不增加企业的隐性成本的角度考虑，优先股股东多数只为寻求投资回报，不参与公司日常经营管理，所以优先股股东会无须定期组织召开，在企业组织运行的框架内，将相关的程序与公司的日常经营决策活动的具体程序进行衔接，一旦公司的普通决议可能存在发生侵犯优先股股东权益的情形时，通过优先股股东会的决议后，可以联合其他弱势者行使法律所赋予其采取诉讼等程序的权利。

《公司法修订草案》第 158 条规定，发行类别股的公司，有本法第 119 条第 3 款[1]规定的事项，可能对类别股股东的权利造成损害的，除应当依照第 119 条第 3 款的规定经股东会决议外，还应当经出席类别股股东会的股东所持表决权三分之二以上通过。公司章程可以对需经类别股股东会决议的其他事项作出规定。该规定肯认了类别股股东对相关事项作出决议的权利，但是列举表决事项亦限于公司多数决的几个特殊重大事项，并未针对优先股涉及的特殊问题进行规定。

（2）扩大表决权的范围

我国尚无明确立法规定优先股的表决权，仅在《优先股试点管理办法》中列举了可行使的四种情形，范围较小且只有在严重侵害优先股股东权益的时候才能行使。表决权是否能够得到合理的行使，关系到公司股东能否实现其入股时所想要获取的基本利益和对企业管理的参与。由于特殊利益化的事前协议可能导致优先股股东表决权利存在一定的限制，所以在讨论表决的相关制度的完善时，应当着重研究在相关股东权利所能行使的范围与界限内，以及在发生特殊的风险情况下，是否能够对限制的相关内容予以修正，赋予优先股股东对等的权利以达到特殊情形下的保护目标。

应对优先股股东的表决权条款进行修改：第一，明确优先股股东对于涉及自身利益事项享有表决权；第二，应当详尽列举可能涉及优先股股东利益的相关事项。《优先股试点管理办法》仅在第 10 条第 1 款第（五）项规定"公司章程规定的其他情形"，《公司法修订草案》亦授权公司章程可以对需要

---

[1]《公司法修订草案》第 119 条第 3 款规定，股东会作出修改公司章程、增加或者减少注册资本的决议，以及公司合并、分立、解散或者变更公司形式的决议，必须经出席会议的股东所持表决权的三分之二以上通过。

类别股股东表决事项进行规定，但对章程的解释权属于公司及其控制人，优先股股东作为小股东依靠以上条款无法对抗想要侵害其权利的大股东。

（3）完善优先股的退出机制

应适当放开发行可转换股的主体要求，将此项权利交给公司与股东，让他们在公司章程中自由约定。创业企业的典型代表互联网公司通常会有多轮融资发行可转换可赎回优先股，在许多证券交易所的国际会计准则下，这种优先股会体现为股东的负债，优先股价值的上升会记录于公司账面的亏损发生，对公司实际运营并没有影响。IPO 之后优先股转化为普通股，这部分亏损就不再计入报表。所以和通常意义实际的亏损不同，这类"亏损"越大，说明公司的发展越好，价值提升越大。因此在优先股相关法律法规规定中，完全可以认可优先股转化为普通股，增加优先股股东的退出渠道，吸引更多公司发行优先股和投资人投资优先股。

创业公司股权转让与公司法股权转让制度的适应性研究

一、股权转让概述

股权转让是指公司股东依照有关法律规定将股权有偿转让给他人的民事法律行为。股权转让使离开公司的股东获得期待的利益，又为新股东的加入提供了制度保障。《公司法》对于有限责任公司和股份有限公司的股权转让问题作出不同规定，但实际上，非上市的股份有限公司，更接近于有限责任公司而非股份有限公司。创业公司多采用有限责任公司形式，或者是未上市的股份有限公司，封闭性和人合性是其重要特征，具有非公众公司股权转让制度的共性问题。接下来本章研究的内容侧重于非公众公司中的股权转让问题，兼顾公众公司的股权转让。

（一）非公众公司股权转让法理分析

公司股权转让制度，既要维护公司的资本充实和资本维持等基本原则，又要保证股东资金融通和变现的渠道通畅，还要考虑股东退出公司的需求。《公司法》中关于公司股权转让特别是非公众公司股权转让制度的实质就是在保证股东收回投资与维持公司的人合性之间作出平衡。公司股权转让主要基于以下基本理论：

1. 资本自由理论。资本的权利化形态表现为股权，股权本质上是一种资本权，资本自由理论是股权转让的重要理论支撑。股权的资本性使得股权转让有了实现的可能，而股权流动性又在法律形式上外化为民事权利义务的转移。[1]

---

[1] 参见江平、孔祥俊："论股权"，载《中国法学》1994 年第 1 期。

2. 公司资合理论。资本是公司从事日常运营的物质基础，也是其信用保障。为了保证公司信用和交易安全，须通过立法对资本的进入、运行和退出进行规范。股东以出资为公司的存在和设立提供了物质保障，以出资比例决定股东决策权的大小，且以出资额为限承担法律责任。

3. 公司人合理论。非公众公司在对外开展业务时，对于公司股东个人的信用状况依赖性很强。非公众公司的共同特点在于充分重视人力资本，股权转让制度不仅仅要考虑转让双方的利益，更要注重保护公司和债权人的合法权益。法律制度设计的价值就在于保护各方面的利益，在价值尺度上寻求一个平衡点。

（二）非公众公司股权转让的制度价值

1. 兼顾资合性与人合性，稳定交易秩序

非公众公司往往兼具资合性和人合性。资合性强调公司的资本基础，对于股东身份和条件并没有过多的要求，更加强调公司股权的自由转让；而人合性则侧重于股东间的信任与凝聚，对于股东的变动较为排斥。在非公众公司中，股权转让制度要综合考虑公司对股东稳定的期望和股东资金变现的需求，在维持公司资本不变的情况下保证股东的退出，成为股权转让制度在法律层面协调的价值立场。因此就必须把握对股权转让规定一般制度和特殊情况的限制，协调人合性和资合性的矛盾，这是非公众公司股权转让制度的价值落脚点。

2. 平衡公平和效率，降低交易成本

股东通过股权转让来实现股权变现或者退出公司的目的，此方式的交易成本要低于其他方式。相比转移公司资产和营业的交易成本，对于转让方而言，股权交易更为便利；对于受让方而言，股权转让能够实现同样的控制公司的目的。相比解散公司，股权转让不会让公司伤筋动骨，仍然保有公司的法人主体资格；相比公司回购股权，股权转让没有法律障碍，只要能够找到受让方，履行必要的法律程序，就能够实现变现的目标，而公司回购的法律规定模糊、司法审判态度暧昧，有较大的不确定性。总的来说，公司的股权转让制度一方面维持了公司资本的稳定和公司的平稳运行、实现资源优化配置、提高资本的经济效率，另一方面保证了股东的正常变更、节约交易成本，使得转让主体经济利益最大化。

3. 结合法治和自治，尊重市场规律

股权转让有法律制度的基本支撑，《公司法》为股权转让条件和流程提供法治保障；自治是通过公司章程和股权转让协议，充分尊重股东自由意思的同时保证非公众公司的人合性，对于在自主、自愿、平等基础原则上达成的合意，用要式行为固定下来。公司的章程和股权转让协议取决于各方当事人的意愿，充分将各方利益最大化，且互相牵制和约束，从而实现资源的优化配置，体现了市场的价值规律和自由意愿。

二、公司股权转让的基本规定

股份的自由转让和股东的有限责任一起，被誉为现代公司制度的两大基石。[1]《公司法》第三章对有限责任公司股权转让作了详细规定，主要体现在第 71 条至第 75 条，共规定了股东内部自由转让、股权外部转让限制、优先认购权、章程优先、股权转让登记、异议股东回购、股东资格的继承等七项基本的制度规则。《公司法》第 137 条至第 141 条规定了股份有限公司的股权转让制度。两类型公司都秉持了股权转让自由为原则、股权转让限制为例外的基本理念。相比而言，股份有限公司基于其完全的资合性特征，其股权转让自由贯彻得更为纯粹；而有限责任公司的股权转让则受到较多的限制和约束。

（一）股权转让自由

股权转让自由原则即股东可以在法律允许的范围内按照自己的意志处置股权，不受他人的非法干预和约束。股权如同其他私有财产权一样神圣不可侵犯，股东有权处理其拥有的股权，但股权转让自由也是相对的自由。其立法价值是协调股东的私权和公司的公共利益，在不侵犯公益的前提下，最大程度地保护私权的自由。

我国公司法对于有限责任公司和股份有限公司的股权转让分别设置了不同的制度。《公司法》第 137 条规定了股份有限公司股权转让的基本规则，股东持有的股份可以依法转让。股份有限公司秉持自由转让的基本原则，仅对特定身份的持股人在一定时间的持股时间和比例进行一定的限制。

对于有限责任公司则通过区分内部转让和外部转让进行了不同的规定，但是总体的态度仍然是保障股东自由转让股份变现和退出公司的权利。《公司

---

〔1〕 参见伍坚："股东优先购买权制度之比较研究"，载顾功耘主编：《公司法律评论》，上海人民出版社 2004 年版，第 36~49 页。

法》第 71 条第 1 款首先规定了有限责任公司股东内部股权转让的完全自由规则。由于股东内部自由转让，只会使得股权的内部结构比例发生改变，不会增加原股东以外的人，不对公司股东内部固有的信任基础发生变更，也不会影响公司的正常运营。对于此类股权转让，《公司法》原则上不设置任何障碍，充分尊重转让双方的意思自由。

对于股东向原股东以外的人转让股份的情况，《公司法》进行了一定的程序和实体限制。

（二）股权转让的限制

股权转让限制原则是指股东在转让股权时应当符合法律、公司章程以及股东之间特别约定的程序和条件。与自由转让原则保护资合性相比，该原则是在维护公司的人合性。

1. 有限责任公司中的股权转让限制

《公司法》第 71 条第 2 款规定，股东向股东以外的人转让股权，应当经其他股东过半数同意。股东应就其股权转让事项书面通知其他股东征求同意，其他股东自接到书面通知之日起满 30 日未答复的，视为同意转让。其他股东半数以上不同意转让的，不同意的股东应当购买该转让的股权；不购买的，视为同意转让。以上规定看似对于股东转让股权多有限制，但细加分析，其基本立场仍然是尊重股东的自由转让权。当股东向第三人转让股份时，前置条件是需要得到其他股东同意，但其他股东对于这种转让并非简单的多数否决，而是表达不同意的同时应自行购买，如果既不购买也不同意的仍然视为同意转让。可以看出，股东想要转让股份，只要找到适合的买家，其他股东实际上无法阻止转让行为，仅仅可以要求变更转让的对象，由外部人受让转为内部股东受让。这一规定体现出立法在维持公司人合性及稳定性的同时，更为注重保护股东股权转让自由和退出公司的权利。

有限责任公司对股权转让的限制，除了要求多数股东的同意外，还有对其他内部股东优先购买权的保护，对转让股东施加的义务主要体现为通知和征求同意的义务。优先购买权是指当股东转让股权时，在同等条件下，公司内部股东有权优先购买拟转让股权的一项制度。此项制度体现在《公司法》第 71 条第 3 款，经股东同意转让的股权，在同等条件下，其他股东有优先购买权。两个以上股东主张行使优先购买权的，协商确定各自的购买比例；协商不成的，按照转让时各自的出资比例行使优先购买权。在人民法院依照法律规定的强制执行程序转让被执行人持有的股权时，同样应当通知公司及全体股东，其他股东在同等条件下有优先购买权。优先购买权制度的价值在于，在不损害股权转让人利益的前提下，最大限度地维护公司原有的稳定性和人合性。

2017 年《最高人民法院关于适用〈中华人民共和国公司法〉若干问题的规定（四）》（以下简称《公司法解释四》）也用多个条文对有限责任公司股权转让相关问题进行了进一步的明确和细化规定，下文将对这一问题进行深入探讨。

同时，有限责任公司股东在完成股权转让后，应在公司章程和股东名册进行相应登记变更，对公司章程的该项修改不需再由股东会表决。这一规定也表明，公司法并没有赋予有限责任公司在股东转让股权的过程中享有任何实体性权利，无权阻止股东转让股权，仅承担变更股东登记的程序性义务。

2. 股份有限公司中的股权转让限制

股份有限公司中的股权转让主要是从场所、方式特别是主体方面进行了限制。从场所来看，股份有限公司的股份转让应当在依法设立的证券交易场所进行或者按照国务院规定的其他方式进行。从转让方式来看，记名股票以背书或者法律、行政法规规定的其他方式转让；无记名股票的转让，由股东将该股票交付给受让人后即发生转让的效力。

股份有限公司中对特定主体的股份转让限制较多，对于发起人，要求其自公司成立之日内的 1 年内不得转让，且公司股权在证券交易所上市起，对于公司公开发行股份前已经发行的股份，在 1 年之内不得转让。对董事、监事、高级管理人员持有本公司股份转让的限制规定为：任职期间每年转让的股份不得超过其所持本公司股份的 25%；自公司股份上市交易之日起，其所持股份在 1 年内不得转让；离职半年内，不得转让所持有的本公司的股份。公司章程中可以对于上述人员作出其他限制性规定。此外，对上市公司股东转让股份的限制，《证券法》中规定，上市公司董事、监事、高级管理人员、持有上市公司股份 5% 以上的股东，将其持有的该公司股票在买入后 6 个月内卖出，或者在卖出后 6 个月内又买入，由此所得收益归该公司所有，公司董事会应当收回其所得收益。此举目的是防止短线交易，一旦出现董事会不按上述规定执行，股东有权直接向人民法院提请诉讼来维护自己的权益。

三、创业公司关于股权转让的特殊制度

前文所述的创业者股权成熟和股权锁定制度实际上也是与股权转让相关的制度，是对于创业者在上市前出售股权需要满足的先决条件。除此之外，创业公司中关于股权转让还有以下特殊制度。[1]

（一）优先购买制度（Right of First Refusal）

优先购买制度是指，创业者如果在公司上市前出售其股权，投资人有权以同等条件优先购买。根据公司法规定，有限责任公司的股东均享有对第三方潜在购买者的优先购买权。创业企业中的优先购买制度，比公司法的规定更进一步：其一，不限于有限责任公司，而是针对以创业公司模式融资的任何企业；其二，投资人的优先购买权不仅针对股东以外的第三方潜在购买者，而且优先于投资人以外的其他股东。

投资人和创业者还可以约定投资人优先购买权的例外情形，包括：（1）如果公司的员工激励股权由创业者股东代持，被激励员工拟行使权利，创业者将激励股权转让给该员工不应受到优先购买权的限制；（2）创业者向其关联方转让亦不应受此限，如由于公司重组导致的创业者将其股权转让给关联方的情况。

（二）共同出售制度（Right of Co-Sale）

共同出售制度是指，创业者在公司上市前出售其股权时，投资人有权要求按照一定比例与创业者共同出售。

共同出售制度的目的是增加投资人股权退出能力、增加变现机会。从某种角度来看，投资人参与创业投资项目，是一个以结果为导向的行为，不论创业者如何管理、运营公司，投资人所追求的是其所投资的股权增值，并且在增值后能够退出变现，收回投资获取收益。

投资人退出变现有以下几种方式：一是公司成功上市，投资人的股权作为流通股退出；二是公司被其他收购方收购；三是投资人将股权转让给其他受让方；四是公司清算，股东分配剩余财产。上市和被高价收购，是每个投资人追求的终极目标，但就像是千军万马过独木桥一样，能够实现这一目标

---

〔1〕　参见张明若等：《创业投资模式的制度创新——公司法人力资本价值的理性回归》，法律出版社 2016 年版，第 106~109 页。

的项目毕竟是少数。基于股权性投资的特点，对于大量的未上市也未被收购的创业企业，投资人的退出渠道和机会很少。因此，创业企业常用制度中很多是为了增加投资人的变现能力而设计的。共同出售权要求创业者在自己找到退出渠道的时候，必须带着投资人一起退出。这一制度安排一方面增加投资人的退出机会，另一方面也限制创业者在创业成功前自己先退出而置投资人于不顾。

创业者在上市前出售股权不是常见情况，即便出售通常也是小额套现，因此"共同出售权"不是投资人的主要退出方式，投资人据此并不能全身而退，只能实现部分退出。

（三）强制随售制度（Drag-Along）

强制随售制度也被翻译成领售权、拖售权或者强卖权。指某一个或一类股东，有强制要求其他股东卖出股权的权利。如果被投资企业在一个约定的期限内没有上市，或事先约定的出售条件成立，投资人有权要求其他股东（包括创业者股东）和自己一起向第三方转让股权，以实现第三方希望的对创业企业的收购。

强制随售制度也是为了增加投资人的退出机会而设置。由于创业企业的投资人在被投资企业当中所持有的股权往往较少，处于小股东地位。在没有其他更好的退出渠道的情况下，出现一个希望收购该创业企业的并购方，创业者或者管理团队却不认可，这时并购方可能会退出交易。因为对并购方而言，收购被投资企业的全部或绝大部分股权是其最终目的，单独收购投资人的少数股权没有价值。此种情况下，为了实现投资人股权的退出，也为防止创业者或其他股东不配合甚至阻挠交易，就出现了强制随售制度。它可以保证投资人作为小股东，即使不实际管理、经营企业，在它想要通过出售企业而实现退出的时候，创业者和管理团队也不得表示拒绝。触发强制随售权的先决条件一般包括：未在规定时间内完成上市、未完成既定的财务指标、达到既定投资期后退出不明朗及管理层决定不上市等情形。具体的先决条件取决于交易各方的需求和多方面的考量。

强制随售制度增加投资人的股权退出能力，同时也会给创业者带来一定的压力，如果创业者不想公司在其不希望的情况下被出售，就要帮投资人创造其他退出机会。不论强制随售制度的公平合理性如何，在实践中，该制度被大量使用。强制随售权可以让投资人处于主动地位，甚至可以做到让那些不能使目标公司盈利的团队走开。不过，对创业者股东而言，投资人的强制随售权就像藏在融资"大餐"中的一个"毒丸"，强制随售权如果被投资人刻意利用，创业者会面临相当大的风险。

四、股权转让制度的问题及完善

（一）优先购买权与同意程序的关系辨析

1. "同意+优先购买"双层架构的制度检讨

《公司法》第71条对于有限责任公司的股权转让问题进行了规定，其中关于股东内部转让的规定一般没有争议，但是关于向股东以外的人转让股权的问题一直质疑不断。2017年《公司法解释四》又用多个条文对于这一问题进行明确，以指导司法实践。但是司法解释不能跳脱公司法的基本规定，实务中比较突出的问题仍然没有得到解决。

《公司法》对于有限责任公司股权外部转让的规定是"同意+优先购买"的双层架构，即当股东拟向外部人转让时，要先征求其他股东同意，只有在一半以上其他股东同意情况下才可以对外进行转让；在同意基础上，其他股东有优先购买权。《公司法解释四》第17条规定，有限责任公司的股东向股东以外的人转让股权，应就其股权转让事项以书面或者其他能够确认收悉的合理方式通知其他股东征求同意。其他股东半数以上不同意转让，不同意的股东不购买的，人民法院应当认定视为同意转让。经股东同意转让的股权，其他股东主张转让股东应当向其以书面或者其他能够确认收悉的合理方式通知转让股权的同等条件的，人民法院应当予以支持。经股东同意转让的股权，在同等条件下，转让股东以外的其他股东主张优先购买的，人民法院应当予以支持，但转让股东依据本规定第20条放弃转让的除外。

不难看出，《公司法》及司法解释用心良苦，为维护有限责任公司人合性，规定了对外转让股权的"同意程序"加"优先购买权"模式。但这一规定却饱受诟病，因其在逻辑上存在明显的矛盾，在实务操作中具有明显的不合理性。

其一，在请求股东同意环节，当拟转让股东征求同意时，是否需要通知其他股东具体的转让对象、转让价款等条件？如果不需要通知，那么其他股东在未知转让条件的情况下，如何表达是否同意？作为商主体，同意股权转让与否的商业行为，势必要建立在商业考量上，是在衡量转让条件是否合适基础上作出的决定。可是按照《公司法》规定，该环节并未要求股东将股权转让的价款及条件悉数通知，此时要求股东做出同意与否的决定属实强人所难。

其二，同意转让程序与优先购买权程序无法合理地衔接。在同意阶段的"不同意购买权"和其后的"优先购买权"关系如何？是仅允许不同意转让的股东行使优先购买权，还是所有股东均可在后续阶段行使优先购买权？此时实际上形成了一个悖论：如果仅允许不同意转让的股东购买股权，也就是说，在过半数股东都同意股权转让于外部人时，给予少数异议股东先买权去阻断该项股权外转，实际上又违背了过半数股东的意志——相当于，少数股东行使先买权推翻了过半数股东经由准许程序作出的决定。而且，该少数异议股东通过行使先买权，很可能打破原来的持股格局，导致股东间产生矛盾。因此，在双层架构之下，将先买权仅限于（转让获得其他股东过半数同意时的）反对意见股东行使的规则，有造成股权结构剧变、股东间产生尖锐矛盾的风险。[1]而如果所有股东（不论之前同意与否）均可行使优先购买权，同样存在问题：对在征求同意阶段就表示反对的股东来说，其先后有两次机会可以购买。这种重复赋权的规定显然不合理，增加了当事人建立互信的交易成本，甚至不客气地说，破坏了商业交往中的诚信环境。[2]

基于以上逻辑上的无法自洽，从理论研究上，除少数学者赞成目前的双层架构，认为目前的股东同意权制度为公司是否接纳外部人员成为公司股东设置了第一道程序，对于有限责任公司提升公司治理水平具有正当性，从功能上符合闭锁公司的结构要求、是维持公司内部权力构造需要、符合股东与公司利益的现实需求，[3]多数学者认为该种制度设计叠床架屋、徒增转让流程的繁琐，"同意"和"优先购买"两条路径之间的界限非常模糊。实际上，目前的同意规则完全失去了意义，同意人数的多少只会导致购买主体和购买价格存在不同，无论股权对外转让是否获得其他股东过半数同意，都存在两

〔1〕 参见王军："实践重塑规则：有限公司股权转让限制规范检讨"，载《中国政法大学学报》2017年第6期。

〔2〕 参见王军："实践重塑规则：有限公司股权转让限制规范检讨"，载《中国政法大学学报》2017年第6期。

〔3〕 参见蒋华胜："有限责任公司股权转让法律制度研究——基于我国《公司法》第71条规范之解释"，载《政治与法律》2017年第10期。

种结果：要么由反对股东/其他股东购买，要么由第三人购买，而不会实质性地决定股权能否对外转让。即便在同意环节获得了多数同意，第三人仍无法当然地进入公司，只有在其他股东全部放弃优先购买权的情况下才可以实现。可见，其他股东是否同意转让是没有意义的，重点是他们是否行使优先购买权。[1]

　　以上股权转让规则在有限责任公司中特别是创业公司中难以操作。投资人与创业者适用的灵活多样的股权转让规则与"同意+优先购买"规则无法兼容，由此造成实践中以上规则被自动"选出（opt out）"。考察我国公司法股权转让的相关实践案例不难发现，《公司法》第71条的股权对外转让规则遭到了各方实际使用者的"抵制"。无论是公司参与人还是律师、法官，几乎都倾向于摆脱第71条的繁琐规范，采取简化做法。而简化方式又是趋同的：都是将先征求其他股东同意（以及在未获半数同意时要求反对股东"应当购买，不购买视为同意"）、后由其他股东行使先买权，简化为由其他股东直接表示是否行使先买权。[2]实践中通常做法是：由转让股权股东将股权转让对象、转让条件等一并通知其他股东，给予一定的期限要求其他股东回复是否行使优先购买权，如其他股东回复不购买或者期限内未回复的，视为不行使或放弃优先购买权；如果其他股东要求行使的则直接进入优先购买环节。可以说，股东同意程序事实上已经被优先购买程序吸收了。

　　2. 规则完善

　　（1）股权转让规则设计的立法考虑

　　股权转让通常建立在股权转让协议基础上，股权转让人和受让人的自由、真实意思是其必不可少的要件。但是不能由此就认为，股权转让仅仅具有合同性，只是在合同当事人之间产生效力，与他人无涉。实际上，股权转让事关公司治理和股东权益等重要问题，具有涉他性和组织关联性等显著特征，因而必须跳出契约论的相对狭隘的世界，到股权处分背后的公司团体乃至公司所在的社会中去寻找利益平衡。[3]

---

〔1〕　参见伍坚："有限公司股权对外转让制度研究"，载《法学杂志》2019年第10期。
〔2〕　参见王军："实践重塑规则：有限公司股权转让限制规范检讨"，载《中国政法大学学报》2017年第6期。
〔3〕　参见冯果、段丙华："公司法中的契约自由——以股权处分抑制条款为视角"，载《中国社会科学》2017年第3期。

公司股东间的合作相当于一个长期合同,股东对于未来的信任风险和收益存在基本的判断和预期,合理期待在股东关系发展中可能发生补充或者修正。封闭公司基于其人合性特征,股东之间在成立公司之初及后期合作过程中均有着较大的相互信任感,在中途引入外部人进入公司,对于原股东的合理期待均是一种破坏。于是,股权向外转让时需要得到其他股东同意具有一定的合理性。但另一方面,由于封闭公司缺乏公开的股权交易场所,股东的投资流动性成为极大的问题,股东想要退出公司的权利同样值得保障。

因此,对于封闭股权转让的规制规则,一方面要强调尊重股东意志及契约自由,另一方面也要科学对待其应受限的客观事实。公司股权转让负担行为实际上包含几个基本的要件:一是股权转让双方的表意行为;二是公司的表意行为,包含就股权转让所进行的公司决议行为、公司章程行为等;三是其他股东行使优先购买权。从此角度来看,《公司法》中规定的股东同意行为有其制度价值。但是问题在于:在没有对于股东同意赋予强制性后果的同时,将股东同意和股东优先购买规定为前后衔接程序,导致了逻辑上的混乱和适用上的矛盾。其他国家和地区立法,是否可以提供借鉴的思路?

法国与日本规则相似,都是单层架构,要求出让股东首先征得多数股东同意;多数股东不同意转让的,应当购买或者指定他人购买,或者由公司回购,过期不买则视为同意;如果同意或视为同意股份对外转让的话,其他任何股东均无先买权。该规则的特点在于,其同意转让是真正的同意,购买义务亦为真正的义务。不会存在逻辑不能自洽的问题。

美国法没有采用公司法强制规定同意规则或者优先购买权的立法模式,而是授权公司对股份转让进行一定限制。如《特拉华州普通公司法》规定,公司注册证书(certificate of incorporation)、章程细则(bylaws)或者股东间协议可以设定以下五类股份转让限制条款中的任意一种或多种(包括:a. 规定公司、其他股东或第三人享有对受限股份的优先购买权;b. 设定公司、其他股东或第三人对受限股份的购买义务;c. 规定公司或其他股东有权准许或不准许受限股份的转让;d. 规定受限股份的持有者有义务向公司、其他股东或第三人出让一定数量股份,或者在一定条件下启动自动转让;e. 基于合理理由禁止特定人受让或拥有受限股份),任何限制转让的条款均应符合该法列举的若干目的或其他"合理目的",限制条款必须以适当方式显示或注明于公司注册证书、股份凭证等之上，否则对受让人无拘束力。[1]

（2）封闭式公司股权转让限制规则设计

通过以上分析可以看出，目前我国的双层架构存在显而易见的问题，首先应当明确，股东同意权与股东优先购买权，二者应是"选择关系而不是前后衔接关系"。无论是同意权还是优先购买权，本身均已具备合理限制公司股权对外转让的功能，两者之区别在于目的：前者为股权外部转让提供了通道，更有利于资本利用效率的提高；而后者以股权稳定为目标，维护公司封闭性的同时亦限制了资本流通。实践中，公司、股东、法官、律师其实已经自觉地将双层架构简化为了单层架构。法学界多数意见也更倾向于采用优先购买权的模式。因此在《公司法修订草案》中，对于这一问题专门进行了修改：股东向股东以外的人转让股权的，应当就股权转让的数量、价格、支付方式和期限等事项书面通知其他股东，其他股东在同等条件下有优先购买权。股东自接到书面通知之日起三十日内未答复的，视为放弃优先购买权。该规定去掉了"应当经其他股东过半数同意""不同意转让的股东应当购买该转让的股权；不购买的，视为同意转让"，且要求股东在通知转让时就要将股权转让的具体条件进行详尽通知。显然，立法吸收了法学研究和实践的意见，摒弃了非常鸡肋的"同意程序"，改为其他股东直接行使优先购买权程序。

该规定的修订显然是有意义的，改变了之前叠床架屋、程序繁琐的股权转让规则，化解了股权转让程序中存在的突出矛盾。但是这一规定还是有所不足。如果更进一步的话，是否可以不将股东的优先购买权作为法定强制性条款，而是将其作为一种可供公司和股东"自由选择"的条款呢？特别是在创业企业中，其在引入投资人阶段，虽然体现为个别创业者或股东与投资人的协议，但往往是为了公司利益并得到其他股东认可，对投资人允诺各种优惠条件，包括灵活的退出机制。未来股权回购的条件和价款是基于特定的背景设定，随公司对资金的需求程度、投资人的投资金额和意愿等而变化，与一般的股权转让价格的确定有着极大的不同。如果未来在投资人转让股权阶段，又要求必须获得其他股东的同意甚至允许其他股东行使优先购买权，显然有违诚信，对投资人和股权受让人均不公平。正如我国商事实践和审判实

---

[1]　See Delaware General Corporation Law § 202，Welch，Turezyn & Saunders，*Folk on the Delaware General Corporation Law*，Wolters Kluwer，2008，pp. 415-416.

践的简化做法不过是在尊重事实和常识的基础上，自发地纠正了一个立法制造的错误。立法者为公司参与人预先设计游戏规则，常常因为知识不足或者考虑不周而额外制造交易障碍。每个有限公司均有其特殊需求，股东自行设置股权转让限制机制最易吻合本公司特点。[1]

（二）股权转让中的反悔权问题研究

股权转让中的反悔权，是近年来学者们讨论的股权转让及优先购买权问题衍生出的新话题，是指法律赋予欲转让股权股东对已经发出的转让股权的意思表示的反悔、收回的权利。具体表现为，有限责任公司中依法享有优先购买权的股东在行使优先购买权后，转让股权的股东收回其转让股权意思表示的权利。倘若支持转让股东拥有"反悔权"，即股权转让人在履行对原有股东的通知义务之后，转让人也可以选择继续持有该交易标的而不转让，即便原股东发出行使法定优先购买权的意思表示，法院不能强制股东转让其享有的股权。[2]

《公司法解释四》中首次明确规定了反悔权，第 20 条规定，有限责任公司的转让股东，在其他股东主张优先购买后又不同意转让股权的，对其他股东优先购买的主张，人民法院不予支持，但公司章程另有规定或者全体股东另有约定的除外。其他股东主张转让股东赔偿其损失合理的，人民法院应当予以支持。对于以上规定，学界也产生了比较大的争议。有学者认为，《公司法解释四》赋予其他股东"反悔权"的做法并不可取。[3]也有学者却认为，《公司法解释四》对转让股东"反悔"的规范设计充分兼顾了转让股东的股权转让自由和其他股东的信赖保护，赔偿其他股东信赖损失的转让股东的"反悔"因此具有了正当性，在私法自治和信赖保护的推拉中，实现了利益平衡。[4]

---

〔1〕 参见王军："实践重塑规则：有限公司股权转让限制规范检讨"，载《中国政法大学学报》2017 年第 6 期。

〔2〕 参见赵旭东、衣小慧："股东优先购买权中转让股东'反悔权'的证成与构建"，载《国家检察官学院学报》2021 年第 2 期。

〔3〕 参见胡晓静："再析有限公司股权对外转让中的优先购买权"，载《求是学刊》2019 年第 5 期。

〔4〕 参见于莹："股权转让自由与信赖保护的角力——以股东优先购买权中转让股东反悔为视角"，载《法制与社会发展》2020 年第 2 期。

1. 优先购买权的性质

是否赋予转让股东反悔权与优先购买权的性质息息相关。对此主要有几种观点：

（1）优先购买权是形成权。德国法通说将其定性为形成权。目前我国多数学者股东也持优先购买权为形成权的观点，[1]股权具有一定的相对性，不能像具有绝对权性质的所有权那样，由权利人自由处分，而相应地受到公司章程以及其他股东意志的限制，为了防止股东任意对外转让其股权，赋予其他股东在特定条件发生时凭借自己的单方行为即可受让该股权的权利，是最有效的办法，这是形成权存在合理性的法理基础。[2]将优先购买权确定为形成权，既不违背意思自治原则，也不会损害公平交易权，体现了利益平衡。[3]

如果将优先购买权定性为形成权，只要其他股东主张优先购买权，则以转让股东与第三人之间达成的股权转让条件为内容，在转让股东与优先购买权人之间就直接成立新的股权转让合同，转让人必须将股权转让给优先购买权人。在此情况下，转让股东的"反悔权"就无从谈起。

（2）优先购买权是请求权。也有学者认为，采"请求权说"可较为全面地顾及优先权人、拟转让人及拟受让第三人之间的利益，兼顾有限公司的资合性与人合性、股权的优先性权能与自由转让权能，在既有制度设计模式下确保当事人最大限度的意思自治。[4]

将优先购买权界定为请求权，也就是将其他股东行使优先购买权的行为视为要约，此时拟转让股权的股东可以决定是否同意向该股东转让股权，此时股东反悔权即有适用的空间。

（3）也有学者主张，优先购买权与传统的形成权和请求权均有所不同。

---

〔1〕　参见叶林、辛汀芷："关于股权优先购买权的案例评述——北京新奥特集团等诉华融公司股权转让合同纠纷案"，载王利明主编：《判解研究》第 3 辑，人民法院出版社 2006 年版，第 99 页；赵磊："股东优先购买权的性质与效力——兼评《公司法司法解释四》第 20 条"，载《法学家》2021 年第 1 期。

〔2〕　参见［德］迪特尔·梅迪库斯：《德国民法总论》，邵建东译，法律出版社 2001 年版，第 75 页。

〔3〕　参见胡晓静："再析有限公司股权对外转让中的优先购买权"，载《求是学刊》2019 年第 5 期。

〔4〕　参见舒心："股东优先购买权条款规避行为的法律规制"，载《中州学刊》2021 年第 6 期。

公司法上的股东优先购买权与民法上的优先购买权存在较大的差异，不可同类而语，不能因为优先购买权在民法的形成权性质就简单类比至公司法的股东优先购买权亦具有同样的性质。[1]此种观点的主要理由在于，股东优先购买权与民法上的优先购买权的立法目的有所不同，前者立法目的在于保护封闭式公司的"人合性"，尽力维持公司内部股东人员的稳定；而后者如承租人的优先购买权等主要是体现对弱者的关怀。由此决定了权利保护的利益关系和规则性质有所不同，法律赋予特定主体的优先购买权具有何种性质和效力，是基于立法政策和价值判断的考量。[2]也就是说，要从规范要达到的目的来设计权利义务的内容，而非根据权利的性质设定权利的内容。另有学者评价这一观点，优先权赋予其他股东的是相较于外部人受让拟转让股权的顺位优势，而非积极要求强制取得拟转让股权的权利。将股东优先权定位为公司组织法上的特殊权利，跳出传统民事权利的类型界定，能够避开学理争议的桎梏，转而更多关注制度的目的和功能的实现，是可取的。[3]《公司法解释四》的规定实际上也是采用了此种思路，理论上股东优先购买权的属性并不能成为决定转让股东是否有权不同意股权转让的依据。在确立法律规则时，应当先进行政策选择，然后再进行规范设计（包括在此基础上的法律解释），而不是相反。[4]

2. 反悔权的规范构建

反悔权的立法理由，要考虑两个方面的问题，一方面是公司的人合性和封闭性特征，有限公司的运行过程中，社会应当尊重股东之间的一些非资本判断，尊重他们不愿意引入陌生人的基本选择。虽然为了确保其他股东收回投资而不得不尊重其他股东转让股权的意愿，但是也可以通过行使优先购买权的方式来尽可能地排斥陌生人的进入。[5]从该角度来看，无论是否规定转让

〔1〕 参见赵旭东、衣小慧："股东优先购买权中转让股东'反悔权'的证成与构建"，载《国家检察官学院学报》2021年第2期。

〔2〕 参见刘贵祥：《合同效力研究》，人民法院出版社2012年版，第376页。

〔3〕 参见李建伟："有限公司股东优先购买权侵害救济研究——兼评《九民纪要》的相关裁判规则"，载《社会科学研究》2020年第4期。

〔4〕 参见杜万华：《最高人民法院公司法司法解释（四）理解与适用》，人民法院出版社2017年版，第444页。

〔5〕 参见曹兴权："股东优先购买权对股权转让合同效力的影响"，载《国家检察官学院学报》2012年第5期。

股东的反悔权，只要是允许其他股东行使优先购买权，已经达到了阻却其他股东进入公司的效果，实现了维护公司人合性的立法目的。另一方面是公司法的规范制定还要兼顾转让股东的自由意志和利益。实践中，大量的股权转让，除了体现在一般转让条件的"价款"问题外，还有一些其他方面特别利益的考量。包括但不限于以下情形：如有限责任公司所属的集团公司进行结构调整而对外转让股权；处置股权是为了进行股权置换；非股东受让人与处置主体之间存在特殊的经济合作往来，因此在股权转让的价格上进行让利；非股东第三方与股权转让股东之间具有特殊的人身联系，而将股权进行折价受让，甚至无偿赠与等情况。[1]在这些特殊的交易场合中，股权转让的对象往往是明确的，要么只有特定的转让对象能解决转让股东面临的棘手难题，要么是转让股东想要主动让利于人，此种情况下，并非价格上达到同一水平，就可以主张达到了优先购买权行使的"同等条件"。如果不允许转让股东反悔，而是直接赋予了合同缔结、股权转让的后果，使得股权转让的特殊目的落空，对其利益的影响不可谓不重大。在其他股东行使优先购买权、已经达到了阻却外部人进入公司的目的后，赋予转让股东以反悔权，能够在维护有限公司人合性的同时，一定程度上尊重股东处分股权的自由权利，有效实现了股权转让中多方利益主体的利益平衡。

在反悔权的规范设计上，目前《公司法解释四》的内容采用了允许转让股东反悔、但由此给其他股东带来可被证明合理的损失的，应当进行赔偿。该规定在保障公司人合性、转让股东的自由意志基础上，进一步考虑到了行使优先购买权股东的期待利益，可资赞同。因优先购买权是公司法赋予股东的权利，股东对此当然享有期待利益。如在其主张优先购买特别是作了一定的资金等方面的准备工作后，转让股东又拒绝转让股权于内部股东，此时显然对股东造成了损害，对转让股东的赔偿请求，也合理限制了反悔权行使的正当性。应注意的是，根据《公司法解释四》的规定，转让股东行使反悔权无须证明其理由，即其反悔权是完全可以基于自由意思而行使的，并不一定要有"正当理由"。但是，当其他股东主张赔偿损失时，应考虑股东行使"反悔权"的理由。转让股东可对其行使反悔权的理由进行说明，以减轻或免除

---

[1]　参见赵旭东、衣小慧："股东优先购买权中转让股东'反悔权'的证成与构建"，载《国家检察官学院学报》2021年第2期。

其赔偿责任。

总的来说，股权转让本质上是股东对其财产的一种处分形式，但是股权转让与一般的财产转让又存在显著不同，盖因股权与公司的治理与运营、与其他股东的权利比例与行使均息息相关，其转让还要受到一定的限制。但是这种限制由立法来直接决定，是否绝对合理？对股权转让的限制，对于公司以外的主体并无实质性的利益损害，本应是公司和股东可以通过自由意志进行安排的。在公司法制成熟的国家，大多给予章程足够的自治空间，法制仅具示范指导作用，章程或其他形式的股权处分抑制受到法律的认可。我国公司法中股权转让的强制性规定在一段时间内产生了良好的司法效应，但实践中逐渐出现各种各样股权处分纠纷，强制性规范解释已经越来越无法解决实际问题。[1]股权转让规则更应该是一种公司股东在设立公司、制定章程时便自愿接受的安排，当前公司法及司法解释的规定可谓煞费苦心，但此种略显"简单粗暴"的优先权设置，并没有考虑到实践中千差万别的公司情况。如在创业公司中，为了吸引投资人，创业公司常常会对于投资人有特别的优先购买权规定，共同出售、强制随售、共同投资等制度，往往是在公司设立时制定公司章程或者在每一轮融资时在股东协议中，提前约定了未来股权转让时的转让方和受让方。此时，非要公司适用《公司法》中规定的优先购买权条款，实际上并不符合创业公司经营需要。

我国《公司法》可以在目前《公司法修订草案》基础上，将股东优先购买权的规定作为可选择条款，允许股东通过章程或者协议进行排除或者变更。或者效仿美国公司法的做法，规定若干种限制措施，允许股东根据公司经营需要选择，不只可以规定普遍的股东优先购买权的问题，也可以规定部分股东的优先购买权问题，排除其他股东的优先购买权。这样提前约定的规则，使得每一位股东对于未来的公司股权转让有了合理的期待，如果设计有优先购买权条款，则也无必要赋予转让股东以反悔权，因转让股东对于其行为的后果已经有了清晰的预期。对于封闭式公司来说，什么样的股权转让限制规则最好，不是《公司法》的制定机关有能力事先判断的；在这个问题上，法律不应该越俎代庖，而应将决定权尽可能多地交给公司股东，

---

[1] 参见冯果、段丙华："公司法中的契约自由——以股权处分抑制条款为视角"，载《中国社会科学》2017 年第 3 期。

将对股权转让的限制放置于股东自治的章程以及其他自治文本中，法律规范仅是加以引导，[1]这是我们从自己实践判断以及比较法分析中得出的一条基本经验。

---

[1]　参见冯果、段丙华："公司法中的契约自由——以股权处分抑制条款为视角"，载《中国社会科学》2017 年第 3 期。

创业公司股权回购回赎与公司法股权回购制度的适应性研究

一、公司股权回购的意义和立法现状

股权回购，是指公司按一定的程序购回发行或流通在外的本公司股权的行为。股权回购制度对于公司对外融资和公司治理均起着非常重要的作用。

（一）公司股权回购的重要意义

1. 有利于优化公司资本结构

公司融资的途径无外乎股权融资和债权融资，两种方式各有利弊。通过股权方式融资，公司不负有"还本付息"的义务，而是将股东股息的收益与公司经营状况挂钩，与债权融资相比，股权融资风险较小，但是公司也随之让渡一定的控制权。与之相反，通过债权方式融资，投资人作为债权人，债务到期后享有请求公司偿还债务的权利，如果到期公司资产不足以偿还全部债务，可能会导致破产的结果，因此融资风险相对较大，但同时债务的利息可以抵税，公司的成本较低。另外，债权人不同于股东，只享有财产权益，没有成员权，对公司的经营管理不能进行干涉，不会削减公司的控制权。公司资本结构的核心便是股权融资与债权融资的比例关系。在公司经营过程中，公司的资本结构难免会随着公司战略而发生变化。建立公司股权回购制度，利于公司在资本变动时对公司资本、财务结构作适时调整，公司可通过回购股东所持有的部分股份的方式，降低公司股权融资比例。此外，股权回购制度的建立使得公司持有本公司股权成为可能，当公司有加大股权融资比例的需求时，可以通过将公司所持的本公司股份转让给其他股东，优化公司资本结构。

2. 有利于公司经营稳定

公司股权的回购，一方面有利于公司适时调整经营策略，防止公司股权被恶意收购，引发剧烈波动；另一方面可以减少发行在外股票的数量和每股净收益的计算基数，从而在盈利增长速度下降或无增加的情况下，维持或提高每股收益水平和股票价格，减少经营压力，恢复社会投资人的信心。此外，当公司的部分股东出现死亡或者破产的情形，其持有的股权如果不能被公司回购，则只能转让。如其他股东不愿购买，只能寻求新的股东，新股东的加入会给有限公司造成种种困境，打破原有的人合性关系。为了避免这种情况的发生，可以通过公司回购方式来维持公司稳定。

3. 有利于实施员工持股计划

员工持股计划是以激励员工为目的，让员工持有公司股权，享有公司利益分红权以及参与公司重大事项决策权利的制度。员工持股计划能够调动员工的参与感，让员工感受到自己与公司是密不可分的整体，既对员工起到激励作用，也使员工获得一定的利益。股权回购有利于实施员工持股计划、股票期权计划等激励机制，以促使经营者更加关心投资人的利益、资产的保值增值和企业的长远发展。[1]员工持股计划的股权来源有多种模式，诸如上市公司二级市场股份转让和非公开发行股份的认购、公司股权回购、股东赠与，等等。但是各种来源渠道在对控制权的稀释程度、公司的资金负担、对注册资本的影响、审批等程序的复杂性等方面有所不同，相较而言，公司股权回购对于原有的股东持股格局基本上没有影响，程序上也没有上市公司的股份非公开发行认购的诸多限制，该种模式较大的难题就是公司需拿出资金进行收购，进而影响公司的资本充实。

4. 有利于充分保障中小股东的利益

根据《公司法》的规定，特定情形下，公司持有异议的中小股东有权要求公司回购股权。股权回购制度是保障利益受损的股东寻求救济最好的武器。异议股东在行使股权回购请求权的过程中不负有举证的义务。当原告股东认为公司决议损害其利益时，如想要公司承担赔偿责任，需向司法机关提供证据证明公司的决议损害其利益，而通常中小股东很难获取到公司的内部信息。即使中小股东有足够的证据证明公司的决议确实损害其利益，但司法诉讼往往需要耗费时间和金钱。而股东行使股权回购请求权时，不要求其承担举证责任证明公司决议损害其利益，仅需说明其对公司决议持有异议，通过要求

---

〔1〕　参见华国庆："股份回购若干问题探析"，载《政法论坛》2001 第 4 期。

公司回购股权、退出公司的方式避免受到不应有的损害，因此许多国家都采取股权回购的方式来保护中小股东的利益。[1]此外，中小股东诉讼一般是受害中小股东共同组成诉讼一方当事人，[2]由于多数中小股东诉讼采取共同诉讼的方式，使中小股东产生依赖性，甘愿做附随者，而不愿成为响应者，中小股东的利益反而难以保障。而股权回购制度基于受益者只能是权利的行使者、不及于第三人的特点，有效地避免了股东将希望寄托于他人而怠于行使自己权利的现象。

（二）公司股权回购的法律制度现状

我国公司股权回购的规定近年来修改变化较多。随着公司理论研究的逐步深化，相关制度也经历了从严格限制到逐步放宽的发展过程。

1. 股份有限公司中的股份回购

针对股份有限公司中的股份回购问题，公司法规定较为明确。2018年修正后的《公司法》第142条第1款规定，公司不得收购本公司股份。但是，有下列情形之一的除外：（一）减少公司注册资本；（二）与持有本公司股份的其他公司合并；（三）将股份用于员工持股计划或者股权激励；（四）股东因对股东大会作出的公司合并、分立决议持异议，要求公司收购其股份；（五）将股份用于转换上市公司发行的可转换为股票的公司债券；（六）上市公司为维护公司价值及股东权益所必需。由此看出，《公司法》对股份有限公司股份回购制度采取的是"原则禁止、例外允许"的态度，只有在公司法明确规定的情况下公司才可以主动提出股份回购。《公司法修订草案》保持了这一条规定的基本内容。

2. 有限责任公司中的股权回购

有限责任公司中的股权回购问题规定则较为模糊。《公司法》涉及有限责任公司股权回购的仅有第74条，该条第1款规定，有下列情形之一的，对股东会该项决议投反对票的股东可以请求公司按照合理的价格收购其股权：（一）公司连续五年不向股东分配利润，而公司该五年连续盈利，并且符合本法规定的分配利润条件的；（二）公司合并、分立、转让主要财产的；（三）公司章程规定的营业期限届满或者章程规定的其他解散事由出现，股东会会议

---

[1] 参见申文君、许建兴："约定股权回购效力认定"，载《兰州学刊》2018年第1期。

[2] 参见蔡立东："股权让与担保纠纷裁判逻辑的实证研究"，载《中国法学》2018年第6期。

通过决议修改章程使公司存续的。仔细研读法条不难发现，《公司法》第74条的规定并未体现出立法者对有限责任公司股权回购采取原则允许或是禁止的态度。从立法措辞来看，在股份有限公司的股份回购问题上，立法首先指出"公司不得收购本公司股份"，明确说明股份有限公司中仅限于立法列举的情况才可以回购股份；但是针对有限责任公司的回购问题，仅仅对持异议股东的回购请求权加以肯定，至于其他情形是否允许回购则没有规定。《公司法修订草案》对该条款基本没有修改。

2019 年《最高人民法院关于适用〈中华人民共和国公司法〉若干问题的规定（五）》（以下简称《公司法解释五》）第 5 条中涉及有限责任公司的股权回购问题：人民法院审理涉及有限责任公司股东重大分歧案件时，应当注重调解。当事人协商一致以下列方式解决分歧，且不违反法律、行政法规的强制性规定的，人民法院应予支持：（一）公司回购部分股东股份……但此条规定相比之前的法律规定，到底是增加了公司股权回购的情形，还是反而限缩了公司股权回购的情形？如果认为此前的《公司法》规定仅局限于第74条的情形，那么司法解释的规定无疑是增加了回购的情形；但如果认为此前的《公司法》未禁止即为允许，那么相比之前的普遍允许来说，此条规定仅仅明确了股权回购作为解决有限责任公司股东出现重大分歧的解决方式之一，并没有拓宽公司回购股权的事由，更无法囊括所有的有限责任股权回购的情形。可见，司法解释的规定没有从根本上解决有限责任公司能否主动回购公司股权这个争议，其目的只是建立股东分歧解决机制，而不在于完善有限责任公司的股权回购制度。

3. 股权回购的反对制度

《公司法》中诸多制度规定与股权回购的效力及其履行密切相关。对于股权回购效力认定及履行构成障碍的主要有以下制度：

一是公司资本制度。传统公司法秉持资本确定、资本维持、资本不变的原则，《公司法》第 35 条规定，公司成立后，股东不得抽逃出资。如果公司对股东持有股权进行回购，则有可能构成公司的资本不实和股东抽逃出资。2019 年最高人民法院出台的《全国法院民商事审判工作会议纪要》（以下简称《九民纪要》）为调和这一矛盾，规定必须通过公司减资程序才能进行股权回购。但是这一规定具有很大的不可实现性，无助于解决实践中的股权回购履行不能的问题。后文再对这一问题进行深入分析。

二是公司股东分红相关制度。《公司法》第 166 条规定，在公司弥补亏损和提取法定公积金之前不得向股东分配利润。如果违反规定分配利润的，股东必须将违反规定分配的利润退还公司。股权回购特别是后文重点研究的对赌协议中的股权回购，使公司即便处于亏损状态下也要向投资人支付补偿或者回购股权，回购股权款往往除了投资本金外还有利息，因此常被质疑属于一种变相向投资人股东分红行为，这很有可能会违背股东分红的基本要求，使投资人获得与其他股东不同的利益保护。

三是公司的剩余财产制度。《公司法》第 186 条第 2 款规定，公司财产在分别支付清算费用、职工的工资、社会保险费用和法定补偿金，缴纳所欠税款，清偿公司债务后的剩余财产，有限责任公司按照股东的出资比例分配，股份有限公司按照股东持有的股份比例分配。可见，股东的剩余财产要在公司偿付各种费用以及清偿公司债务之后才能进行分配，也就是说，股东是劣后于债权人取得公司财产的。而股权回购给予了特定的公司股东在公司经营不利时收回投资的约定，使得回购权利人处于比一般债权人更为优先的地位。

基于以上制度矛盾，我国股权回购的效力认定和履行问题一直备受困扰。

二、创业公司的股权回购

（一）创业公司的股权回购类型

在创业公司中，除一般的股权回购外，回购经常应用在对未成熟的创业者股权的收回，以及为实现投资人退出而进行的回赎中。

1. 创业者股权回购（Repurchase）

对创业者股权的强制回购与创业者股权的分期成熟制度是紧密联系的。创业企业中创业者持有的股权与服务期限或其他成熟条件挂钩，根据年限分期成熟。在股权完全成熟前，创业者的分红权、表决权等股东权利是正常享有的，只是转让会受到限制。如果创业者在股票成熟前离职或确定不能再满足其他成熟条件，创业企业有权回购创业者所持有的尚未成熟的股权，并不让创业者在这样的回购中获利，这也是基于创业者人力资本不能一次性投入的特点，防止投资人与创业者出资进度不对等而导致的利益失衡。回购是股权成熟制度的主要操作方式，也是创业投资的特殊模式有效运转的重要环节。

未能满足成熟条件的创业者需退回其持有的股权，但该股权被收回后并不直接归属于投资人或其他创业者，通常会暂时留在激励股权池中，用于未来购买其他创业者的人力资本，或激励现有创业团队，或由公司全体股东分享。从本质上讲，创业者退回股权的行为是一个交易，这个交易并非和某一个投资人或其他创业者发生，而是和公司的全体股东发生，因此，公司回购是完成这一交易的合理方式。

2. 投资人强制回赎权（Redemption Rights）[1]

强制回赎制度是指，创业企业的投资人在一定条件下要求公司按照股权的初始购买价格加上一定的收益赎回其持有的股权。即在公司业绩达不到期望值或在创业者违约的情况下，投资人有权要求退股，收回原始的股本投入，并获得一定的投资回报。

强制回赎制度是加强投资人退出能力的制度安排。如果投资后经过了一段合理的时间，企业仍不能上市，也没有其他的退出渠道，投资人只能通过要求企业回赎股权的方式实现退出。需注意的是，回赎制度不是对股东有限责任制度的违反，投资人能够实现回赎，也要以公司有相应的给付能力为前提。除此之外，如果创业者违反对投资人的承诺，或者违反了对公司的忠诚义务，导致投资人不再信任创业者，投资人也可以通过回赎制度来终止和创业者的合作。

投资人可以在投资时事先约定回赎权，回赎交易是美国封闭型公司中普遍应用的一种在公司不能实现预定上市目标或者业绩时的股东退出机制，在这一交易中公司资产从公司流向股东，也可被视为公司的利润分配。回赎制度是一种投资人可控、各方可预期的退出公司方式，而其他如 IPO、并购等方式都是依赖于投资后发生的偶然事件，可控性较差，所以投资人的回赎权是保障投资人退出创业企业的重要制度之一。

总的来看，在创业公司中，无论是对创业者的股份回购还是投资人的回赎权，都是创业者和投资人通过合同约定创设的。这一约定是投资人和创业者基于经济理性的考虑，是真实、自由的意思表达，是各方当事人为了实现自身利益诉求而选择的合理途径，符合双方的利益最大化诉求，应该对双方都具有约束力。该权利义务安排在很大程度上能够解决创业者和投资人之间的委托代理问题，实现双方权益的平衡，也是实现创业企业成长壮大、双方

---

[1]　参见张明若等：《创业投资模式的制度创新——公司法人力资本价值的理性回归》，法律出版社 2016 年版，第 110 页。

互赢互利的制度保证。

（二）创业公司股权回购的特殊问题——对赌协议

创业企业中的对赌协议与股权回购的关系密不可分。前述创业企业两种主要的股权回购类型中，对投资人股权的回赎往往是基于投资人与创业者在投资伊始签订的对赌协议。近年来对赌协议也是我国学界、立法界、司法界研究的热点问题。

1. 对赌协议的基本法律关系

对赌协议，又称为估值调整协议，是投资人在向目标公司投资之前，由于目标公司未来的发展情况不明，投资人通过和目标公司或者公司控制人、主要股东设立特殊的条款，对未来出现约定情形时的股权回购或者现金补偿机制提前进行约定，以达到保障自身退出公司等权益的目标。对赌协议在国外的创业投资中运用非常广泛并有着很成熟的机制。但在我国，由于对赌协议与《公司法》的部分制度发生矛盾，其法律效力受到一定质疑，履行并不顺畅。为了更好地分析解决这一问题，首先就对赌协议的法律关系进行研究。

对赌协议的主体是投资人与目标公司及主要控制人，在创业公司中对应前文所述的投资人与创业公司及创业者。实践中对赌协议的签订人也主要分两种情况：一种是投资人与目标公司，另一种是投资人与公司主要控制人股东。投资人与目标公司签订的对赌协议受制于我国《公司法》中的资本维持等基本原则，实务中常常遭遇履行障碍，因此投资人往往另觅蹊径，与公司股东通常是创业者进行对赌。无论是哪种情况，本质上都是为了在投资人进入公司之前，就对其作出允诺，为投资人保留未来退出公司的权利。

对赌协议是合同，其本质也是一种债，对赌协议的客体应是行为，是一方当事人对另一方当事人的履行承诺。对于投资人一方，应依协议约定对公司进行投资；对于目标公司及其主要控制人，要在未实现对赌协议约定的业绩目标时，对于投资人的股权进行回购或补偿。

对赌协议的内容是当事人双方的权利和义务。投资人享有的权利是能够获得目标公司实现对赌业绩目标后的溢价收入，投资人成为上市公司股东，获得丰厚的回报，同时在目标公司未能实现业绩目标时也能得到一定的补偿。融资方的权利主要是使目标公司获得资金，便于生产运营；义务包括如实告知投资人目标公司的经营状况，按照对赌协议约定，在公司实现业绩目标时与投资方分享收益，在对赌失败时对投资人进行资金补偿或者回购股权。

实务中，除了以公司在较短期限内（通常为 1 年~3 年）实现业绩为对赌目标这种常见的对赌协议之外，其他对赌协议活跃的国家在协议中设计了更为丰富的内容，如设立一系列循序渐进的条款，既有长期目标，也有短期目标，在一时间段过去之后进行结算，如果达到预期目标，投资人会继续投资，进入下一个阶段的经营。因为每一个阶段都有一个特定的目标，股权的多少随着时间或者投资人与融资方预先拟定的范围发生变化。相比之下，我国的对赌协议内容较为单一。

2. 对赌协议的主要类型

对赌协议的类型不少，不过我国实务中比较活跃的、后被《九民纪要》所认可的对赌协议类型主要是现金补偿型和股权回购型。

（1）现金补偿型

现金补偿型是双方当事人提前约定一种计算赔偿金的方式，当目标公司经营不善，融资方需要根据对赌协议的约定计算出具体金额，对于投资人受到的损失以现金货币的方式进行补偿。

现金补偿型具体分为两种类型：单向补偿型与双向补偿型。单向补偿型仅仅约定了融资方的补偿义务，没有涉及投资人。双向补偿型则对融资方和投资人都有要求，如果目标公司未达到预期的经营目标，则由融资方向投资人进行现金补偿；但如果目标公司完成了事前设定的目标，则投资人要给予融资方一定的现金补偿，又被称为"反向补偿"。双向补偿型在平衡融资方与投资人利益方面有很大的优势。

（2）股权回购型

如果融资方在日后的经营与上市中，没有完成预定的业绩目标，融资方必须依照对赌协议的约定从投资人手中，以事先约定的计算方式和金额来回购部分或者全部的股权，以保证投资人的利益不受损失或者实现退出公司的目的。股份回购条款设立的目的是保护投资人的利益，通过兜底条款为投资人提供一个安全的退出路径。但由于投资人注入公司的资金往往数目不小，而对赌预定目标失败往往意味着公司经营发展并不顺利，此时投资人拿回全部或者部分出资，很可能对目标公司发展造成更为致命的打击，从而对其他股东和债权人的权益造成负面影响。此外，股权回购与我国《公司法》的若干基础性规定和规则有所违背，导致实践中股权回购型对赌协议的效力受到争议。

(三) 创业公司股权回购的理论证成

当下的公司法律相关制度对于股权回购的限制仍然比较多,主要是出于对公司、其他股东以及债权人利益的考量。事实上,基于股东和公司间的意思自治形成的股权回购,并不会对以上利益产生实质性的损害。

1. 符合股东的意思自治和集体诉求

创业投资旨在对接创业与资本,回应初创期、高风险创业企业紧迫的资金需求。为了吸引投资人注资,为其保留一个可能的退出渠道和对公司的监管牵制,设定投资人的回赎权和对创业者股权成熟前的回购权,是商业实践中在自愿前提下的交换和博弈,是高风险融资中配置公司收益和控制权的策略。创业企业的这种商业策略,被立法者以平等、公平的名义和保护、关照其他股东的姿态予以否定。其结果是,我们看不到其他股东的境遇因立法者的关照得以改善,反而是其他股东合理的商业诉求得不到制度的回应,精巧的商业策略难以施行,迫切的资金需求无法得到满足;或者是演变成由创业者来承担回购的连带责任甚至是主要责任,让创业者实际上肩负了无限责任的巨大风险。

2. 不构成逻辑上的矛盾

法律制度的存在必须以符合逻辑为前提条件,否则不仅不能发挥法的作用,相反还会产生负面影响。有些学者认为公司回购股权制度违背了逻辑,如果认可公司股份回购制度的合理性就会导致公司是自己的股东,公司与股东之间发生混同,发生混同之后权利义务应当归于消灭,这与公司享有自身的股东权利相矛盾,有悖于常理,因此该制度不应存在。

但是,股权反映的是成员权,成员权是一种复合的权利,是多种权利义务的集合。依据民法理论,只有债权债务同时归于一个民事主体才会发生债法上的"混同",而成员权归于同一民事法律主体则不会发生"混同"。据德国主流学说,公司在股份回购后变成了自己股份的持有者,公司持有的股权所对应的成员权处于"静止状态"。此时,公司不对股份回购后所持有的本公司股份享有表决权等股东权利,公司可以在形式上成为自己公司的股东,实质上无股东之实。[1]当公司处理自己所持有的股份时,股东权利自行恢复,

---

[1] 参见朱慈蕴、林凯:"公司制度趋同理论检视下的中国公司治理评析",载《法学研究》2013年第6期。

公司股权的受让人继续享有相应的权利，从而从制度上能够解决公司成为自己股东的逻辑矛盾。同时，对公司持有自身股权的权利内容及行使作出一定的限制，就会避免出现逻辑上的矛盾。

3. 不违反资本维持原则

资本维持原则是大陆法系国家的公司法所普遍规定的资本三项基本原则之一。资本维持原则要求公司在存续期间，其财产应与资本额相适应。我国《公司法》第 35 条规定，公司成立后，股东不得抽逃出资。资本维持原则的目的在于维护债权人的利益，确保债权到期得以实现。

有些学者及法官认为股份回购制度的存在违背了资本维持原则，使债权人交易时的信赖基础遭到损害，应当予以否定。事实上，股权回购并不当然构成对债权人利益的侵犯。债权人债权的实现取决于公司的资产情况，公司债务履行能力与公司的资本多少没有必然的联系。法律应该关注的是债权人的真正关切，即公司是否能够现实地偿还债务，而不是通过否定当事方的安排，固化公司的资本结构和纸面上的财务数据，[1]为债权人的利益保障提供一种虚幻的安全感，禁锢公司当事方的商业安排和运作。这种僵化制度的命运是，要么被商事主体规避——这种情况一方面是幸运的，好在制度没有成为合理商业运作的障碍，但有时又是不幸的，制度承载的那些可欲的价值将难以依靠正式规则的力量予以保障和贯彻；要么就是挤压了商事主体创新、创富的空间，这是最不幸的。[2]实际上，从公司资本构成以及信用基础的角度看，创业公司中的股权回购制度，对于债权人利益和交易安全并没有大的影响。对于创业者股权回购而言，其是基于创业者的人力资本投入而取得的，这一部分股权对应的资本并未计入注册资本，原本就不构成偿还债务人的基本保证；而对于投资人的可回赎股权的设定，本来就已经与普通股权有所区别，具有了部分债的属性。当创业投资证券与债而不是股更为相像时，他们通

---

〔1〕 资产负债表不过是会计师对公司的财务的"定时快照"，换言之，"收益盈余"和"盈余"不过是一个艺术化的术语、账簿上的概念。即便企业账上记载有盈余，并不能意味着企业有足够的现金可用来支付股利，也绝非表明企业必然能够支付到期债务。道理显而易见：公司分配，是从公司资产负债表的左侧科目之中，而非资产负债表的右侧科目之上来予以支付的。参见傅穹：《重思公司资本制原理》，法律出版社 2004 年版，第 191 页。

〔2〕 参见潘林："创业投资合同与我国公司法制的适应性探讨"，载《证券市场导报》2013 年第 10 期。

常是可以被回赎的。[1]债权人也会察觉，可回赎股权可能并不是公司资本的永久组成部分，理性的债权人并不会依赖此部分出资所对应的资本来衡量公司的信用基础，由此作出交易决策。[2]

在特定的情况之下，如公司无偿取得自己的股份并不违反资本维持原则；再如，公司的债务人同时也是公司的股东，而该债务人除了持有公司的股份以外没有其他任何财产，为实现公司债权，公司对该债务人进行股份回购，这不仅不会违反资本维持原则，反而有利于保障公司资产稳固。

另外，世界各个国家和地区的立法针对股份回购制度都作出了一定的限制来保障债权人的权利。比如美国规定，公司股份回购的份额要在剩余金、盈余剩余金的范围内，从而保障了资本制度不受侵害。

4. 不影响股东平等原则

股东平等原则是指法律针对公司的全体股东的权利义务给予平等对待的原则。股东平等原则有利于防止大股东滥用权利从而使得中小股东的权利受到损害。

有观点认为股权回购制度有可能对股东平等原则有一定的违背，主要表现为：一是机会不平等。无论是股权被回购的股东、还是回购股权的股东，都往往是针对特定股东而非面向全体股东，其他股东并没有同等地要求自身股权被回购或者回购他人股权的机会。二是价格不平等。回购公司股权的决议往往需要经过股东会通过，占优势地位的股东可以利用自己的影响要求公司以不合理的高价回购自己的股份，或者以不合理的低价回购其他股东的股份。

但是这些问题是可以通过制度设计来解决的，如完善股权回购的程序，对股权回购的价格、回购哪些股东的股权等问题通过股东会表决来确定，并将具有利害关系的股东排除在表决范围外，从而可以很好地避免对股东平等原则的侵犯。特别是在创业公司中，对创业者持有的未成熟股权的回购和对投资人股权的回赎都是股东在加入公司之时，就已经和公司及其他股东达成约定，对于相应股权的回购是所有股东认可的真实意思表示，不存在对股东

---

[1] See George W. Dent, Jr. "Venture Capital and the Future of Corporate Finance", *Wash. U. L. Q*, Vol. 70, 1992, p. 1029, p. 1063.

[2] See Paul Davies, *Introduction to Company Law*, Oxford University Press, 2010, p. 80.

平等原则的侵害。

三、公司股权回购立法借鉴

（一）美国股权回购模式

1. 主要制度

股权回购制度正是从美国起源的，而美国针对股权回购制度的态度一直处于变化中。在股权回购相关事由的确定上，美国的普通法经历了漫长而曲折的过程。在《美国标准商事公司法》颁布之前，各州对股权回购协议是否具有法律效力持有不同观点。1826 年的 Expart Holmes 案是美国历史上第一个关于公司股权回购制度的判例，在该案中纽约最高法院的法官认为在公司债权人同时对公司负有债务的情况下，公司可以通过对债权人所持有的本公司股份进行回购来抵偿该债权人对公司的到期债务，可是到了 1854 年的 Barton v. Port Jackson 一案中，法院的法官则否认了股权回购协议，而 1858 年，纽约州上诉法院法官 Selden J. 认为在没有法律明文规定或公司章程明确限制的情况下，公司回购自己的股份是合法的公司行为。在关于公司能否进行股权回购这个问题上，其他各州也有不同的回答。诸如艾奥瓦州在内的一些州认为公司的股权回购协议是合法有效的，而堪萨斯州等州则认为股权回购协议是无效的。[1]

《美国标准商事公司法》规定，公司应有权购买、取得、接受或以其他方式获得、拥有、持有、典质、转移或以其他方式处置本公司的股份；但公司通过直接或间接的方式购买本公司之股份，只应在可供此使用的非保留和未限制的营业盈余范围内作出；以及如公司章程允许，或经对此有表决权的多数股份持有者的投票同意，只应在可供此使用的非保留和未限制的资本盈余的范围之内作出。由此可以看出美国公司法针对公司的股权回购制度采取"原则允许、附限制条件"的立法模式，即原则上允许公司回购股权，但是对公司取得股权之后的处分方式、回购股权所利用的资金的来源等方面作出了限制性规定，要求公司进行股权回购不得侵犯债权人的利益，同时也不能违背股东平等的原则。

---

〔1〕　See Kathleen Van Der Linde, "Share repurchases and the protection of shareholders", *Journal of South African Law*, Vol. 2, 2010, pp. 288-308.

2. 美国模式评析

"原则允许、附限制条件"的模式，以美国为代表，其他英美法系国家大多也采取该模式。美国模式的产生与其公司法的特点相适应。美国公司法一直以灵活性著称，注重从实际出发、不拘泥传统的理论，强调实用主义。美国公司法针对公司资本制度采取授权资本制，并不要求发起人全部认缴资本总额。那么公司回购自己股权同样可被视为已获授权但尚未发行的股权，从而避免了法定资本制下公司持有自己股权方面的理论障碍。另外，授权资本制不过分强调资本维持原则，因此不用对公司注册资本的数额刻意维持，法律也允许公司只要不会对债权人的利益造成侵害就可以利用公司资金购买自己的股权。同时，美国有发达的资本市场，公司股权回购是一种重要的资本运用工具，授权资本制配合库存股制度，对于公司资本的运用具有良好的调节作用，使公司资本额能够应市场需求及公司发展需要而进行灵活调整。

（二）德国股权回购模式

1. 主要制度

德国对公司股权回购的法律规定经历了由完全禁止到相对放松的转变。1861 年的《德意志普通商法典》禁止公司回购自己的股份，允许公司出于减资的目的进行股份回购，但出于其他目的则被严格禁止。此后，在《欧盟公司法指令》出台之后，德国逐渐放开了对公司回购股份的限制。

德国法律根据公司类型不同对股权回购区分作出规定。股份有限公司的股份回购受《德国股份公司法》调整，有限责任公司的股份回购受《德国有限责任公司法》调整。《德国股份公司法》最初颁布于 1965 年，其间经历了数次修改，针对股份有限公司的股份回购也从最初的"股份有限公司不得取得自己的股份"逐步修改成为现在的原则上"公司不得认购自己的股票"[1]，但是公司法列举情形下可以购买自己的股票。对于有限责任公司，德国法律区分了尚未全部缴清出资的公司股份和全部缴清出资的公司股份两种情况，作出不同规定。《德国有限责任公司法》第 33 条规定：（1）公司不能取得出资尚未完全缴付的自有营业份额或接受其作为质物。（2）自有营业份额的出资已全部缴付的，只有在取得之时公司能够提取与为此支出的费用等值的公积金，并且不造成公司基本资本或者按照公司章程应提取的不得用于向股东

---

〔1〕 参见胡晓静、杨代雄译：《德国商事公司法》，法律出版社 2014 年版，第 88 页。

支付的公积金的减少，才允许公司取得该自有营业份额。[1]

2. 德国模式评析

德国模式对股份有限公司股份回购采取的是"原则禁止、例外允许"，而针对有限责任公司回购限制则宽松得多，一般不加以任何限制，只是对公司购买自己股权所需的资金来源加以限制，可以说采取的是"原则允许、附加限制条件"。采取德国模式的国家多为大陆法系的国家，诸如法国。

德国针对股份有限公司的股份回购在原则上采取禁止的态度，其原因主要就在于股份回购制度的存在可能会给不特定的多数人带来负面影响，但是德国的立法者也认识到了股份回购制度对股份有限公司带来一定的积极作用，因此又在特殊情况下允许股份有限公司进行股份回购。针对有限责任公司则十分宽容，没有限制股份回购的情形，只针对程序作出一定的要求，主要原因在于有限责任公司相较股份有限公司而言具有封闭性的特点，其资本全部由设立该公司的股东所拥有，不会涉及不特定多数人的利益，因此即使公司股权回购造成了其他股东的利益受到损害，范围也较小。另外，有限责任公司具有人合性与资合性并存的特点，不同于股份有限公司只具备资合性，相对而言更加强调公司内部关系的灵活性。因此德国法没有过分强调对有限责任公司股权回购制度的禁止和限制，而采取较为包容的态度。

（三）日本股权回购模式

1. 主要制度

日本是大陆法系国家，其立法实践沿袭了大陆法系的传统。1899 年颁布的《日本商法典》沿袭了德国商法的规定，也采取了严格禁止公司回购自己股权的原则。但随着经济以及外交的逐步发展，近一百多年来，日本商法进行了 30 多次比较大的修改和补充。[2]2005 年颁布了第一部《日本公司法典》，该法典对公司回购股份做出了全新的规定。

日本公司法中规定了众多的公司类型，包括无限公司、两合公司、有限公司、股份公司，但法律没有区分公司类型对股权回购作出不同规定，而是采取一致的态度，即"原则允许"。法律态度是认可公司的意思自治，允许公

---

〔1〕　参见胡晓静、杨代雄译：《德国商事公司法》，法律出版社 2014 年版，第 38~39 页。

〔2〕　参见黄爱学："公司取得自己股份：日本公司法典评析"，载《黑龙江省政法管理干部学院学报》2009 年第 3 期。

司章程另行作出规定。另外，公司回购自己的股份可采用多种方式，如股份有限公司可以通过市场交易的方式取得、有限责任公司可以与股东达成合意取得等。除此之外，除了股东大会对购入股份的种类、总数及总额作出决定外，董事会也享有一定的权限，如决定购入股份的种类、每一股的购买价格、购买请求期间及总数或者价款总额。[1]

2. 日本模式评析

日本的公司法虽然是从德国借鉴形成，但关于股权回购制度的规定采取了比德国模式更为宽松的政策，"原则允许"模式下公司是否进行股份回购完全基于公司的意思，法律不加以限制。

日本模式的产生受其经济和社会发展背景影响很大。20世纪80年代末期到90年代初期，日本遭受了一次较为严重的泡沫经济时期，随着全球经济增长的宏观环境下，日本经济泡沫随即破灭，企业深受其害，股市也持续低迷。为了能够快速解决问题，日本广泛借鉴国外立法，尤其是英美立法，从而对商法作出了较大修改，包括允许公司回购自己的股权从而维持股价，稳定股票市场的秩序。近年来日本商法典逐步向美国看齐，放弃了过去传统的德国法理论，立法更强调实用主义，注重解决现实问题而不拘泥于传统的理论。

总的来看，美国、德国、日本不同的股权回购立法模式对我国股权回购制度的完善都有一定的价值，比如美国模式中"若公司存在优先股股东，禁止利用公司资本回购"的规定，德国模式中股份有限公司与有限责任公司股权回购规定分别立法的取向，日本模式通过加大相关人员的法律责任来规避利用股权回购制度从事不法行为的方法。我国在完善我国股权回购制度的时候，应当充分考虑我国实际情况，选择与我国国情相适应的立法模式，并借鉴其他立法模式中的相关制度。

四、股权回购及对赌协议的司法实务分析

(一) 股权回购及对赌协议案件裁判思路梳理

对赌协议及股权回购的效力认定一直是司法审判中的难点问题。法院在审理过程中不断总结经验、探寻本质、提升理论，出现了不同阶段的标志性

---

[1] 参见黄爱学："公司取得自己股份：日本公司法典评析"，载《黑龙江省政法管理干部学院学报》2009年第3期。

判决，逐渐形成了相对一致的裁判思路。

1. "海富公司诉世恒公司案"：投资方与目标公司"对赌"无效

2012年的"海富公司诉世恒公司案"[1]无疑是我国早期对赌协议纠纷解决的标志性判例。案件共经过三次审判，争议焦点均集中在目标公司是否需要进行赔偿、股权回购约定是否具有法律依据与效力。三次审判意见都对对赌协议中股份回购条款的效力予以否认，但理由有所不同：一审法院的判决理由是普通股东获得额外利益会损害他人利益，这一判决理由显然较为粗糙、无法让人信服。二审判决将股权和债权进行了区分，由于投资人向公司进行投资时，通常的做法会将投入资金分为两部分：一部分作为公司的注册资本，一部分列为公司资本公积金，在本案二审中，将投入公司注册资本的部分金额作为股权，其他金额则认定为债权，由公司按照债权来偿还。可以看出，二审法院为了一定程度上支持原告的诉请，着力从区分投资人投入公司资金的不同性质的角度入手。但这种说法同样是站不住脚的。从投资人与融资者签订的协议来看，投资人向公司注入资金的本质是一样的，要么认定为股权、要么认定为债权，而列入公司资本还是资本公积金，是财务处理的问题，而非投资性质界定的关键标准。最后，再审法院也明确否认了在签订对赌协议的情形下股东要求公司回购股份的请求权，但是也否认了注册资本以外的金额为债权的观点，同时肯定了对赌协议中股东对于投资方作出的补偿承诺的有效性，这一承诺并不受到公司法的规制，而属于《合同法》的调整内容，由于该部分补偿并没有损害其他股东及债权人的利益，约定合法有效。

最高人民法院的判决结果在很长一段时间内成为我国对赌协议案件审判的指导性意见和基本标准：针对股份有限公司中的股份回购需求，仅认可股东间的回购协议条款，不认可股份公司对股东所持股份的回购，即投资人与目标公司对赌无效，与股东对赌有效。其后的司法案例基本上遵循了这一观点，如2014年的"上海育杰创业投资发展中心诉曹欣羊股权转让纠纷案"，也持相同的判决观点和理由：原告为股权的受让人，被告为公司的实际控制人，原告、被告、股权的转让人及公司在股权转让时签订了四方协议，公司、被告承诺在一定日期前实现公司在境内 IPO；公司若未能实现目标，则原告可以要求被告回购原告所持的部分或全部股权。后公司未能如期向证监会提交

---

〔1〕　参见（2012）最高法民提字第 11 号民事判决书。

上市申请报告。原告起诉要求履行股权价格调整及股权回购义务。法院审理认定公司与股东间的股份回购条款无效，股东间的股份回购条款有效。[1]

2. "强静延与曹务波、山东瀚霖生物技术有限公司股权转让纠纷案"：目标公司为股东回购提供担保有效

"强静延与曹务波、山东瀚霖生物技术有限公司股权转让纠纷案"[2]也经过了三次审理。在该案中，最高人民法院经过审理认为：首先，投资方对于两份协议进行了合法以及合理的审查，尽管没有经过正式的股东大会的程序，但是不能简单认定其无效。其次，投资方的所有投资都是用在了促进瀚霖生物上市经营等公司正当用途上，且其出资额远大于瀚霖生物在投资初期所占的市场份额，其他的股东以及债权人也因为其投资而获利。再其次，即使目标公司的回购程序存在瑕疵，但是对于投资人的请求，公司的其他股东与债权人并没有受到任何损害或者存在任何不利的结果，不应当认定公司担保条款无效，目标公司应当为股东的违约金承担相应的连带责任。最后，明确指出，合同无效的判定严格遵循法定主义，本案二审判决否定担保条款效力的裁判理由不符合合同法关于合同无效的各类法定情形，该项认定已违反合同法基本规则，构成适用法律错误。

从这份判决理由中，可以发现对于目标公司在对赌协议中所起的作用，最高人民法院的态度发生了转变，由直接认定目标公司参与对赌协议的有关条款无效转变为目标公司为融资人提供担保的约定，只要不损害与目标公司有关的利害关系人的利益，就认定为有效。同时，在认定对赌协议效力的问题上，"海富公司诉世恒公司案"的"裁判摘要"所说的投资人与目标公司本身之间的补偿条款如果使投资人可以取得相对固定的收益，则该收益会脱离目标公司的经营业绩，直接或间接地损害公司利益和公司债权人利益，故应认定无效，已经被最高人民法院新的案例观点摒弃。有关对赌协议案件审理的重点逐渐放在合同形式合法性的审查以及合同在履行过程中投资人对于目标公司为股东提供担保时应尽的注意义务上。

---

[1] 参见（2014）浦民二（商）初字第3277号民事判决书。
[2] 参见（2016）最高法民再128号民事判决书。

3. "江苏华工创业投资有限公司与扬州锻压机床股份有限公司、潘云虎等请求公司收购股份纠纷案"：投资方与目标公司"对赌"有效

"江苏华工创业投资有限公司与扬州锻压机床股份有限公司、潘云虎等请求公司收购股份纠纷案"[1]的一审和二审法院仍然秉持之前的公司回购条款无效的观点，认为本案华工公司在不具备法定回购条件的情况下转让股权，转移投资风险、获得固定收益，与《公司法》规定相冲突，使得公司股东和债权人利益受到损害。再审法院对以上论断发表了不同意见：股权回购并非与《公司法》的强制性规定必然产生冲突。如果目标公司在对赌失败后，能够经过合法的减资程序，在此基础上的股权回购不违反任何《公司法》的强制性规定，对于其他股东及债权人的利益也并没有损害。再审法院进一步阐明：投资人、目标公司、股东所签订的股份回购条款，是为了吸引投资人在目标公司迫切需要资金时进行投资，投资人投入的资金高于目标公司对应股价的市场价格，投资后给目标公司带来了丰厚的利润回报，而股份回购条款中规定的对投资人的年回报率与公司和其他股东获得的利润回报而言并不高，不存在对公司和其他股东显失公平的问题。最终再审法院支持了投资方的回购请求。

4. 小结：股权回购案件判决总结

从以上案例不难看出，由于《公司法》对股权回购问题语焉不详，司法实务对有限责任公司股权回购行为的效力认定存在争议。据笔者搜集的部分案例，从公司回购股权的主要三种情形——"基于对赌协议回购""员工离职的股权回购""股东会决议通过的其他股权回购情形"来看，2005年~2022年间法院支持有限责任公司股权回购与不支持回购占比接近1∶1。

综观已有判决，法院支持有限责任公司股权回购的裁判理由无外乎《公司法》第74条的规定仅针对异议股东股权回购请求权进行特别强调，基于其他情况公司提起股权回购，应当坚持公司的意思自治。如在"济南鲁联集团有限公司与张作让请求公司收购股权纠纷案"[2]中，作为公司股东的张作让因离休的原因请求公司回购其持有的股权，公司则辩称张作让请求公司回购股权的行为会导致公司资本的减少，因此不予回购。经过审理后，法院认为，

---

[1]　参见（2019）苏民再62号民事判决书。

[2]　参见（2016）鲁01民终2387号民事判决书。

因现行《公司法》对有限责任公司回购股权并未作出原则性禁止的立法规定，且允许有限责任公司退股系对有限公司封闭性制度的矫正。上海市浦东新区人民法院在一起有限责任公司股权回购约定的争议中认为，从第 143 条[1]在《公司法》中的位置看，其仅仅针对股份有限公司是非常明确的，同时，也不存在指明有限责任公司应当"适用"或"准用"的规定，对于有限责任公司，公司法不存在"禁止回购自身股权"的规定，第 75 条[2]规定的情形，并不是有限责任公司通过股权回购方式令股东退出公司的法定情形，而是公司有义务接受异议股东的回购请求的法定情形[3]，等等。

法院不予支持的原因在于其认为有限责任公司回购股权仅限于《公司法》第 74 条规定的三种情形，其余情形均不得回购。如"彭正春与四川空分设备（集团）有限责任公司股权纠纷"一案中，彭正春与空分公司解除劳动合同后，公司回购其持有的股权，而彭正春则认为有限责任公司不得回购公司股权。法院经审理认为，空分公司强制回购彭正春股权的行为违反了有限责任公司不得收购本公司股权的要求，属于非法减少公司注册资本，会对公司利益相关者造成损害。[4]在"张伟明诉浙江迈勒斯照明有限公司及楼满娥股权纠纷案"中，当事人同样是基于对赌协议的规定要求公司在未达成承诺目标时对其股权进行回购，法院经审理认为，不具有《公司法》规定的法定事由时公司不具有收购股权的资格，而且股权回购约定使得张伟明作为公司股东可以从公司取得固定收益，该收益与公司业绩脱离，损害了公司、其他股东和公司债权人的利益，因此该约定无效。[5]

（二）《九民纪要》确立的司法审判思路

2019 年出台的《九民纪要》对于对赌协议的相关问题专门进行了明确，成为对赌协议案件裁判的新标志。《九民纪要》第 5 条规定，投资方与目标公司订立的"对赌协议"在不存在法定无效事由的情况下，目标公司仅以存在股权回购或者金钱补偿约定为由，主张"对赌协议"无效的，人民法院不予

---

〔1〕 即 2018 年修正后的《公司法》第 142 条。
〔2〕 即 2018 年修正后的《公司法》第 74 条。
〔3〕 参见张恋华等："有限责任公司股权回购效力判解"，载《法制日报》2009 年 10 月 28 日，第 12 版。
〔4〕 参见（2016）川民终 761 号民事判决书。
〔5〕 参见（2014）杭下商初字第 1689 号民事判决书。

支持，但投资方主张实际履行的，人民法院应当审查是否符合公司法关于"股东不得抽逃出资"及股份回购的强制性规定，判决是否支持其诉讼请求。投资方请求目标公司回购股权的，人民法院应当依据《公司法》第35条关于"股东不得抽逃出资"或者第142条关于股份回购的强制性规定进行审查。经审查，目标公司未完成减资程序的，人民法院应当驳回其诉讼请求。投资方请求目标公司承担金钱补偿义务的，人民法院应当依据《公司法》第35条关于"股东不得抽逃出资"和第166条关于利润分配的强制性规定进行审查。经审查，目标公司没有利润或者虽有利润但不足以补偿投资方的，人民法院应当驳回或者部分支持其诉讼请求。今后目标公司有利润时，投资方还可以依据该事实另行提起诉讼。

以上规定的发布，使得对赌协议无论是与公司签订还是与股东签订，只要不违反合同法的强制性规定，其效力都毋庸置疑；司法审判的关注点转移到了对赌协议的履行层面。一个协议即便是有效的，如果其不具有可履行性，仍然无法实现协议中规定的条款，实现投资人的诉求。

《九民纪要》肯定了对赌协议和股权回购的效力，在很大程度上鼓励了投资人进行投资，减少投资壁垒，有利于创业投资行业的健康运行。但是其对对赌协议履行须经过减资程序的要求，也给股权回购造成了程序性的障碍。而这一障碍在实践中很有可能成为使对赌协议无法履行的实质性障碍。因为对赌协议走到股权回购的地步，往往是公司运营不顺利、未能产生预期的效益、对赌失败，如果公司控制人不愿意回购投资人股权，公司及主要股东与投资人之间已经产生了分歧和矛盾。若能够按照《九民纪要》的要求，公司通过股东会形成减资决议，恐怕对赌协议的履行从来就不会成为问题；而对赌协议走到诉讼阶段，都已是投资人的意见无法左右公司的股东会、公司股东无法形成统一意见之时，此时要求公司必须先减资再回购，相当于堵死了投资人要求公司回购股权之路。因此《九民纪要》中对对赌协议效力的规定难免被认为是"口惠而实不至"了。

五、股权回购制度的完善思考

（一）股权回购制度不确定给创业公司带来的负面影响

《公司法》中列举的股权回购明确予以肯定的情形，不包括创业公司特殊的股权回购类型。即便是2018年修正后的《公司法》中关于股份有限公司股份回购条款，也只增加了将股份转换为债券和上市公司为维护公司价值及股东权益所必需这两种情形，最后一条看似是概括性条款，但仅适用于上市公司，显然不适用于创业公司。同时，创业公司回购创业者股东股份和回赎投资人所持股份，或者是维护了公司价值但损害了部分股东的利益，或者是维护了部分股东的利益但使公司价值受损，很难说是同时为了维护公司价值及股东权益，可见创业公司中的股权回购，并不属于公司法中认可的股份有限公司的股份回购情形。

而有限责任公司中的股权回购履行仍然困难重重。我国法律及司法解释经过多次修改和重申，从早期的公司股权回购协议效力和担保责任被直接否定，到后来的公司担保义务被认可，再到目前的股权回购效力确定的整个过程来看，我国立法界、司法界、理论界对相关问题的研究在不断深化。但由于《公司法》规定的资本制度、股东分红制度、剩余财产索取制度等基本规则较为僵化，使得对赌协议的履行仍然遇到严重的障碍，基于投资方和融资方完全自由真实意思表示达成的股权回购协议难以实现。

《公司法解释五》规定的适用前提为股东产生重大分歧，当事人协商一致以公司回购股份方式解决分歧，该条款实际上也不易执行。当事人产生重大分歧并诉至法院，往往已经很难再协商一致。创业企业的公司、股东、投资人在之前已经达成了公司回购股权的协议，之后之所以诉诸法院解决，必然是对于回购问题产生分歧，是否可以认定之前的协议属于"协商一致"？这一问题没有明确的回答。可见，即便《公司法解释五》的出台也无法避免由于对《公司法》有关有限责任公司股权回购制度理解的不同而导致的"同案不同判"现象。在实务中，为了寻求最大限度的确定性，创业企业只能在这一制度框架下寻求操作的空间。

一种做法是用股东回购股权的做法替代公司回购股权。这种做法被法院广泛认可，实际上却扭曲了创业公司股权回赎和回购制度的本质。以股权回赎制度为例，回赎本是投资人退出渠道的一种方式，并不是对有限责任制度的突破，并不以创业者承担无限连带责任为要件。让创业者承担回购投资人股权的义务，相当于创业者给了投资人保底的投资回报承诺，创业者为企业承担了无限连带责任。这种因法律障碍而引起的交易模式失衡，会严重影响创业者的创业积极性。

另一种常见做法是利用《公司法》第142条规定的"减少公司注册资本"

情形来操作，这一规定是《公司法》针对股份有限公司作出的，但从体系解释的角度以及公司减资的制度逻辑来看，有限责任公司回购股东股权减少注册资本并不存在应予否定和禁止的理论和制度理由，因而为创业公司实现回购股权目的广泛采用。但是这一做法存在重大缺陷。其一，公司减资程序繁琐，成本高昂；其二，在减资制度框架下，股东通过回购所能获得的款项，不能依据事先的约定，只能是依据固定的计算方式。原因在于，公司减资后，向股东返还的资产价值应当是股东持有的股权比例所对应的公司减资当时的净资产价值。[1]也就是说，投资人与创业者没有自行约定回购价格的自由。如果投资人要求一个由初始投资和固定回报构成的回赎价格，将被认定为无效。[2]总之，这种做法使得投资人不能通过事先约定的回购价格来保护自己，剥夺投资人与创业者自由约定的空间，逼迫投资人要么接受这种方式牺牲自己的利益，要么强迫创业者承担连带责任。

（二）股权回购制度的改革与完善

2018 年《公司法》修正的内容主要是关于股权回购制度，虽然涉及的只是股份有限公司，但是表明我国已经认识到了股权回购对公司治理的积极意义，开始逐步放开对公司股权回购的限制，更加强调私法的意思自治原则。《公司法解释五》确定了股权回购作为有限责任公司股东分歧的解决方式，虽然没有解决有限责任公司股权回购制度的立法漏洞，但至少释放出对股权回购逐渐认可的信号。我国当前针对股权回购的法律规定仍较为简陋，有做出修改完善的必要。

1. 立法模式的选择

《公司法》的立法路径一直是对有限责任公司和股份有限公司进行泾渭分明的规定，对于公司股权回购制度的立法完善，也应当适应公司法的立法习惯，区别两类公司分别规范。

对于股份有限公司，目前立法规定所持态度是"原则禁止、例外允许"。之所以如此规定是基于股份有限公司的股份允许向社会公众发行，如果公司能够随意地回购自己的股份则有可能损害不特定多数投资人的利益，造成社

---

〔1〕　参见李寿双：《中国式私募股权投资：基于中国法的本土化路径》，法律出版社 2008 年版，第 37 页。

〔2〕　参见潘林："创业投资合同与我国公司法制的适应性探讨"，载《证券市场导报》2013 年第 3 期。

会秩序的混乱，影响投资环境。建议对于股份有限公司，应将公司收购自己股份的法定事由扩张至购买可回赎股份及回购股份成熟前离职股东的股份。

而有限责任公司与股份有限公司相比，基于其人合性特点，本应在股权回购问题上具有极大的灵活性，股权回购应当是公司主动的治理、安排和调整股东与公司利益的有效措施，而非被动的纠纷解决机制。有限责任公司股东退出公司不仅不能通过在公开的股票交易二级市场进行股份转让这一途径，而且受到来自法律或章程规定的程序性或实体性的多层限制，因此放开有限责任公司股权回购制度适用范围上的限制可以作为一种制度补充，以满足有限责任公司需求。[1]有限责任公司的股权回购可以采取“原则允许、附加限制条件”的模式，即《公司法》对有限责任公司可以回购自身股权作出明确规定，允许有限责任公司根据经营需要，通过章程或股东会决议对公司股权进行回购。

2. 股权回购的限制条件

在允许公司进行股权回购的大前提下，对其应进行一定的限制，主要体现在资金来源、回购数量等方面。

（1）资金来源限制

回购资金来源是股权回购制度构建要解决的一大问题。回购资金来源不仅会对公司债权人的利益产生影响，也会影响优先股股东的利益分配。如果以公司资本或资本公积金回购股权，优先股股东实际上被迫负担部分普通股股东之风险，就违反了优先股较普通股负担较少风险的原则。为此，诸多国家的立法中都将股权回购的资金来源限制于可供分配利润。[2]由于可供分配利润已经扣除公司债务，所以将股权回购资金的来源局限在可供分配利润可以很好地保护债权人的利益，确保公司债务的偿还。另外，《公司法》第168条规定，公司的公积金用于弥补公司的亏损、扩大公司生产经营或者转为增加公司资本，对公司公积金的用途作出了法定的规定，如果将公积金作为股权回购资金的来源则违背了法律的强制性规定，因此扣除盈余公积金后的可供分配利润作为股权回购资金的来源不仅符合国际趋势，也满足《公司法》的规定。

---

〔1〕 参见周游：“从被动填空到主动选择：公司法功能的嬗变”，载《法学》2018年第2期。

〔2〕 参见李静瑜：“简析有限责任公司的股权回购权”，载《人民之声》2018年第9期。

（2）回购数量限制

不可否认，股权回购在一定程度上会对公司的资本产生影响，影响公司的偿债能力，从而影响债权人的利益。为了弱化股权回购的负面影响，部分国家和地区立法普遍规定了股权回购的数量限制。《公司法》对股份有限公司也有类似规定：属于因将股份用于员工持股计划或者股权激励、将股份用于转换上市公司发行的可转换为股份的公司债券、上市公司为维护公司价值及股东权益所必需的情况而进行股份回购的，公司合计持有的本公司股份数不得超过本公司已发行股份总额的 10%。

由于公司回购的股权往往不具有表决权，如果允许公司回购过多，将导致有表决权的股份减少，从而影响公司的决策，不利于公司的经营活动，因此，在完善公司股权回购制度的时候，可以对回购数量加以限制，但 10% 的回购比例限制过严，在很多创业公司中，其几轮融资可能都采用了对赌协议的方式，都允许投资人未来回购股权，其需要回购股权的数量必然超过 10%。鉴于现实中多数公司对回购股权的实际需求及借鉴世界上多数国家的立法经验，本书建议将该股权回购总额限制在公司总股份的 50%，其中每年不超过公司总股份的 25%。

（3）回购事由限制

应当在坚持允许公司股权回购的原则下，对可能造成他人合法权益损害的股权回购加以限制。

其一，股权回购的情形应当由公司章程作出允许或禁止的规定，或者由公司股东会作出决议。公司章程明令禁止的情形不能进行回购；公司章程未禁止、股东会通过的情形，可以回购股权；公司章程中明确允许的股权回购情形，可根据公司的管理要求进行回购。倘若完全放开股权回购情形，则大股东可能出于自身利益考虑，基于不合理的情形提出股权回购请求，利用其绝对优势的地位通过回购决议，损害中小股东的利益。公司章程是全体股东共同意志的体现，为此将股权回购的事宜仅局限在公司章程的规定范围内；股东会是公司的全体股东的议事机构，中小股东可以在订立章程或召开股东会时表达自己的意见，防止不利于自己利益的回购情形通过。

其二，尚未全部缴足注册资本的公司不得回购股份。该限制借鉴德国立法，意在保护公司债权人的利益。我国《公司法》已由法定资本制向授权资本制过渡，不再要求股东在公司成立时缴足注册资本，只需认缴。如果在公司注册资本尚未缴足前，公司回购股权则公司成为股东，负有缴纳出资的义务，缴纳出资的财产只能来源于公司资产，不利于公司债权人的保护。对出资尚未缴足的公司禁止股权回购将可以在一定程度上保证债权的实现，避免公司回购制度给债权人造成损害。

3. 股权回购的实现程序

（1）股权回购决议的作出

股权回购决议是公司实施股权回购行为的合理根据，但有权作出和通过决议的机关在各国立法有不同的规定。综观其他国家立法，主要分为董事会决议和股东会决议两种。由董事会作出决议的优点就是较为灵活、效率更高，且与股东相比，董事直接参与公司经营管理，对公司的经营状况更为了解。弊端在于大股东控制下的管理层很有可能为了大股东的利益而损害公司和其他小股东的利益。因此，如果由董事会作出公司股权回购的决议，必须注意对中小股东的保护，需要通过立法或公司章程的规定加大董事对决议所承担的责任，赋予监事会监督董事会对股份回购决议作出的职权，防止董事的权力滥用。由股东会决定股权回购更加注重民主，所有股东均可以发表自己的意见，并享有表决权，但召开股东会的难度与成本较大。

我国在规定公司股权回购决议作出与通过程序时可以考虑不同类型公司的特点，强调公司法的意思自治原则，兼顾大、中、小型公司的需要，赋予公司自行决定通过股权回购决议的公司机构的权利，并在公司章程中注明。公司可以结合自身的发展需要和公司实际情况，在章程中规定股权回购的决议须经股东会作出或董事会作出。不过应当注意的是，当公司从特定的一个或多个股东中回购股权时，该特定股东不得对股权回购决议行使表决权。

（2）对回购股权的处理

当公司将股权回购至公司名下后，公司应该如何处理该部分股权，各国的立法也有不同的规定，绝大多数国家立法中将该部分股份作为库存股，允许公司长期持有。我国《公司法》针对股份有限公司股份回购的处理则根据回购事由的不同而区别对待：因减少公司注册资本而回购股份的，应当自收购之日起 10 日内注销；因与持有本公司股份的其他公司合并或股东因对股东大会作出的公司合并、分立决议持异议，要求公司收购其股份的，应当在 6个月内转让或注销；因其他情况回购股份的，应当在 3 年内转让或者注销，由此可见，除了因减资回购公司股份的情形外，我国立法针对股份有限公司回购的股份处理采取的是附期限的库存股方式。

我国针对有限责任公司的股权回购制度的建立可以借鉴股份有限公司的相关规定，针对不同情况予以区别对待，因减少资本的原因进行股份回购必须规定公司须在一定的期间内对该部分股份进行注销，以确保公司减资程序的完成，针对其他事项所进行的股份回购，不妨借鉴其他国家的立法，建立完全的库存制度，允许公司长期持有自有股份。

另外，股权是一项综合性的权利，其内容不仅包括股利分配请求权等表现为财产性质的权利，同样还具有表决权在内的非财产性质的权利。关于公司回购之后的股权是否具有表决权等非财产性质的权利，各国立法一般都规定不具有。我国在构建有限责任公司股权回购制度的时候，同样应该规定不论该股份是要注销还是公司长期持有，都不享有股权中的非财产性质的权利。

总之，资本是公司存续的基础，资本制度是公司法中核心的内容，而股份回购制度又是资本制度中的一项重要组成部分。股份回购究竟是对资本的侵害腐蚀抑或是资本的卓越运用，关键是看立法者如何运用。《公司法》历经数次修改，每次修改都体现了我国对公司意思自治的进一步认可，减少对公司经营过程中的各类限制，扩大公司的自主决定权。在此基础上，《公司法》规定应当更进一步，对有限责任公司可以回购自身股权作出明确规定，对于股份有限公司，应将公司收购自己股份的法定事由明确扩张至购买可回赎股份及回购股权成熟前离职股东的股份，以适应创业创新类公司的发展需求。

（三）对赌协议履行的法律困境破解

由于对赌协议与股权回购具有密不可分的关系，本书亦对对赌协议当下履行过程的难题解决进行了一定的思考。

1. 履行基础：合同签订的策略

（1）使用《风险投资示范合同》[1]模板

合同的签订是履行的基础，要避免对赌协议在履行中出现问题，在签订时应当把握良好的策略，确定合适的合同主体，采取通用的合同范本，并且提前明确责任的承担，以尽可能避免将来可能出现的履行问题。

美国企业进行对赌通常会采用美国风险投资协会起草与发布的《风险投

---

[1]　参见美国风险投资协会编，李寿双主编：《美国风险投资示范合同》，北京市大成律师事务所、北京市律师协会风险投资委员会组织编译，法律出版社 2006 年版。

资示范合同》。该示范合同对于对赌中通常会出现的问题都提出相应的风险提示和解决方案建议，对于双方当事人有很好的指导作用。该合同亦为我国投资协议的签订提供了可行的范本。需要注意的是，《风险投资示范合同》毕竟不是以我国公司为蓝本，与我国的法律规定和实际情况都有一些不同，因此投融资双方在使用该示范合同文本时，务必要依照我国法律规定进行修正，以避免后期产生履行风险。

（2）约定股东对赌和目标公司担保相结合

从前文对我国多年司法实践案例的梳理可以看出，对赌协议效力争议及履行难题主要集中于投资人与目标公司签订的情况。而对于投资人与公司控制人或股东对赌的情况，一般来说没有效力争议和履行障碍。因此，实务中投资人可以选择与公司控制人或主要股东对赌的方式，由目标公司提供担保。此时对赌协议不违反《公司法》的强制性规定，也不需要履行公司减资等相应程序，公司承担的责任转换为担保责任，只要符合《民法典》中关于担保协议签订的要求以及《公司法》中关于公司为股东担保的强制性要求，一般来说其效力可以受到法律认可和保护。

2. 履行过程：利润分配与股东会召开

（1）约定分配利润方式

在对赌失败时，目标公司往往面临着经营不如意的现状，取得的利润一般低于预期甚至严重不足，此时如果按照对赌协议中约定的现金补偿条款进行回购，则目标公司很可能出现现金流严重不足。在实践中，可以提前约定按照每年利润的一定比例进行分配，给投资人分配的利润比例可以大于其他股东分的利润，以此作为投资人投入资金的保障，同时还能维持公司的正常经营。在投资人投入资金一段时间后，虽然目标公司未能如期达到预定的业绩目标，但是仍有盈利空间，此时投资人可以给予公司和股东一定的宽限期，仍然采用每年分配利润的方式回收利益。而如果目标公司完全无经营能力或盈利空间，则投资人可以按照对赌协议约定要求股东回购股权。

（2）明确必须召开股东会的情况

如果是要求公司回购股权，根据《九民纪要》的相关要求，公司必须履行法定的减资程序。减资程序的核心要求是公司需召开股东会，且必须经过股东会三分之二以上表决权通过。但是由于回购股权往往是公司经营不利之时，公司财务已经较为紧张，回购股权也会对其他股东利益造成不利影响，因此势必受到股东抵触，在现实中要求召开股东会并表决通过减资程序，相当于要求股东同意公司回购股权，股东以各种理由推诿和拒绝，股东会难以召集，减资成为一纸空谈。为解决这一问题，对赌协议可以提前约定未来履行过程中出现何种情形时公司必须召开股东会履行减资程序，相当于以股东间共同的意思表示提前确认了股东会的召开情形，届时如公司拒绝召开，则投资人可要求强制召开股东会，如公司不予召开，投资人可要求公司和股东承担违约责任。

3. 履行救济：违约责任设定

基于前文的讨论，对赌协议即便在签订时完全出于投资人与融资公司、股东的真实自由意思，但也可能由于与《公司法》部分规定的冲突而导致履行中的重重困难。投资人在签订合同时，务必要考虑到未来对赌失败时股权回购无法实现的可能性，提前在合同中精心设计违约条款。给未能履行回购承诺的公司和股东施加以一定比例的违约责任，此时虽然不能收回全部投资，但是也能对投资人有一定的补偿。需注意的是，在对赌协议中，当事人往往会同时约定逾期付款的利息以及违约金，但是相关约定要注意《最高人民法院关于审理民间借贷案件适用法律若干问题的规定》（以下简称《民间借贷司法解释》）中的规定，在 2020 年 8 月 19 日之前，违约金与利息合计年利率不能超过 24%，在 2020 年 8 月 20 日之后，则合计不能超过合同成立时一年期贷款市场报价利率的 4 倍。

创业公司股东分红与公司法股东利润分配制度的适应性研究

公司要向股东进行利润分配是公司产生和发展的应有之义。基于交易安全和效率的考量，立法者一般会对公司利润分配作出一定限制，在此框架内，利润分配属于公司自治范畴。然而，股利政策纷繁复杂，又受制于股权结构差异和制度变迁的路径依赖，一直是经济学家和法学家探索的重点，甚至有学者将之称为"股利"之谜。[1]由于创业公司的特点，其主要为具有人合性的非公众公司，即封闭式公司，有别于开放式公司股份流通便利、市场监管较为完善的特点，创业公司中小股东分红权被侵害导致利益受损的情况远高于开放式公司。由于创业公司的股东之间利益诉求不同、权责配置不平等及其他原因，中小股东分红权受损情况较多，股东之间矛盾冲突显现，对分红权的利益追求由同质走向异质，从而导致格局失衡。本书接下来围绕《公司法》关于分红权相关规定及创业公司中特殊的分红权问题进行研究，对于《公司法》分红权相关规定完善进行思考。

一、创业公司分红权问题概述

（一）分红权的含义

股东分红问题从股东权利角度来看，是股东重要的基本权利，股东分红权又称为股利分配请求权、公司盈余分配请求权，是股东基于其公司股东的资格和地位所享有的请求公司向自己分配股利的权利。股东之所以进行投资是希望得到相应的利润回报，而该利润回报的来源依据是《公司法》第 34 条

---

〔1〕 参见龚博："治理视域下上市公司股利分配法律制度研究"，载《法学评论》2019 年第 2 期。

规定，即股东按照实缴的出资比例分红，分为具体分红权和抽象分红权，是股东最基本的权利。其中抽象分红权是期待权，而具体分红权转化为公司对股东的债权。

股东分红问题从公司分配角度来看，则是公司治理的重要内容之一。其一，公司是否进行利润分配在法律规定的框架内可以根据其自由意志决定；其二，公司进行利润分配需要具备相应的条件，要在公司弥补亏损并提取法定公积金等之后才可分配；其三，利润分配还需要经过一定的程序，一般需要董事会制定方案、股东会审议批准；此外，对公司连续 5 年有利润而不分红持异议股东有退出请求权，这也说明分红问题处理不当会影响股东的凝心聚力，持异议股东通过行使权利，也达到了一定的监督公司控制股东和管理人的目的。

股东分红权与公司利润分配是一个硬币的两个方面。股东要求公司分红具有法理上的正当性。股东设立公司的主要目的就是营利，其对于股利分配有着合理而稳定的预期，公司设立的初衷和最终的落脚点都主要是给予其股份持有者以分享资本增长以及公司分配收入的权利。《民法典》第 76 条也规定了营利法人的基本要素——以取得利润并分配给股东等出资人为目的。

（二）创业公司分红权的特点

创业公司虽没有类似股权锁定、股权回赎等关于分红权的专门制度，但是创业公司中的分红问题也时常存在争议，股东分红权问题与前述人力资本出资的认定、优先股的设计安排、对赌协议的约定等问题息息相关。

首先，由于人力资本在创业公司中具有举足轻重的地位，创业公司的出资很大一部分是人力资本，基于前文的分析，人力资本出资者以自身的经验、知识、能力出资，其在分红问题上与一般公司的按照出资比例分配有很大不同。

其次，创业公司的优先股制度安排，很大程度上也是为了解决人力资本与物质资本出资不平衡的问题，同时也是为了满足公司向外部投资人进行融资的需要。在创业公司的优先股安排中，往往会对公司未来的分红问题作出规定。对于货币出资的公司投资人而言，其往往享有较为优先的分红权利；而对于人力资本出资的创业者而言，其分红权往往劣后于投资人。

最后，在创业公司融资时，投资人与创业者签订的对赌协议中，经常使用对赌条款。对赌失败的结果可能有两种，一种是上一章详细讨论的股权回购，另一种则是现金补偿。对于现金补偿型的对赌协议而言，往往意味着投资人在分红权上有着特殊的权利和利益。

（三）以创业公司为代表的封闭式公司中小股东分红权受侵害现状

无论是按照《公司法》规定的出资比例或者章程约定进行分红，抑或是创业公司中基于特别的优先股制度安排和对赌协议约定而确定的特殊分红规则，在实务中都经常不能得到遵守。由于中小股东在公司中的股权占比不高，即便是投入创业公司大量资金的投资人，在创业公司中也占股较少，在公司取得利润决定是否分红时，大股东对此有绝对优势的表决权地位和话语权。大股东可能会为了公司发展或者是自身利益，而拒绝按照法律规定、章程约定以及与中小股东提前作出的合同约定来分红，导致中小股东的分红权利长期受到压制和侵害。很多公司甚至在有盈利的情况下长年不分红或者只作极少量象征性分红，中小股东投资公司寻求利益回报的初衷无法得以实现。

中小股东分红权利长期受到侵害，便渴望从《公司法》及其司法解释中寻求救济。《公司法》第 34 条规定，股东按照实缴的出资比例分取红利；公司新增资本时，股东有权优先按照实缴的出资比例认缴出资。但是，全体股东约定不按照出资比例分取红利或者不按照出资比例优先认缴出资的除外。第 166 条规定，公司弥补亏损和提取公积金后所余税后利润，有限责任公司依照本法第 34 条的规定分配；股份有限公司按照股东持有的股份比例分配，但股份有限公司章程规定不按持股比例分配的除外。公司持有的本公司股份不得分配利润。《公司法修订草案》对以上规定进行了体系整合，合并规定于"公司财务、会计"章第 205 条：公司的税后利润，在依照本法规定弥补亏损和提取公积金后，方可向股东分配。有限责任公司按照股东实缴的出资比例分配利润；全体股东约定不按照出资比例分配利润的除外。股份有限公司按照股东所持有的股份比例分配利润；公司章程另有规定的除外。从内容来看，与之前的分散规定没有实质性变化。此外，与分红相关的条文还包括《公司法》第 37 条和第 46 条中关于利润分配方案制定和审议批准的流程、第 74 条关于持异议股东的退出请求权、第 81 条对于股份有限公司章程内容应载明公司利润分配办法的规定，等等。但以上条文仅对公司分红的基本规则作了原则性规定，对于实践中控制股东拒绝分配、变相分配、拖延分配以及股东的救济措施等都未能涉及。

为回应上述问题，最高人民法院陆续出台关于利润分配的司法解释，《最高人民法院关于适用〈中华人民共和国公司法〉若干问题的规定（二）》（以下简称《公司法解释二》）中规定股东不能仅以利润分配请求权受损为由提请解散公司之诉，《最高人民法院关于适用〈中华人民共和国公司法〉若干问题的规定（三）》（以下简称《公司法解释三》）规定虚增利润构成抽逃出资的股东利润分配请求权受到限制；《公司法解释五》规定了利润分配完成的一年时限。《公司法解释四》对于股东分红问题有较为详尽的专项规定，其明确了抽象分红权和具体分红权的区分对待，第 14 条规定，股东提交载明具体分配方案的股东会或者股东大会的有效决议，请求公司分配利润，公司拒绝分配利润且其关于无法执行决议的抗辩理由不成立的，人民法院应当判决公司按照决议载明的具体分配方案向股东分配利润。第 15 条规定，股东未提交载明具体分配方案的股东会或者股东大会决议，请求公司分配利润的，人民法院应当驳回其诉讼请求，但违反法律规定滥用股东权利导致公司不分配利润，给其他股东造成损失的除外。以上规定也成为目前指导分红权相关案件审判的主要规定。其中第 14 条肯定了股东的具体分红权，即公司已有利润分配方案、对于股东应分得多少利润已有明确决定时，股东有权提请法院进行分配。而第 15 条明确了原则上不支持股东的抽象分红请求权，但是在有"违反法律规定滥用股东权利"事由并"给股东造成损失"时可以救济。以上规定对于中小股东分红权利的实现有所帮助，但是仍未能从根本上解决问题。源于股东和公司的分红权纠纷，大多数都是抽象分红权受到损害，即公司拒不分红，而非公司已有分红决议未能履行的情况，因此公司法司法解释的救济规则，远远无法解决实践中广大中小股东分红困境难题。

中小股东想要提起诉讼要求公司分红，因其与大股东之间地位悬殊，接触公司经营管理信息较为匮乏，导致鲜少能举证使法院支持其诉讼请求的情况。从法院角度来看，基于一般的商业判断规则的约束，对司法干预触碰公司自治的界限，即对内部矛盾的处理持保守态度也成为封闭式公司中小股东获得有效救济的障碍。此时各种救济途径均无法奏效，中小股东相当于陷入绝境。以创业公司为代表的封闭式公司的股东冲突矛盾不断激化，亦直接冲撞其人合性本质及良好的社会声誉，可能摧毁企业的发展价值，甚至引发社会冲突。进而，如何在公司与股东、大股东与小股东、商业与法律之间选择一个妥当的司法立场、平衡之道，以保护封闭式公司中小股东的分红权益，改善投资环境是一个亟待研究与解决的问题。

二、分红权限制的主要形态及原因分析

围绕公司分红问题，公司各方利益主体有不同的诉求，进而引发了冲突甚至对抗。股东的分红权无法得到实现，有可能是出于多方面的原因。其中既有符合法律规定的对分红权的适当限制，也有对于分红权的恶意侵害。

（一）对股东分红权的正当限制

股东想要分红的愿望可能和公司的发展、其他股东的利益存在一定的冲突，因此会受到一些合法有效的限制，主要有以下几种表现：

一是法律法规的限制。根据《民法典》的规定，任何民事主体行使权利不得损害他人合法权利，公司进行分红本属于公司自治的范畴，但如果分红行为是属于"以合法形式掩盖非法目的""损害国家、集体、第三人利益"等情形的，依照相关法律规定应当被认定为无效或者被撤销。部分行政法规对于特定行业的公司分红行为有限制性规定，如金融企业的监管法规中存在有对股东分红的监管指令。司法实践中，对于虽符合利润分配条件、但存在限制向股东分红监管指令的，如监管指令的存续有指令期限，可以判决定期给付；如监管指令的存续没有明确期限，则可直接判决驳回起诉；如监管指令后续撤销的，股东可以重新起诉。金融企业作出分配利润决议但向股东实际分红前，监管机构作出限制分红监管指令的，这种限制属于对具体利润分配请求权的限制。金融企业未作出利润分配决议，监管机构作出限制分红监管指令的，这种限制属于对抽象利润分配请求权的限制。[1]该司法态度表明，法规监管指令对于特定行业的盈余分红限制是有效的。

二是股东会决议或者股东协议限制。公司盈余分红一般属于公司自治的范畴，公司是否分配利润是股东会的职权。当公司股东会在职权范围内，通过正当程序作出不予分红的决定或者就分配数额作出与股东期望不同的决议时，通常能够产生约束力。如果全体股东以一致的意思表示约定股东分红的条件、比例或金额的，也可以产生等同于股东会决议的效果。如在"吴燕平、抚州瑞纳投资发展有限公司盈余分配纠纷再审案"中，法院强调，吴燕平未能提供证据证明其关于分配盈余的主张，已经公司股东会决议或股东一致书

---

[1] 参见杜万华主编：《最高人民法院公司法司法解释（四）理解与适用》，人民法院出版社2017年版，第280页。

面形式同意，仅以《投资利润承诺》并不能等同于股东会决议，不能获得法院支持。[1]可见，在司法裁判之中，股东与公司之间的协议或股东一致书面形式同意，均产生股东会决议一样的法律效果，当然前提是符合利润分配的法定要求。在创业公司实践中，广泛存在公司和股东为吸引投资人进入公司，提前承诺了较为优厚的分配利润条件，但在投资人投入资金后，公司以章程未规定、股东会未决议等为由拒绝分配。此种情况下，如果该协议或方案为公司原全体股东签署或表示同意的，应为有效。

三是特殊情况下的司法强制分红。一般情况下，本着"商业判断规则"的一般理念，司法对于介入公司分红非常谨慎。但我国《公司法》规定的公司盈余制度的利益关怀失衡，过分关注公司债权人，而忽视了小股东利益的合理关照。特别是对于大股东压迫问题突出、退出机制有限的封闭式公司，中小股东与公司的分红矛盾突出。特定情况下的司法强制介入分红是对股东利润分配请求权的消极救济方式不可或缺的重要弥补。[2]实务中亦有司法强制介入分红的经典案例，如"甘肃居立门业有限责任公司与庆阳市太一热力有限公司、李昕军公司盈余分配纠纷案"[3]中，最高人民法院认为，在公司盈余分配纠纷中，虽请求分配利润的股东未提交载明具体分配方案的股东会或股东大会决议，但当有盈余且存在部分股东变相分配、隐瞒或转移公司利润等滥用股东权利情形的，诉讼中可强制盈余分配……在确定盈余分配数额时，要严格公司举证责任以保护弱势小股东的利益。

（二）股东分红权受侵害的形态

在对股东分红权的正当限制之外，亦有对分红权的恶意侵害。分红权受到侵害在实践中表现为不同的样态，接下来本书将进行分析阐述。

1. 按分红权不同形态

分红权一般分为两种形态，即具体分红权和抽象分红权。抽象分红权是因股东身份所享有的、请求公司向其分派利润的固有权利，公司章程或司法不可限制与剥夺，属于一种期待权。但是基于公司经营存在天然的风险性，无法保证必然持续盈利，且即便盈利，公司或控制股东也可能选择增加公司

---

[1]　参见（2017）最高法民申 1027 号民事裁定书。
[2]　参见石少侠："对《公司法司法解释（四）》若干规定的理解与评析"，载《当代法学》2017 年第 6 期。
[3]　参见（2016）最高法民终 528 号民事判决书。

积累、扩大生产经营而非分红，因此股东要求分红的期待权并不必然能够实现，其能够实际取得的分红存在不确定性。具体分红权是股东实际享有的能够向公司直接请求向其支付股利金额的权利，当股东对公司的分红权由抽象转为具体状态时，股东的该权利相应地由期待权转化为一种具体的债权请求权。

无论是抽象分红权，还是具体分红权，都有可能会受到侵害。根据《公司法解释四》相关规定，当分红权未成为具体请求权时，一般不具有可诉性，因此抽象分红权受到侵害的情况更难得到救济。实践中广泛存在着公司长期不做分红决议的情况，从发生原因来看可能有两种：一种是公司确实无可供分配利润，造成这种情况的原因也可能有两类，一类是公司经营不善，另一类是公司恶意提取公积金或者管理人员高薪稀释利润。前一类是客观情况，不可归责；后一类则属于侵害分红权的情况。第二种不分红的情况是公司存在可供分配的利润，但是公司长期不作出分红决议，具体表现样态有长期不召开股东会、不将分红事宜纳入会议议程，或者讨论后以公司发展为由未通过分红决议。对于以上情况，中小股东因信息不对称难以举证，法院基于对公司自治的尊重也往往选择不介入，抽象分红权受到侵害获得救济难度很大。

在公司已经作出分红决议的情况下，股东分红权成为具体请求权，但仍然会存在公司拒不执行分红决议或者控制股东阻挠分红等侵害股东分红权的情况。

还有一类情况是公司作出分红决议程序瑕疵导致决议效力存疑或直接被否定，此种情况下股东分红权到底仍是抽象分红权还是已转化为具体分红权，存在不同看法。在实践中，如果股东会决议欠缺法定程序会被认定为无效或者未生效，法院不支持股东分红的诉讼请求。[1]

2. 按公司分红流程

公司分红要经过的基本流程包括：判断公司是否具有可分配利润，由董事会制定股利分配方案提交股东会审议，股东会作出是否分红以及确定具体分配办法和数额的决议，按照股东会决议向股东进行分配。以上流程的各环节都可能出现侵害分红权的情况。

首先，在判断是否有可供分配的利润阶段，公司可能以其未缴纳税款、

---

[1] 参见（2019）鄂28民终1550号民事判决书。

债务未清偿完毕等为由拒绝分红。如"中盐淮安鸿运盐化有限公司与太仓金莱福投资有限公司公司盈余分配纠纷"〔1〕一案，法院认为被告未完成企业所得税缴纳，不能对股东先行分配利润。再如"杨学洲、天津天能变压器有限公司公司盈余分配纠纷"〔2〕一案，由于被告天能公司尚有外债未能偿还，法院不支持中小股东分红的诉讼请求。此阶段，还可能出现的就是公司控制股东给予管理人（往往同时由大股东担任）过高的薪酬或者不合理的福利，稀释公司的可分配利润，造成公司财产不足以偿还债务或者无利润可分的局面。

其次，在董事会制定分配方案阶段，可能出现董事会基于正常的商业判断不同意分配，也可能是董事会滥用权利恶意不分配利润，董事会通过给部分股东发放过高薪酬、剥夺中小股东任职获取薪酬机会、采用发放福利报销费用等方式变相私分利润、利用关联交易等行为转移公司利润、通过控制公司财务资料等方式隐瞒公司利润、制定不公平分配方案等方式侵害股东的正当分红权。此外，还存在董事会已制定了分红方案但故意拖延、不向股东会提交议题的情况。

再其次，在股东会决议阶段，可能会存在控制股东操纵会议导致会议难以进行，或者否决股利分配议案的情形，或者股东会决议通过之后又因为违反《公司法》相关规定被认定为无效或者被撤销。

最后，在实际分配阶段，可能出现的情形包括股东会已经通过了分配股利决议、但是对于具体分配数额出现纠纷，还有的是对于分配方式和数额已形成决议、但公司一直不执行的情况。如"无锡择尚科技股份有限公司与周瑞燕公司盈余分配纠纷"〔3〕一案，择尚公司 2013 年 10 月 31 日的财务凭证已明确记载利润分配应付款周瑞燕 855 335.02 元，之后择尚公司为周瑞燕向税务机构代扣代缴该笔利润分配相应的个人所得税款，但择尚公司辩称支付期限须再经股东会决议方能确定，最终法院认定，在公司利润已完成分配的情况下，非有其他约定，应立即向股东支付。因周瑞燕自认当时为支持公司发展同意将股利暂时留存公司使用，且双方未约定归还期限，故周瑞燕可以随时向择尚公司主张返还，但需给予择尚公司合理的准备期限。

---

〔1〕　参见（2021）苏 08 民终 222 号民事判决书。
〔2〕　参见（2020）津 02 民终 3241 号民事判决书。
〔3〕　参见（2021）苏 02 民终 883 号民事判决书。

可见，封闭式公司股东分红权无论何种形态、在何阶段，都有可能受到多重侵害。分红权的救济就要求平衡多方利益，尤其是保护公司利益分配中的弱势群体，即中小股东权益。

(三) 封闭式公司股东分红权受损的原因分析

封闭式公司股东分红权更易受损主要是基于封闭式公司自身及其股东的特点。

1. 资本多数决与股东异质性导致股东利益失衡

资本多数决，是指股东会依持有多数股份股东的意志作出决议，法律将持有多数股份的股东的意思视为公司的意思，并且多数股东的意思对少数股东产生拘束力。[1]股东是公司的共同出资者和投资风险承担者。在股东人数众多、投资数额与投资理念不同、想法各异的公司中，不可能确保每位股东都享有最终决策权。于是，作为一种意思形成机制和成员利益协调机制的多数决成为公司股东决策的通常方式。由于资本多数决原则赋予了多数股东与其股份数相符的表决权数，使得其承担的风险与利益相一致，符合风险与利益相平衡的理念，该原则一经确认，立刻成为公司运营的基本规则，也成为现代公司的基本法律特征。在通常情况下，依多数决原则进行决策，并不违反社会所认可的公平、正义理念，因为向公司出资是股东对公司承担的最重要义务，大股东由于出资多而对公司承担比别人更多的风险，因而公司根据其意思行事应该无可厚非。[2]但该原则绝不是完美无缺的。在多数决原则笼罩下，少数人的权利如何得到尊重和保护成为一个值得思考的问题。在此种情况下，多数决的结果是多数权利意味着全部权利，少数权利意味着没有权利。或者说多数与少数的意义只表现在表决权行使的过程之中，而最终的结果总是对多数股东的意志和利益全部肯定和对少数股东意志和利益的全部否定。[3]

而股东之间作为不同的利益主体，其虽然通过契约形成了合作的关系，但并不意味着所有股东就是一个行动一致的统一体，而只是提供了股东之间

---

[1] 参见梅慎实：《现代公司治理结构规范运作论》，中国法制出版社2002年版，第375页。

[2] 参见甘培忠："有限责任公司小股东利益保护的法学思考——从诉讼视角考察"，载《法商研究》2002年第6期。

[3] 参见赵旭东："公司法修改中的中小股东保护"，载《法制日报》2005年1月6日，第9版。

相互博弈的场所。股东之间由于股份类别的差异、持股比例的大小、对公司经营控制能力的强弱等，必然会被划为不同的群体，股东之间存在天然的异质性而非同质性。在所有权和控制权高度一致的封闭式公司中尤为明显，大股东利益和管理人利益经常发生重合，公司股利分配的矛盾正是公司股东利益追求异质性的集中体现。股东可以分为收益单纯型股东和收益多元型股东，前者主要是中小股东，在投入资本后，取得股利分红是其获取投资回报的唯一方式；而后者主要是大股东，他们可以通过参与公司经营、出任公司管理人等方式获得薪酬、奖金或者报销费用等方式享受收益。因此股东之间在公司的股利分配政策上会有不同的利益诉求，由此造成股东间利益格局失衡、对抗升级。[1]通过股东会决议的方式，持有多数表决权的股东的意志上升为公司意志，作出高比例提取公积金等相关策略具有合法性，但并不具有必然的正当性。

2. 公司自治原则和商业判断规则导致司法介入困难

公司盈余分配通常被认为是股东会和董事会的经营决策职权范围。除非存在特别情形，原则上司法不宜强制性介入此领域。一般来说股利政策的最终决定权属于股东会，股利分配提案的权利则属于董事会，该种机制实际上赋予了董事会与股东会相互制衡的治理机制，也充分体现了公司自治的理念，因公司作为一个独立主体，是否将其盈余分配于股东个人，本应是当然的权力决定范围。

商事判断规则是指，董事会基于合理的信息作出的某种业务决策，不会引起董事承担责任，即使从公司的角度看它是糟糕的甚至是灾难性的决定。[2]这项规则是美国法院在长期司法实践中逐步发展出来的，并且也得到了英国等其他国家公司法的借鉴。从更广泛的意义上讲，商事判断规则和原则反映了这样的基本原则，即董事在公司管理方面享有自由决定的权利，并且这种决定权的行使普遍地不受司法的审查，即绝大部分法官不是能对此种自由决定权的行使进行第二次审查的商人。[3]这一规则使法官除了在董事有严重违

---

[1]　参见赵奕彤、傅穹："公司盈余分配的司法实证观察"，载《社会科学家》2020年第10期。

[2]　See Robert W. Hamilton, *The Law of Corporations*（影印本第4版），法律出版社1999年版，第385页。

[3]　See Robert W. Hamilton, *The Law of Corporations*（影印本第4版），法律出版社1999年版，第311页。

反对公司义务的行为时，均不参与复杂的商业行为和判断，从而促进了司法经济。[1]

无论是公司自治原则还是商事判断规则，均促使法官尽可能少地参与公司具体决策实务中。因为法官在事后审查案件，纳入其视野的各种因素已经大为缩减，情况也远不如公司管理层在作出决定时所面临的复杂，即使法官殚精竭虑，也不见得能够作出恰如其分的判决。使法官从此类案件中摆脱出来，无疑会促进司法的效率。当然，在面对董事有严重的自利交易行为时，司法解决机制仍然是最为有效的。我国司法对于公司盈余分配的决策权配置秉承同样的基础原则，分配利润是股东会或股东大会的职权，在公司没有作出决议之前，不宜直接作出判决。如"河南思维自动化设备有限公司与胡克盈余分配纠纷案"[2]二审法院认为，思维公司有巨额利润而拒不向股东分配，违反了公司法规定，特别是在股东之间发生纠纷时，损害占股比例较小的股东的利益。最高人民法院再审改判认为，在公司董事会、股东会未就公司利润分配方案进行决议之前，股东直接向人民法院起诉请求判令公司向股东分配利润缺乏法律依据，其诉讼请求不予支持。公司是否分配利润以及分配多少利润属公司董事会、股东会决策范畴。因为，人民法院对公司决议的审查应当是合法性审查，而不是合理性审查，是否应当分配利润，在本质上属于商业判断。

3. 封闭式公司股份流通性不足，替代救济措施受限

开放式公司股东可以将其持有股份在公开市场上买卖，其股份流通性较强，故即使公司未分配股利，开放式公司股东也可以通过二级市场将股份进行转让、及时退出公司。且开放式公司普通中小股东往往更追求通过转让股份获得的增值，对于分红的期待利益远远不及封闭式公司。相较之下，封闭式公司的股权缺乏公开稳定的流通市场，股权转让的不便捷导致股东没有退出渠道，《公司法》对于封闭式公司股权对外转让有着较为严格的规定，这一问题本书在第六章有详细的研究。且封闭式公司具有很强的人合性，股东与公司有着非常强烈的关系纽带，对于公司分红有着强烈的合理期待，这就要

---

〔1〕 See George W. Dent, Jr. "Power of Directors to Terminate Shareholder Litigation: The Death of Derivative Suit?", *Nw. U. L. Rev.*, Vol. 75, 1980-1981, pp. 135-136.

〔2〕 参见（2006）最高法民二终字第110号民事判决书。

求封闭式公司的分红问题需要受到更多的关注。

在股东对公司分红政策不满又无法以股权转让方式退出公司时，其主要的替代性救济方式包括要求股权回购、提起损害赔偿诉讼、请求司法强制解散公司几种。

根据《公司法》第74条规定，有限责任公司对于公司分红持有异议的股东可以要求公司回购股权。但是该种救济途径远远不能弥补分红权受到的侵害。其一，股权回购的主要功能是退出公司而非让股东取得投资回报。股权回购一般的回购价款都较低，无法实现股东投资于公司的初衷，特别是在公司实际经营状况良好、大股东恶意不分红的情况下，股权回购对于中小股东来说仍是无奈之举。其二，《公司法》第74条适用的情形极其有限，仅能在公司连续5年不向股东分配利润的情形下适用，如实践中公司为逃避该条款，对股东仅进行少量象征性分红，就可以规避该条规定的适用。且由于该条规定要求的"对股东会该项决议投反对票的股东"方能提起回购股权诉讼，但实践中很多公司完全不针对分红事项召开股东会、不作任何相关分配决议，股东缺乏表达异议的程序条件，法院多数会直接驳回诉讼。

股东提起损害赔偿诉讼可能有直接诉讼或者间接诉讼的方式，股东提起直接诉讼即前文所述的《公司法解释四》中明确的情况，一般仅能对具体分红权受到侵害进行诉讼，而抽象分红权受害难以得到支持。如果股东提起派生诉讼，即以公司名义主张控制股东和管理人的损害赔偿责任，其难度相当之大。首先，派生诉讼维护的是公司及全体股东的利益，而不是股东个人的利益，而分红权本是股东个人的利益。其次，从派生诉讼提起理由来说，应当是公司的利益受到不恰当的损害，但对于公司长年不分红的情况，很难说有害于公司利益，实践中由于未分红的利润用于公司生产，可能还有利于公司。在分红权实现问题上，股东利益和公司利益往往是矛盾的而非一致，此种情况下提起派生诉讼的理由并不充分。最后，股东派生诉讼的提起门槛本身也不低。

有的股东在其分红权受到损害时会考虑提起解散公司之诉，但是提起解散公司诉讼并不是一个好的替代救济措施。解散公司诉讼适用的条件非常严苛，只有在公司处于僵局情况下法院才会判决公司解散，而一般来说少数股东的分红权受到损害并不会使公司整体处于僵局，法院很难因为个别股东利益受损而认定公司整体应当予以解散。解散公司会产生消灭公司法人人格的效果，是一种股东穷尽所有救济手段之后的最后措施。在法官看来，即使股东的合法权益受到控制股东的严重压制，使得股东无法直接参与公司的经营管理，也无法得知公司经营状况，只要公司的经营管理正常运行，也不能认定为经营管理发生严重困难，不应启动司法解散程序。[1]虽然司法解散公司可以终局性地解决股东压制问题，与公司不分配利润有一定的相通性，但作为影响及程度较重的公司解散请求权之诉还是应当要具有一定的谦抑性。[2]

可见，股权转让、派生诉讼及解散公司诉讼等方式，都无法解决股东分红权被侵害的问题，甚至无法作为替代救济方式使受害股东获得适当的赔偿。正如2016年最高人民法院终审的"甘肃居立门业有限责任公司与庆阳市太一热力有限公司、李昕军公司盈余分配纠纷案"[3]判决中法官指出，司法强制盈余分红，并不以股权回购、公司解散、代位诉讼等其他救济措施为前提。不同的救济途径对股东的权利保护有实质区别。相比之下，对公司、股东及债权人影响较小的盈余分配之诉应当更为优先提出。

当有限责任公司大股东滥用多数决原则严重侵害了中小股东的期待利益时，中小股东无法从投资中获利，却难以通过股权转让等方式退出公司或者获得补偿，此时如果拘泥于抽象分红权无法获得诉讼保护的一般原则、不能给受损股东提供任何合理救济渠道的话，一方面使本来对于公司抱有合理期待的股东利益严重受损，不符合大股东与管理人的信义义务；另一方面会使公司陷入无休止的矛盾和冲突之中，长期恶性循环可能会摧毁具有发展价值的企业。因此，司法对于股东分红权进行适当的干预非常有必要。

三、股东分红权保护制度的完善——以分红权诉讼为核心

（一）司法介入公司利润分配的原因分析

1. 分红权司法实务中存在的主要问题

《公司法解释二》引入了股东压迫的处理方式，并限定司法解散的受理范围，体现了促进公司通过自治方式解决公司僵局状态的立法本意，不轻易赋予任何股东司法解散公司的权利。《公司法解释四》关于股东分红权保护问题

---

〔1〕 参见（2016）沪0112民初9233号民事判决书、（2014）济商终字第57号民事判决书等。

〔2〕 参见赵奕彤、傅穹："公司盈余分配的司法实证观察"，载《社会科学家》2020年第10期。

〔3〕 参见（2016）最高法民终528号民事判决书。

有了更为明确的规定，对于具体分红权可以通过司法介入方式保护，而对于抽象分红权，也预留了一定的空间，第 15 条的但书规定给予司法干预纠正封闭式公司股东滥用权利拒不分配利润、给其他股东造成损失的公司自治失灵的救济。

从笔者搜集整理的《公司法解释四》出台后的部分案例来看，当中小股东能够证明公司存在可供分配的利润且存在具体分配方案或分红决议时，法院一般都会支持中小股东诉讼请求。法院驳回诉讼请求的情况主要包括：原告不是提起诉讼的适格主体；原告未能提供公司分配决议；原告未能提供大股东或管理人滥用权力的证据；等等。目前我国分红权保护司法救济方面仍然存在困境，包括立法规定缺失、司法救济范围过窄、证明责任分配失衡等方面的问题。具体来看：

一方面，立法缺失导致司法能动性不足，司法救济范围窄。根据《公司法》及司法解释的相关规定，对于股东具体分红权法院应当支持，直接按照公司已作出的分红决议进行分配即可；对于抽象分红权，法院仅在大股东有明显的滥权行为时方能支持原告诉请，但是由于"宜粗不宜细"立法思想指导下的规定过于原则和粗糙，对于纷繁复杂的现实情况无法提供有效的审判指导，实务中判定大股东滥权行为的标准不明确，法官发挥能动性较为迟疑。此外，即便法官认定股东抽象分红权保护的前提成立，肯定了股东诉求，但是接下来如何对公司股利进行分配对法官是一个巨大的考验。如果法官仍然适用"商业判断规则"，将纠纷解决途径交还给公司董事会和股东会，则股东分红权的实现仍是镜花水月。司法想要更为深入地介入公司内部事务，就要在一定情况下抛开商业判断规则，根据案件对症下药，深入了解公司并作出审慎判断。当然，前提仍然需要更为精细化的立法和基本的分配标准示例。

另一方面，诉讼中的举证责任分配失衡，当事人诉讼地位不平等。关于分红权诉讼中的当事人举证责任分担问题，公司法实体规范中并没有作出规定。但是实际上诉讼中的举证责任分配对于当事人利益攸关，当争议事实真伪不明时，由哪一方承担诉讼的不利后果，不仅事关当事人程序上的权利，更直接影响当事人的实体利益。由于公司法中对于相关问题未予明确，在诉讼实践中法官多奉行谁主张谁举证的一般原则，原告股东无法证明被告滥用股东权利时，就要承担不利的法律后果。该种做法对于原告显然过于苛刻，原告对于公司未分配股利的理由、作出相关决议的程序很难搜集到相应的证据，相关内容只有公司及管理人才能掌握。我国目前关于股东分红权诉讼举证责任规定的粗线条，实际上置原告分红权于完全无法得到保障的境地。

2. 司法权介入分红权保护的价值考量

正如前文所说，由于股东多数决、商事判断规则等固有的公司理念的考虑，司法对于介入公司自治始终抱有迟疑的态度。近年来，封闭式公司中大股东"多数决暴政"的威胁经常使中小股东受到不公平对待或有受压迫的危险，法官逐渐摒弃了一贯的消极态度，承认商业判断规则与封闭公司的特质经常格格不入，股东享有的权利及法律救济自然也应该有所不同，因此形成的合理期待原则更广泛地成为法院评判封闭公司股利政策的标准。[1]

合理期待原则认为，封闭式公司本身确实是拥有独立法律人格的实体，但是人合性、封闭性的特征，使得其与背后的那些享有权利、满怀期待的股东有着千丝万缕的更为密不可分的关系。股东在加入公司之前，往往基于股东之间亲密合作、相互信任而产生的良好期盼与愿望，这些合理期待是股东参与公司的前提和基本目的，公司及其控制者有义务保护股东的各种合理期待，维持股东之间的信任关系和公司的存续。[2]当之后大股东将其对小股东的承诺抛诸脑后，小股东具有的合理预期因其他多数股东的排挤而落空时，法院就有必要给予小股东司法救济。而股东获取股利是一项最基本的合理期待。创业公司在引入投资人时的种种分红承诺，也当然地使投资人产生合理期待。基于公司的营利性特征，股东向公司投资最原始的考虑就是获取利益，当公司仅仅为了扩大事业规模而阻止正常的利润分配，将使股东的合理期待幻灭。合理期待来源于英美法系的判例发展，但是也得到了大陆法系国家的广泛认可。合理期待与股东诚信原则殊途同归，均以保护公司中弱势的中小股东为目标，甚至在某些情况下，法院会在同一个案例中同时以这两个原则为判案基础。相较之下，合理期待原则保护的范围比股东诚信原则更宽泛。诚信原则的适用以大股东的行为是否正当为前提，而股东合理期待原则关注的是大股东的行为致使中小股东的合理期待落空，即使大股东主观上不存在

〔1〕 See Douglas K. Moll, "Shareholder Oppression & Divedend Policy in the Close Corporation", *Washington & Lee Law Review*, Vol. 60, 2003, p. 873.

〔2〕 参见龚博："有限公司股东股利分配权的司法救济"，载《法学》2016年第12期。

过错或欺诈，他可能仍然需要为摧毁中小股东的合理期待而负责任。[1]

合理期待原则为我国司法介入股东分红问题提供了很好的思路。《公司法解释四》中的规定仍然较为保守，主要停留于对股东具体分红权的保护；而对于股东抽象分红权，仅能在股东证明其他股东滥用权利或董事、高级管理人员存在欺诈行为导致公司不分配利润时方能受理，但一方面原告股东证明大股东和公司管理人具有该种恶意难度极大，另一方面其实只要是公司无正当理由长期不发放股利，已经破坏了中小股东的合理期待，损害了其合法权利。应考虑扩大当事人的可诉情形范围，使司法介入公司利润分配更加顺畅。

（二）分红权保护制度的完善思考

1. 完善针对股东具体分红权的一般公司盈余分配之诉

对于《公司法解释四》中已经明确规定法院应予受理并支持的股东具体分红权之诉，法院在受理案件和审判过程中，主要应关注的问题包括：

其一，明确适格主体。从被告来看，应将公司列为被告，如果出现大股东或管理人滥用权利的情形，可将大股东或管理人列为共同被告，承担相应的责任。

适格的原告应为分红权受侵害的中小股东，一般来说持股 50%以上的大股东可以通过公司内部方式解决争议，不能采用分红权诉讼的方式来救济其权利。还需要注意以下问题：一是分红权诉讼的股东原告原则上应为实缴出资的股东。《公司法》第 34 条明确规定有限责任公司股东按照实缴的出资比例分取红利，第 166 条规定股份有限公司按照股东持有的股份比例分配，依照以上规定，有限责任公司股东必须实缴才能分红没有疑问，但是股份有限公司股东股份是否必须实缴呢？根据《公司法解释三》第 16 条规定，股东未履行或未全面履行出资义务或者抽逃出资，公司根据章程或者股东会决议可对其利润分配请求权作出合理限制，该股东请求认定该限制无效的，人民法院不予支持。可见，司法态度对于利润分配请求权的支持还是要以实缴出资为基础来进行判断，因此，提起分红权诉讼的股东也应当是实际缴纳了出资

---

〔1〕 See Robert Art, "Shareholder Rights and Remedies in Close Corporations: Oppression, Fiduciary Duties, and Reasonable Expectations", *Journal of Corportion Law*, Vol. 28, 2003, p. 395. Douglas K. Moll & Robert Ragazzo, *The Law of Closely Held Corporations*, Aspen Publishers, 2010. 转引自龚博："有限公司股东股利分配权的司法救济"，载《法学》2016 年第 12 期。

的股东，只有已投入公司的资金才能获取分红也应当是当然之义。二是对于已转让股权的股东而言，其已不具有公司股东身份，一般也不能提起分红权诉讼。但是实务中也不乏股东转让股权后才发现公司大股东或管理人在其持股期间对于分红问题有重大不当的情形。在"长葛市永固建材有限公司、张军安股东知情权与公司盈余分配纠纷案"〔1〕中，原告张军安已将股权转让且受让人的股东身份已经另一诉讼判决确认，但原告与受让人在签订《股权转让协议》时曾约定原告保留股权转让前的权利，包括请求公司分配转让前利润的权利，该案认可了该种约定，承认原告具有相应诉权。此外，代持股权股东的起诉资格，应与股东资格的认定相一致，具体问题的讨论见本书第九章。三是对公司负有债务的股东是否有权要求分取红利。司法态度不一致，在"曾逢春、湖南林苑置业发展有限公司公司盈余分配纠纷案"〔2〕中，法院认为原告对公司负有债务，公司有权暂时不向其分配利润；而在"周集洪与长沙豪泰建材贸易有限公司盈余分配纠纷案"〔3〕中，法官则认为原告欠款与公司利润分配不是同一法律关系，不予支持。如前文所言，当股东抽逃出资、出资不实时，公司可限制其利润分配请求权，因利润相当于出资的孳息，分红权来源于股东对于公司的出资，此时对分红权进行限制是合理的；但当股东对于公司负有债务时，二者成立的是债权关系，一般来说不应该进行混淆。

其二，法院应审查诉讼的构成要件。一方面，公司要存在有效的股东会决议，并载明具体的分配方案；另一方面，公司存在可供分配的利润，但公司未实施分配且关于无法执行决议的抗辩理由不成立。以上要件中最难判断的是公司是否存在可分配利润。公司无盈不分是利润分配的基本原则，可分配的利润应是公司弥补亏损和提取公积金后所余税后利润，根据会计准则，应是扣减掉债务利息支出、资产减值损失后的结果。但是，公司除了偿还债务外，超出的利润还有用于公司继续经营的必要用途，如果将公司除偿还债务外的所有利润都用于分配，则公司无法保证扩大经营规模等动态需要。因此，留存资金以满足公司持续经营（生存、抵抗风险）及健康发展是公司的合理要求，超出后仍过分积累利润，才需对小股东予以救济。相应地，强制

〔1〕 参见（2018）豫10民终3874号民事判决书。
〔2〕 参见（2019）湘民申2336号民事裁定书。
〔3〕 参见（2017）湘0111民初7667号民事判决书。

分配中的可分配利润应是，从商业角度看超过公司持续经营、发展所需的那部分利润。[1]具体来看，可以根据公司经过审查验证的财务报表和利润分配计划来确定，同时从以下几个方面来判断公司利润分配是否已具备基本前置条件：

首先，依据《公司法》第164条，公司应作出财务会计报告并经第三方会计事务所审计。其次，依据《公司法》第166条应具有可供分配的利润，包括公司存在利润，且该利润已用于扣除税款，弥补上年度亏损且提取法定公积金后尚有剩余。最后，依据《公司法》第37条，公司股东会作出分配的决议。

2. 完善强制盈余分配之诉

强制盈余分配之诉是在公司未作出任何分红决议的情况下，股东认为公司应当分配盈余，请求法院判决直接强制分配的诉讼，也就是针对股东抽象分红权保护的诉讼。司法干预与商业决策的界限测试，抽象股利分配之诉几乎是最好的试金石。[2]由于强制盈余分配对公司的自治和经营干涉较多，司法介入较为谨慎，难度也比一般盈余分配诉讼要大。通常法院在进行强制盈余分配诉讼审判过程中，采用两种方式：一种是径行判决公司分配一定数额的利润；二是判决公司限期召开股东会作出分配股利的决议。以上方式中，第一种显然对于股东的诉求解决更为直接，但是司法干预公司自治过多受到质疑；第二种方式一定程度上支持了中小股东诉讼请求，但是又赋予了公司自行决定分红方案和分红数额的途径，更好地尊重了公司自治的权利，但是也被批评司法干预形式化，公司可能会进行应付的象征性分配情况。

从具体环节上来看，需要关注以下问题：

（1）判定强制分配盈余的事由

根据《公司法解释四》的规定，司法介入公司强制分红的条件是大股东滥用权利导致公司不分配利润，给其他股东造成损失。可见，大股东滥用权利不分红和给股东造成损失是强制盈余分配的基本事由。

①大股东滥用权利。滥用股东权利导致股东分红权受损的具体行为表现

---

〔1〕　参见张红、裴显鹏："公司利润强制分配"，载《西北大学学报（哲学社会科学版）》2021年第1期。

〔2〕　参见李建伟："法院如何支持股东的抽象股利分配请求——来自197份商事裁决书的类型化分析"，载《中外法学》2021年第2期。

试归纳如下：

首先，大股东变相攫取利润，导致公司财务账册上显示无利润可分。大股东基于其对公司的多数持股和控制地位，采用变相方式攫取利润的行为形式多样且非常隐蔽。常见情形包括：其一，利用担任公司管理人的身份获取不合理的薪酬。管理人取得薪酬无可厚非，但是当薪酬明显过高时，就成为大股东变相获取公司利润的行为。判断股东是否属于此种情形，要结合公司业绩、同类企业薪资水平、管理人的实际贡献等，且应以明显不合理为标准。如在"清远市酒厂有限公司等与沈开发公司盈余分配纠纷上诉案"[1]中，原告沈开发持有20%股权，每月从公司领取工资3万元；另外四位股东则通过股东会决议增加他们自身的工资合计794万元，公司增加利润几乎全部用来支付高管薪酬。此种情形可认定为薪酬过高。在法国1976年的Langlois v. Peter一案中，被告公司连续20年未向股东分配利润，提取的公积金达到公司资本的161倍，大股东通过担任公司高管获取高额报酬，法官支持了原告的请求，判决公司应当分派红利。法国最高法院在该判决中论述道：公积金的合理积累虽符合公司的长远利益，但多数股东获取报酬而少数股东无利可图是不公平的，公积金经营理由之缺乏构成权力滥用的第一要素；多数股东通过工作报酬获取公司事实股利、少数股东持续受到侵害的事实构成权力滥用的第二要素。[2]其二，大股东不合理的职务消费行为，一方面要考虑是否违背基本常识、过于不合理，另一方面要看是否经过其他股东同意。如果股东已经参与了相关表决，同意了高标准的薪酬或者职务消费行为，则不得再以此为由要求分配。其三，大股东或管理人侵占、挪用、隐匿公司财产、关联交易等行为，导致公司无盈可分。此种情况下，按照《公司法》相关规定，股东可提起股东直接诉讼或者派生诉讼，要求大股东或者管理人承担损害赔偿责任，一般不以强制分红诉讼来处理，如在"Z某某诉安徽砀山凯丰置业有限公司分红纠纷"案[3]中，法官就认为挪用公司资金、侵占财产问题，不属于公司盈余分配之诉审理的范畴。

其次，公司采取歧视性分配方式，对于大股东和中小股东按照不同标准

---

〔1〕 参见（2017）粤18民终969号民事判决书。

〔2〕 参见甘培忠：《公司控制权的正当行使》，法律出版社2006年版，第159~160页。

〔3〕 参见（2016）皖民终803号民事判决书，该案在《公司法解释四》生效后判决。

进行分红，甚至秘密向部分股东分配。分配利润本应以股东实缴出资为基础、以公司股东会决议为依据，但有的公司不经过股东会决议，不按照股东出资比例分配，而是以变相形式向大股东多分、向小股东少分甚至不分，违反了股权平等的基本原则。对于此种情形，有的判决仅要求未依法分配的利润由股东返还给公司，也有的判决直接向原告股东进行分配，以防止即便利润返回公司、但在大股东操纵下仍然不会将其分配给小股东。

最后，公司在大股东操纵下长期不作出利润分配决议。此种情况司法案例中多不支持，如最高人民法院在"张曼丽、贵阳金蝶苑市场管理有限公司再审审查与审判监督民事裁定书"中表示，除非部分股东变相分配利润、隐瞒或转移公司利润，损害其他股东实体利益，司法才加以适度干预[1]；河南省高级人民法院在"李玉刚、平顶山市仙居园塔陵有限公司公司盈余分配纠纷"中指出，股东会或者股东大会未形成盈余分配的决议，该盈余部分仍归属公司，对希望分配利润的股东利益不会发生根本损害。[2]该种认定方式对于公司自治干涉较为谨慎，但是对原告股东存在不公。正如前文所述，基于股东的合理期待，在公司无正当理由不分红情况下，司法亦应进行适当的干预。《民法典》第76条明确规定公司等营利法人"以取得利润并分配给股东等出资人为目的"，确认了股东向公司要求分配利润的正当性。公司符合分红条件，累积巨额利润不予分配，对于股东近期远期利益并无助益；即便公司出于扩张经营以有利于股东远期利益最大化的目的，但是如果公司长时间不分配利润，也违背了股东投资于公司的初衷，试图藏富于公司以便将来把公司做大，但没有照顾到成员享有的获得目前商业上可行的利润分配的权利，并不值得赞赏。[3]因此大股东无正当理由滥用表决权拒不分配利润，也属于滥权行为。

②不分配利润给其他股东造成损失。大股东或管理人具有以上滥权行为，导致公司不给股东分配利润，进而造成股东损失。长期不分配股利的决策，使本属于小股东的利润都被大股东侵占，利益必然受到侵害并产生损失。虽然大股东滥权行为特别是其中的侵占挪用公司财产、关联交易或者高薪取酬

---

[1] 参见（2019）最高法民申305号民事裁定书。
[2] 参见（2018）豫民申6223号民事裁定书。
[3] 参见［英］艾利斯·费伦：《公司金融法律原理》，罗培新译，北京大学出版社2012年版，第240页。

等行为，直接损害的往往是公司的利益，但是也造成了对股东的压迫和排挤，导致小股东的利润分配权无法实现。

（2）确立强制盈余分配之诉的裁判标准

强制盈余分配之诉中法官有着较大的自由裁量权，应当秉承着公司、股东与债权人三者的利益平衡，兼顾股东近期利益与公司长远利益的平衡，兼顾多数股东利益与少数股东利益的平衡，[1]对于公司留取利润的行为是否合理进行审查和判断。

在审查标准上，一方面要审查是否存在前述大股东担任公司职务领取高工资或明显不合理的职务消费、滥用表决权导致公司作出歧视性分配方案或者操纵公司巨额利润不予分配，或者侵占转移隐匿公司财产导致公司无盈可分的行为；另一方面对于公司提取任意公积金是否出于公司发展的需要进行审查。法院在协调公司与中小股东的利益冲突之前，应当检讨公司提取任意公积金的理由。首先从公司的发展阶段来分析，公司是否处于渴望资金的成长期。综合考虑公司的经营状况、财务状况、市场服务状况和经济总体形势等因素，判断公司提取一定数额的公积金是否为公司进一步发展与壮大所必需。如果公司属于起步期和成长期，对资金的渴望和需求必然要强于处于稳定期的公司，公司保留利润作发展储备基金是合理和符合公司长远利益的。然而，随着公司的稳定成长，持续盈利多年仍然继续保持零股利分配或低股利分配就必须受到质疑。再者，公司如在近年内已提取大量法定公积金和任意公积金，则再次留存大量公积金也是不合理的。如果没有合法又合乎商业运行规律的理由来支撑无股利政策，那么就可以认定董事会和股东会在滥用职权。[2]

此外，还可以参考我国澳门特别行政区的最低分红额度相关规定，章程得规定在有关营业年度可分派之盈余中定出百分之二十五至百分之七十五间之一个百分率盈余必须分派予股东；股东对盈余之债权，在登记通过有关营业年度账目之决议及有关盈余运用之决议之日三十日后到期。通过固定年度盈余分配比例、联结盈余分配与公司发展周期，将有关营业年度内应分配给股东的盈余比例载明于公司章程中。该分红额度设置上下限，在一定程度上

---

〔1〕 参见龚博："有限公司股东股利分配权的司法救济"，载《法学》2016 年第 12 期。

〔2〕 参见龚博："有限公司股东股利分配权的司法救济"，载《法学》2016 年第 12 期。

把提取比例的自由交给公司约定；若未形成具体的分红决议，可以保证最低分红额度，具体分配比例按实缴出资比例或认缴出资比例分配。如果章程中未予载明，公司发生大股东压榨小股东拒不分配利润的行为，股东在穷尽内部救济后寻求司法救济，则司法机关可以按照营业年度内盈余的一定比例分配于股东。

　　3. 确立合理的举证责任分配机制

　　举证责任分配规则是诉讼中分配实体利益的核心工具，往往对于案件的裁判结果和当事人的利益保护产生直接的影响。当案件事实真伪难辨时，科学合理的举证责任分配规则可以更好地保证案件裁判结果的公正性。根据通常的"谁主张谁举证"一般规则，原告的举证责任重于被告，但是在盈余分配诉讼中，如果将全部的举证责任都课以处于严重信息不对称地位的原告股东，显然会使双方当事人诉讼地位严重失衡。

　　美国法上对于此种情形下的举证责任进行了不同的规定，如华盛顿州就要求原告先证明公司存在大股东压制小股东的情况，一旦法院认为大股东确实存在该行为，证明责任即转移至大股东；此时大股东需要证明其行为是善意的，作出留存利润不分红或少分红的决策是基于商业判断的结果，抑或提交相反的证据，足以推翻原告股东拥有某种合理期待的判断。

　　我们也应借鉴举证责任分配的相关规则，对于原告和被告的举证责任进行分配。首先，原告应当证明自己具有股东资格，是适格主体，并证明其股权或法律关系所依赖的基本事实；原告应提供公司章程、股东名册、股东会决议、公司实际派发其他股东的银行业务电子回单等证明自己的诉求，或者提供自己已向公司有权机关提出分红的相关诉求并未获准许或回应的证明材料，如向公司发送的各种函件等。此外，原告也应该初步证明大股东存在控制公司滥用股东权利的情形。接下来，应由公司对于是否存在可分配利润、是否应当分配、不分配的正当理由等进行主张，相关问题都涉及公司财务状况，相关资料都由公司掌握，原则上也更适合由被告举证。为了实现诉讼的公平正义，法官也应主动行使其调查取证的权利。

　　在确定公司利润情况时，由于财务资料本身的复杂性和专业性，以及小股东对于公司财务资料往往不信任，常在诉讼中提出聘请第三方会计审计机构作出独立意见，对此不能一概支持，亦不能全部驳回。而应考虑原告是否能够初步证明存在大股东滥用权利的情形，或者能够证明存在大股东公款私存、隐瞒利润等可能影响到公司财务资料真实性的行为，或提交其他影响公司利润真实性行为的证据。当原告能够提出合理怀疑时，法官可组织审计或者由原被告协商委托，否则就不应准许，以免过于损耗司法资源、引发滥诉行为。如果对于公司财务状况和是否存在可分配利润存在争议、难以证明的，2018年《最高人民法院公报》中指出，在确定盈余分配数额时，要严格公司举证责任以保护弱势小股东的利益。[1]同时，公报还指出要注意优先保护公司外部关系中债权人、债务人等的利益，对于有争议的款项因涉及案外人实体权利而不应在公司盈余分配纠纷中作出认定和处理。公司是否具有可供分配的利润是股东分红请求权成立的基本前提，当财务利润状况未明时贸然进行分配可能会严重损害公司和债权人利益。因此，虽然应当由公司举证以平衡原告股东信息不对称的状况，但是该种责任不能过于严苛，当公司出示资料或者第三方机构出示意见证明公司是否具有可分配利润存疑时，以认定公司无可分利润为宜。

在证明公司存在可分配利润基础上，再进一步论证公司利润是否应予分配或者说公司未分配利润是否具有正当性、合理性理由。如果公司能够证明其确实出于正当的商业目的，将利润合理数额留存于公司用作投资或者其他用途，证明公司大股东、董事不存在违反忠实义务的行为，则法院根据经验规则能够作出相应判断。法院在这一过程中负有主动监督审查的义务，对于公司整个分红流程的合法性、正当性进行审查。

4. 股东分红权保护的其他问题

（1）建立事前防御性措施

在封闭公司特别是创业公司中，为防止大股东滥用其控制权对中小股东造成侵害的最好方式并非救济保护而是风险预防，即在公司设立之初或者在投资人入股公司时，签订股东协议和在公司章程中对股东约定行为准则。此举可以有效减少日后分红纠纷，排除未来被大股东控制的股东会对利润分配方案的决定权，避免诉讼消耗的人力、物力、财力，减少公司声誉受损的可能性，在一定程度上降低大股东侵权的概率。

封闭式公司股东在设立公司或者入股公司时，往往要和公司大股东先行签订协议，明确未来的权利义务和分配机制。特别是创业公司中的投资人向

---

[1] 参见《最高人民法院公报》2018年第8期，第32页。

公司投资，一般都要和创业者签订详尽的协议，对于未来公司的控制权分配、管理权归属以及公司利润的分配，甚至公司亏损时或者达不到业绩目标时的补偿和退出机制都要明确规定。股东间对于公司未来取得利润分配的前提条件、方式、比例、数额等提前进行约定，可以产生相当于股东会决议的效果，未来当满足协议约定条件时，应当按照协议约定的内容进行利润分配。投资人需注意的是，股东协议只有在全体股东均参加订立时，才能对所有股东产生效力，也才能对未来公司分配利润等重大治理问题产生约束力，否则只能是股东间的约定，即便大股东不遵守，也只产生违约责任。另外，股东协议还可以从股权回购、投资人退出的角度反向制约公司分红，通过约定公司在不能按照协议约定分配利润时投资人有权要求公司和大股东回购股权，间接地敦促公司按照约定分红派息。

除股东协议外，股东还应特别关注章程的规定，在章程中对于公司分红的条件和程序、争端解决方式等进行约定，可以为未来股东间争议解决提供标准化范式。

（2）穷尽其他救济途径

司法介入公司分红权诉讼，尽管有其合理性与正当性，但毕竟是对公司内部事务的干预，无论对于股东、公司，还是对于法院，都应该是在穷尽了其他救济手段之后的解决措施。强制分配等司法干预措施是为了维护股东分红权的正当利益、干预大股东滥用权利给其他股东造成损失的行为，其根本目的也是维护公司自治，而非替代。只有在其他内部救济方式都失灵的情况下才说明公司自治需要外部干预。同时，提起诉讼的股东之所以要求强制分红而非退出公司，也表明其希望继续留在公司，那么公司未来的健康发展、股东分红利益的保障，也有赖于股东间的信任和合作。动辄采用司法方式解决问题，容易使股东走入对立面、激化矛盾。股东会、董事会等会议机制为公司股东、管理层提供了交换意见乃至合纵连横的平台，使股东可以通过沟通、谈判达致理解、妥协。[1] 因此，应优先让小股东通过内部渠道充分表达意见，寻求支持，发挥公司议事机制的作用。在司法实践操作中，也可从现有规定中的"导致股东受有损失"的内容着手，将未穷尽内部救济解释为股

---

〔1〕　参见蒋大兴："团结情感、私人裁决与法院行动——公司内解决纠纷之规范结构"，载《法制与社会发展》2010 年第 3 期。

东所主张的实际损失无法得到确认。当然这一做法要注意灵活性和边界，当原告股东已请求召开临时股东会、向股东会提出提案；或股东同时担任董事职务的，向董事会提出议案；或股东没有担任董事的，向公司法定代表人、控制股东和公司管理人提出分配利润的书面请求，但未获得回应的，均可以认定为穷尽内部救济。此外，法院在受理相关诉讼后，应当注重司法调解。

（3）引入累积盈余税制度

封闭式公司向股东分配股利之前首先需缴纳企业所得税，而分配盈余后股东还应缴纳个人所得税，此为双重课税模式。于是，许多封闭式公司选择将利润以工资报酬等形式变相分配于股东，因为可将其计入公司成本，无须缴纳企业所得税，同时任职股东又能得到相关利益输送，或者将大量盈余作为资本留存于公司，延缓纳税时间。

美国联邦税法设立了累积盈余税制，规定只要公司留存的利润超过了合理的业务发展需要，即对公司征收 15% 的不包括已分配给股东的股利以及公司业务发展资金的累积盈余税，个人控股公司应缴纳纳税年度没有派发给股东的个人控股公司所得 15%。如此，公司在筹措扩展业务的同时也会将 15% 累积盈余税纳入考虑，向中小股东分红。[1] 我国也可考虑从税收政策的角度限制公司留存盈余的行为，促使其惮于法律规定的累积盈余税而主动向中小股东派发分红，有效降低讼累。

---

[1] 参见姜浩：《美国联邦公司税法制度研究》，中国政法大学出版社 2009 年版，第 138~139 页。

创业公司股权代持与公司法股权代持制度的适应性研究

股权代持是指隐名股东以他人名义向公司出资，公司章程和商事登记中股权为名义股东所持有，但隐名股东实际享有投资收益等部分或全部股东权益的一种股权（股份）处置方式。[1]作为一种特殊的股权控制形态，股权代持在公司中非常普遍，在创业公司中也广泛使用。由于股权代持名实不符的状态，导致其法律关系较为复杂，由此引发的法律纠纷频发。与此同时，在股权代持纠纷的司法裁判中，诸多问题却存在着立法空白，进而导致司法裁判标准难以统一。本章将对股权代持的理论基础进行研究，结合司法裁判案例进行实证分析，对于创业公司股权代持中的典型问题进行探讨，进而对于股权代持的相关法律规定和裁判思路进行思考。

一、股权代持的理论研究

（一）股权代持的概念和特征

1. 股权代持相关概念界定

股权代持有狭义和广义之分。狭义的股权代持指实际出资人和名义出资人通过协议发生代持股合意，并对双方的权利义务进行一定安排的隐性持股形式。而广义的股权代持泛指各类股权所有权与控制权分离、名实不一致的情形，除了因实际出资人与名义出资人主动的意思表示一致引起之外，还包括被动形成的情形，如在股权转让、股权继承或公司增资过程中，由于整体程序较为漫长和复杂，可能会出现工商登记的名义股东和实际股东不相一致的情形，此时虽不是当事人主动意思造成的代持，但实际上产生了被动代持

---

[1] 参见刘迎霜：“股权代持协议的性质与法律效力”，载《法学家》2021年第3期。

的情形。

应注意股权代持与其他形态近似行为的区分，如股权让与担保就是股权人将其持有的股权转让于债权人名下，以担保其债务履行。此种情况下，名义持股人与实际持股人也出现了分离，但此种股权转让的意思并非为了委托持股，而是为了债务担保，其股权持有也是一种虚假的意思表示，不能由此认定为是股权代持。

与股权代持相关的两个概念是"隐名股东"和"显名股东"。隐名股东是指出资人为了规避法律或者其他原因，借用他人名义设立公司或以他人名义出资。一般情况下，对公司实际出资的隐名股东不具有实质股东的外观要件，却享有股东权益。隐名投资人可能是出于某些投资策略需要，也可能为了规避法律对投资主体身份的限制，应根据不同情况分别讨论实际投资人是否具有股东资格。[1]与其对应的显名股东也称名义股东、借名股东，是指记载于公司章程、股东名册和工商登记材料上但并没有实际出资、也并不实际持有公司股份和享有股东权益的股东。也有学者认为"隐名股东""显名股东"的叫法并不准确，因其已先入为主地界定二者为股东，而何者具有股东身份是存疑的，因此不如称之为"隐名出资人""显名出资人"更为妥当。

2. 股权代持的特征

其一，代持标的特殊。股权代持法律关系的标的是股权，股权是一种同时包含了人身权利和财产权利、既有固有权利又有非固有权利的复合性权利，股权代持人代为持有的是综合性的股权，依照公示状态和股权代持协议约定，股权代持人既有可能代持表决权、知情权等共益权，也可以代持分红权等自益权。

其二，代持方式隐蔽。股权代持方式具有很大的隐蔽性。细究之下，又分为不同的情况，一种是隐名股东不但未显露于公司股东名册、公司章程等公开文件，且其与显名股东的协议和关系也未对公司管理层及其他股东披露，即"对公司隐名"；另一种是隐名股东虽未体现在公司公示文件中，但是公司股东、管理层等知晓该代持关系，即"对公司不隐名"。后者实践中也有多种表现形式，有的是隐名股东直接参与公司日常经营管理，显名股东仅是"挂名股东"；有的是隐名股东不参与公司管理，仅是出资，日常的经营管理决策

---

〔1〕 参见时建中主编：《公司法原理精解、案例与运用》，中国法制出版社2012年版，第117页。

都委托显名股东代为行使，此种情况下通常显名股东本身也是公司股东，同时又代持了隐名股东的股权。股权代持的隐蔽性在便利实际出资人隐名投资的同时，也为股东资格确认、股权代持效力认定、股权归属划分等股权代持纠纷的产生埋下隐患。

其三，股东身份特殊。股权代持使股权的名义持有人和真实持有人相分离，名义出资人具备股东身份的形式要件，但并未实际出资，需服从公司管理，承担显名带来的风险，并享受约定的代持收益；实际出资人虽对公司实际投入资金，但欠缺形式要件，是否能够实际享有股东权益、承担股东义务和责任，还要依具体情况而定。由于股权代持协议属于双方当事人之间的内部协议，根据合同的相对性原理和商事外观主义，名义股东对外享有股东身份，而实际出资人的股东身份难以被认可，想要显名的条件也较为复杂。

总的来看，股权代持在彰显市场经济的私法自由、促进效率和保护交易方面发挥积极作用，但也极容易给公司发展和股东权益带来不可控的风险。当显名股东与隐名股东利益一致时，二者暂无矛盾，相安无事；但当二者信任关系破裂进而出现纠纷时，这种"表里不一"的特质不可避免地对隐名股东带来了很多法律上的风险。

3. 股权代持的成因分析

（1）历史原因

追溯历史，"隐名"概念最早出现在隐名合伙关系中。一般认为，隐名合伙起源于欧洲中世纪的康孟达组织，一方合伙人被称为 stans，只提供资金，承担有限责任；另一方合伙人被称为 tractator，从事航行，承担无限责任。承担有限责任的出资方一般为隐名合伙人，承担无限责任的航海家为显名合伙人。隐名合伙人和显名合伙人按照比例分配利润。这种康孟达组织的优势在于合伙人只在他们最初投资的数额之内承担有限责任，投资人可以把资金分散在不同的康孟达契约中以降低投资风险。这种商业模式后来逐步发展为隐名合伙。在我国古代，该种模式也同样存在，清代四川自贡井盐开发的经典例子可供借鉴。当时懂行的井盐生产商积聚了若干银两和技术人员，选址挖掘、开采井盐，由于需要大量资金，往往通过熟人关系找到投资商，双方通常约定，一旦开采成功则按相应比例分享利润；如果开采失败，生产商有义务向投资人还本付息。此种情况下出资人也是以隐名方式出现。以上中外历史上均出现过的生产经营模式，都是由显名的一方支配隐名一方的财产。显名一方对外拥有独立的财产支配权，对合伙债务承担无限责任，而隐名合伙人仅在自己的出资限额内承担责任。当隐名合伙人实际参与合伙事务的经营管理时，为确保隐名合伙的有效性和公平性，其应转化为与出名营业人相同的无限责任。[1]隐名合伙早已经在我国经济社会生活中大量存在，但始终未被法律明确认可。后随着部分合伙组织、合伙企业发展壮大，按照《公司法》规定登记为有限责任公司，隐名合伙相应地转变为隐名持股而在公司中继续存在。隐名合伙人转化为隐名股东，往往不参与公司经营管理，通过指示显名股东代替行使股东权利，以更好地维护自身的利益。可见，从历史上来看，隐名股东的出现与本书要讨论的创业公司的构造模式密切相关，这也导致实务中创业公司的隐名股东广泛存在。

（2）现实成因

①规避法律型

此种情况下的股权代持主要是基于规避法律法规以及国家政策的目的，且是效力性法律规定，往往其投资主体不符合法律的强制性规定，因此相应的股权代持行为的效力往往不受保护。

首先，规避法律法规对于投资主体的限制。《中华人民共和国公务员法》《中华人民共和国法官法》《中华人民共和国检察官法》等法律中均有规定，为保证国家机关工作人员的廉洁性，禁止公务员等进行投资经营活动。由于公务员等国家政府部门事业单位公职人员掌握大量政府信息和发展政策，社会关系广泛，他们可以利用信息优势谋取利益，甚至滥用职权中饱私囊。为规避法律规范的禁止性规定，很多国家公职人员选择隐名设立公司或持有股份。此种现象较普遍地存在于煤矿等能源型企业和房地产开发企业中，其他社会经济领域也不鲜见。此外，法律法规对于其他的一些特殊身份的社会团体法人、事业单位法人等担任企业股东也有严格限制，如《公司法》对公司高管人员竞业禁止的规定，《证券法》对于证券公司从业人员不得借名进行股票交易的规定，都是为了禁止特定职业身份的人利用职务之便谋取不正当利益，为了规避这些规定，相关人员可能委托他人持股。

其次，规避法律法规对投资领域的限制。我国法律在一些关系到国民生

---

[1] 参见朱少平主编：《〈中华人民共和国公司法〉释义及实用指南》，中国民主法制出版社2012年版，第196页。

计问题和基础产业领域，如农、林、牧、渔、采掘业等，对股东身份有严格
限制，在交通运输、邮电、金融保险等行业禁止外商投资，其目的是保证我
国基础产业和重点行业的独立发展。许多外国投资人为了规避这些规定，采
取隐名投资的方式。

最后，利用国家对于留学人员回国创业、下岗职工再就业以及残疾人员
就业等优惠和鼓励政策，由符合政策人员作为显名股东代持股。此种情况虽
不是直接规避法律法规中的禁止性规定，但是移花接木的目的是利用国家对
于特殊群体的照顾扶植政策谋取本不属于隐名投资人的利益，因此也属于违
反了法律的强制性规定。

②非规避法律型

此种情况下，股权代持并非为了规避法律法规的强制性规定，而是隐名
投资人出于一定的特殊考虑而为，或者虽然与法律法规的规定有悖，但相关
规定主要是管理性规定，而不是效力性规定。

首先，投资主体出于保护商业秘密、进行特殊经营策略或者不愿意公开
个人身份等考虑而隐名持股。其次，有些投资人出于降低管理成本、提高公
司运营效率的考虑。由于有限责任公司的高度人合性，有的公司和股东在充
分信任的基础上，为高效快捷地办理各类工商登记和股东会决议，部分投资
人作为显名股东，代为持有他人股份。再其次，股权激励是有限责任公司中
经常会采用的激励优秀员工和经理的方式，但是由于有限责任公司的股东人
数不能超过 50 人，因此有限责任公司的股权激励通常会采用代持股权的做
法。最后，实践中广泛存在的显名股东和隐名股东不一致的情况是在股权转
让、股权继承或公司增资过程中出现的被动代持情形。

在创业企业中，既有为了规避法律而形成的股权代持，也有非规避法律
的股权代持，其中以后者居多。如投资人特别是天使投资人出于保护个人隐
私考虑，经常委托他人代持；创业公司股东人数少、互相之间的信任程度高，
且公司规模往往较小，为了提高效率，常采用委托代持方式；由于创业公司
对于人力资本的高度认可和依赖，是对员工采用股权激励最频繁的公司类型。
基于以上原因，创业公司中的股权代持非常普遍，由此可能引发的法律纠纷
也更多。

（二）股权代持的性质和法律关系

探究股权代持协议性质，梳理代持基础法律关系，是认定股权代持效力

的基础与前提。

1. 股权代持性质认定

（1）代理说

代理说认为，股权代持从本质上来看就是一种委托代理关系，其中显名股东为代理人、隐名股东为委托人，代理人接受委托，以自己的名义进行投资、参加公司事务，由此取得的利益应该按照委托代理关系的法律后果，由委托人享有。由于在代持股权的情况下，显名股东作为代理人，并不以隐名股东的名义行事，因此其更倾向于是代理关系中的"隐名代理"或"间接代理"。我国《民法典》第925条和第926条是隐名代理的相关规定，隐名代理是指第三人在订立合同时不知道或不可能知道与他订立合同的人是在为另外一个人而订约，而是以为他是在与同他订约的人进行交易。[1]《德国民法典》规定的"以被代理人名义"既包括代理人实施法律行为时明示被代理人的名字和其代理关系，也包括行为当时的相关情事足以表明代理人是以被代理人的名义行事。从此种角度来看，如果公司和其他股东对股权代持的关系是明知的，那么应属于显名代理；而如果公司和其他股东对股权代持关系不知晓，则应当构成隐名代理。

采用委托代理关系来解释股权代持问题有一定的合理性，同时我国法律中关于委托代理的制度较为成熟和完善，《民法典》第926条第1款规定，受托人以自己的名义与第三人订立合同时，第三人不知道受托人与委托人之间的代理关系的，受托人因第三人的原因对委托人不履行义务，受托人应当向委托人披露第三人，委托人因此可以行使受托人对第三人的权利。但是，第三人与受托人订立合同时如果知道该委托人就不会订立合同的除外。根据该条规定，显名股东在进行股权间接代理时，对善意相对人有一定的披露义务，有利于保护善意第三人和隐名股东的利益。

但是代理说也存在一定的问题，在代理法律关系中，被代理人当然有权越过代理人直接从事相关法律行为，且被代理人当然地享有代理法律行为的后果。但是在股权代持关系中，由于公司法律的强制性规定、公司的人合性特征、其他股东和第三人的利益保护等相关问题，隐名股东并非理所当然地

---

〔1〕 参见［德］海因·克茨:《欧洲合同法》（上卷），周忠海等译，法律出版社2001年版，第348页。

能够显名登记为公司股东，也不是一定能够享有代持股权的所有权利义务，因此委托代理逻辑下的被代理人与公司法规定的合法股东之间仍然存在一定的矛盾和冲突。

（2）合伙说

如前文所述，股权代持与隐名合伙本身有着千丝万缕的关系，二者在出资方式、投资收益分配等方面也存在很多相似之处。合伙关系通常建立在合伙协议基础上，而股权代持往往也以股权代持协议为基础，对双方的权利义务进行分配。实际出资人相当于隐名合伙人，与名义出资人共同投资，共负盈亏，共担风险。

以合伙说定性股权代持有利于促进股权代持目的的实现，但是合伙关系与股权代持存在几点区别：首先，隐名合伙中的显名合伙人要对合伙债务承担无限连带责任，隐名合伙人如果显名也将承担无限责任，而作为公司股东的显名出资人和隐名出资人，均只承担有限责任；其次，虽然合伙协议与股权代持协议中均有各方主体的权利义务约束机制，但是股权代持协议只是纯粹的双方协议，而合伙协议的重要内容是指向合伙组织体的建立和制度约束；最后，当合伙解除时，合伙财产的清算划分规则与公司的清算程序有较大的不同，相应地对于隐名股东和显名股东的利益分配与合伙人之间的权益分配也存在很大的区别。

（3）信托说

信托说将股权代持关系解释为信托法律关系。信托是委托人将其财产委托给受托人，由受托人以自己的名义，按委托人的意愿、为受益人的利益或者特定目的，对财产进行管理或者处分的行为。信托与代理的共同之处在于均以信任为前提，以委托为基本依据，但信托中有财产权的转移，代理中并不存在财产权的转移。在股权信托关系中，委托人将其持有的股权委托给受托人，受托人以自己的名义对信托财产进行投资和管理。这类股权信托行为与隐名投资的关系具有很大的相似性，隐名股东类似于信托关系中的委托人，显名股东类似于受托人，显名股东以其名义对股权享有权利和义务，一个诚实的显名股东应该谨慎地为隐名股东的利益服务。

运用信托制度解释股权代持关系具有一定的合理性：一方面，信托关系中明确规定的委托人权利与隐名投资人想实现的权利要求相似。首先，委托人和隐名投资人都有对委托财产的管理和操作进行了解、并要求受托人作出说明的要求，委托人有权查阅信托财产账目及文件，隐名投资人对公司有知情权的权利诉求。其次，委托人可以指定委托财产管理方法，当管理过程中出现提前未预见到的事项时，委托人还可以要求受托人改变信托财产的经营方法。此种灵活性要求也适用于隐名持股关系。最后，当受托人未按照股权信托约定，对信托财产以私有目的进行处分或者违背了其对委托人的忠实勤勉义务，造成委托人的重大损失时，委托人有权要求赔偿损失或者申请撤销该处分行为。[1]当受托人对于信托财产有管理不当或者没有按照信托约定经营信托财产造成委托人损失的，委托人和受托人可依协议解除股权信托关系。[2]另一方面，从受托人的义务角度来规范显名股东的义务也具有很大的合理性，根据信托法律关系的要求，受托人对于委托人有忠实管理和谨慎处理信托财产的义务；受托人股权行使受到限制，当涉及公司的重大决策时，受托人行使股权要受到信托文件规范的约束，如果受托人擅自处理信托财产的，要对委托人承担责任，必要的时候委托人还可以行使撤销权。

可见，如果用信托法律关系来规范股权代持关系，股权代持法律关系将变得清晰，所有权的安排与利益的分配更为明确，隐名股东利益能够得到更好的保护，显名股东的行为能够受到合理的约束。同时，基于信托财产的独立性，其风险在委托人、受托人、受益人之间进行了有效隔离，信托方式相当灵活，从而能够很大程度上预防由于显名股东离婚、死亡等引发的受托股权的处理纠纷。

但另一方面，"信托说"也存在一些无法自圆其说的地方。如前文所言，实践中股权代持的情形千差万别，其中既有仅"隐"于公司登记名册的股东，也有"隐"于公司和其他股东的隐名股东。如果是前者，隐名股东往往直接处理公司事务、行使股东权利，此种情况显然与信托关系大相径庭；如果是后者，通常由显名股东形式上参与公司管理，与信托关系具有较多的相似之处。但此种情况下，有学者认为，"名义股东行权"情形的股权代持协议因欠缺信托财产"独立性"的制度安排，即使实际出资人（隐名股东）、名义股东、公司三者之间貌似信托法律关系中的委托人（受益人）、受托人、与信托

---

〔1〕 参见张天民："论信托财产上权利义务的冲突与平衡——信托的合同基础与中国继受信托法"，载梁慧星主编：《民商法论丛》（第9卷），法律出版社1998年版，第613~621页。

〔2〕 参见梁上上："论表决权信托"，载《法律科学（西北政法学院学报）》2005年第1期。

交易之第三人之间的法律关系，也不能认定为信托法律关系。[1]从信托财产的本质来看，信托财产的"独立性"要求其在法律上完全独立，与委托人、受托人、受益人各方的自由财产存在区别，不能作为信托关系中当事人自己的财产而被运用于处理与信托目的无关的事务。从这个角度来看，隐名持股的股权无论是属于显名股东还是隐名股东，都应是个人自由财产，用"独立财产"来界定显然不妥当。在信托制度下，除法定情形，信托财产基于其独立性不能被强制执行，因此，运用信托制度解决股权代持协议纠纷也具有很大的局限性。但是用"信托说"解释我国一种特殊的集体股权持股形式较为合适，即股东持股会。我国全民所有制企业和集体企业改制过程中，多由职工持股会专门从事企业内部职工持股资金管理、认购公司股份，行使股东权利、履行股东义务，维护出资职工的合法权益。此种股权代持模式，与信托法律关系具有极大的相似性，职工持股会为受托人，职工股东为信托的委托人和受益人。[2]

英国和美国的信托制度极为发达，主要依靠信托制度解决股权代持法律问题。但是在大陆法系，信托制度的适用发展之路并不通畅，主要矛盾就在于大陆法系秉持的一物一权理念与信托法的二元所有权的冲突。《中华人民共和国信托法》（以下简称《信托法》）自2001年颁布，虽已经过二十多年的历程，但是发展仍较为有限，目前信托实践业务主要集中于房地产项目领域，股权信托较为少见。其主要受制于我国信托制度规定仍然较为粗陋，对于信托财产的归属仍存在争议，对于受益人的权利保护不足。未来如果《信托法》不断完善，信托实践进一步延展，用信托理论来解释和规范股权代持关系，也不失为一种很好的路径。

总的来看，股权代持的性质是处理股权代持效力纠纷的理论前提，运用委托代理、合伙、信托理论来定性股权代持均具有一定的合理之处，亦存在一定的缺憾。

2. 股权代持法律关系辨析

股权代持的直接当事人为隐名出资人与显名出资人，但是其牵涉的主体范围较广，包括公司、其他股东、公司以外的第三人，由此其法律关系可以

---

〔1〕　参见刘迎霜："股权代持协议的性质与法律效力"，载《法学家》2021年第3期。

〔2〕　参见刘迎霜："股权代持协议的性质与法律效力"，载《法学家》2021年第3期。

分为对内法律关系和对外法律关系。

对内法律关系是指隐名出资人与显名出资人之间的关系，双方无论是以委托、合伙或者信托关系来解释，都属于一种合同关系。双方订立股权代持协议，约定权利义务。股权代持约定事实上导致股权的持有者形式与实质的分离。内部法律关系更为关注当事人之间的真实、自愿的意思表示，如果股权代持协议不违反法律法规的禁止性规定，一般来说可以得到法律的认可。但是隐名出资人与显名出资人间的法律纠纷仍然较多，主要体现为股权代持协议成立、生效、变更而引发的股东资格确认、股东权利享有和义务承担、股权利益的分配等。实务中也常常发生显名出资人利用其显名条件"假戏真做"，意欲将股权收益据为己有，于是隐名出资人向法院主张股权归属。

对外法律关系分为两类，一类是隐名股东、显名股东与公司及其他股东之间，另一类是隐名股东、显名股东与发生交易关系的第三人之间。对外法律关系使股权代持行为产生了对外的辐射效果，此时不能仅以直接当事人间的意思表示为判断，要更多地考虑股权的公示公信力。具体来说，对于前一类而言，主要涉及股权代持协议主体与公司及其他股东的义务履行和责任划分问题，如显名股东未按照隐名股东意思行使股权、未按要求缴纳出资等，实务中实际出资人与名义出资人互相推诿或者争抢的纠纷也屡见不鲜，与此相关的还有隐名股东显名的问题。典型案例如"温进才、李殷英等与深圳市南头城实业股份有限公司以及沈阳北泰方向集团有限公司借款合同纠纷再审案"[1]，最高人民法院认为，公司登记股东怠于行使股东权利和履行股东义务导致公司被非法注销而无法清算，应当对公司债务承担责任；"常菊英、濮阳市广建建设集团有限公司建设工程施工合同纠纷再审案"[2]，最高人民法院针对常菊英以其签章并非本人所为、仅为名义股东为由主张应免除其出资不实的法律责任的理由未予支持；"大连德民工贸有限公司、大连新嘉宁房地产开发有限公司合同纠纷再审案"[3]，德民公司、新嘉宁公司申请再审认为德民公司对案涉土地的处分系无权处分，《协议书》中关于案涉土地使用权的约定无效，最高人民法院认定即使《联合购买股权协议》等上述材料经过质

---

[1] 参见（2015）最高法民申字第 2509 号民事裁定书。
[2] 参见（2017）最高法民申 1433 号民事裁定书。
[3] 参见（2017）最高法民申 554 号民事裁定书。

证可以采信，并足以证明德民公司对案涉股权没有处分权，仍不影响《协议书》的效力。

对于后一类，常见的纠纷类型如显名股东的债权人申请强制执行其持有的股权，隐名股东提起第三人执行异议之诉；或者是显名股东未经隐名股东同意转让或者出质股权，产生股权权属纠纷；或者是在股东出资未完全到位、公司债务加速到期的场合，或者是刺破公司面纱场合，显名股东因其股东身份需承担公司债务，与隐名股东的责任分担，等等。

接下来，本书将对创业企业中常见的股权代持难点问题分别进行深入探讨。

二、股权代持的效力认定

股权代持法律纠纷的首要难点问题就是股权代持协议的效力认定。

（一）股权代持效力认定的主要问题

股权代持效力纠纷同案不同判现象归根结底源于制度设计缺陷。[1]《公司法》中未明确股权代持关系的性质、效力，未确立实际出资人的法律地位，实际出资人的权益保护存在制度空缺，执行程序中"第三人"申请法院执行名义出资人代持的股权，也因"第三人"界定不明而存在解释分歧。

股权代持作为一种合同关系，同时又与公司组织关系密不可分，其效力认定应依据《民法典》与《公司法》的相关规定。依据《民法典》合同编的基本规定，股权代持如果违反法律的强制性规定或者违反公序良俗，或者具有其他法律规定的无效事宜的，应认定为无效；除此之外应当认定为有效。依据《公司法》的规定，股权代持与出资、登记、盈余分配等多项制度密切相关。

由于股权代持效力问题在实践中争议较大，多个司法解释对此问题做出进一步详细规定。外商投资企业中股权代持问题较为普遍，2010 年发布的《最高人民法院关于审理外商投资企业纠纷案件若干问题的规定（一）》针对外商投资企业中涉及股权代持问题的股东身份条件、协议效力认定、当事人权利义务和无效处理办法等问题作出了详细规定，设定了股权代持协议有

---

[1] 参见王军旗、杨燕婷："股权代持僵局困境的法律探讨"，载《上海法学研究》2019 年第 6 卷。

效的最低标准，对股权代持协议无效的法律后果详细具体地列出了当事人双方关于投资款返还的推定办法，但依据该规定实际投资人的权益保护处于劣势。2011 年发布的《公司法解释三》对股东资格认定、股权代持协议效力、实际出资人及名义出资人权益保护作出专门规范，第 25 条第 1 款规定，有限责任公司的实际出资人与名义出资人订立合同，约定由实际出资人出资并享有投资权益，以名义出资人为名义股东，实际出资人与名义股东对该合同效力发生争议的，如无《合同法》第 52 条规定的情形，人民法院应当认定该合同有效。该条规定明确承认了有限责任公司的股权代持效力，但是司法解释仅是原则性规定，实践中千差万别的股权代持情况的效力认定仍存在模糊存疑之处。股份有限公司、上市公司中的股权代持协议效力如何判定？即便是仅针对有限责任公司，其实践中的具体股权代持类型多样，情况极为复杂，统一认定为有效是否合理？

对于特定行业内股权代持的限制散见于各规范性文件中，适应了市场的监管需求，但由于其效力层级限制，这类规范是否能够成为评判股权代持协议效力的直接依据仍有待考量。地方高院曾多次出台涉及股权代持协议纠纷处理的审判指导意见，大多是针对特定司法领域内审判工作所作的业务指导，对当地司法实务中的股权代持纠纷的审判处理具有重要的指导意义，但由于其仅为地方司法文件，法律适用效力受限，内容和具体标准设计存在差异，而使不同地区仍然会出现"同案不同判"的混乱情景。[1] 在其他股权代持相关规制里，需要特别说明的则是《九民纪要》，其中第 28 条对实际出资人显名条件进行了更为详细的释明，但也因会议纪要非司法解释，不能作为司法裁判的直接依据，只能在说理或分析时援引观点。

总的来看，股权代持协议效力问题既涉及合同法，又涉及公司法，是一个综合且复杂的研究课题，地方高院、特定行业对股权代持的态度也存在差异化的评价标准，股权代持效力认定问题仍然值得探讨。

（二）股权代持协议效力的分类认定

不同形态的股权代持协议效力认定存在不同的裁判依据，应当结合协议的主体、内容和形式等因素，进行综合判断。股权代持的效力判定，一方面要考虑实际出资人与名义出资人之间的真实意思，但必须遵循《公司法》的

---

〔1〕 参见刘俊海："新《公司法》的设计理念与框架建议"，载《法学杂志》2021 年第 2 期。

相关规定，以免损害公司、其他股东及第三人基于股权外观产生的信任利益；另一方面，在判定股权代持是否违反强制性规定时，既要考虑相关规定的法源是法律、法规抑或规章、规范性文件，不同效力层级的强制性规定对于股权代持协议效力的影响显然不同，又要斟酌效力性规范与管理性规范的识别适用，对于违反效力性规范的股权代持应当认定为无效，但如果是违反了管理性规范的，不宜一律认定为无效。

1. 封闭式公司股权代持的效力认定

《公司法解释三》规定有限责任公司的股权代持协议原则上有效，但是该规定存在一定的问题。实际上非上市的股份有限公司从公司与股东间的关系来看，与有限责任公司没有本质区别。从立法本意来看，对于上市公司的股权代持协议效力否定的原因主要在于上市公司的股权持有涉及公众投资人利益保护、证券市场的监管秩序、金融稳定和金融风险等公共利益，其股权结构必须清晰、股东身份明确。依此来看，非上市股份有限公司显然不具有这些要求，应当与有限责任公司同等对待。因此，《公司法解释三》的规定应当扩展于所有封闭式公司，其股权代持在不违反《民法典》合同编有关合同效力强制性规定的基础上，基于民法意思自治原则、契约自由原则和维持稳定社会秩序的考虑，只要符合民事法律行为效力要件，不存在欺诈、胁迫或显失公平情形，没有恶意串通损害国家、集体或第三人利益，其法律效力普遍认定为有效。

对于与法律法规强制性规定有悖的股权代持行为，也不应统一界定为无效，而应区分规避的法律为效力性规定抑或管理性规定。依据《民法典》第153条，如果法律、行政法规的强制性规定不导致民事法律行为无效的则违反该法律、行政法规的民事法律行为并非必然无效。可见，导致合同无效的法律规定必须是效力性强制性规定。即必须是违反法律、行政法规的效力性强制性规定的股权代持协议才可认定为无效。如果法律法规的强制性规定明确了违反该规定的行为无效，那么该强制性规定为效力性强制性规定；如果法律法规的强制性规定仅仅是陈述禁止性行为，并没有就违反该规定的行为效力作出陈述，则应该是管理性强制性规定。如一般的审批要求都是管理性规定，并不会导致股权协议无效；《公司法》对于有限责任公司股东人数不得超过50人的规定也是管理性规定，对该规定的违反并不会导致协议无效；但如果是法律规定的不得持股的特定职业人员，与他人签订的股权代持协议，直接违反了合同生效的主体性条件，不能认定股权代持有效。

除此之外，《民法典》将原《合同法》中"损害社会公共利益"的合同无效事由删掉，将其归入第 153 条的"公序良俗"中，损害社会公共利益不应作为股权代持无效的事由。

2. 公众公司股权代持的效力认定

公众公司相较于封闭式公司，注重公司的开放性与资合性，公众公司有严格的信息披露要求，其股东名称及持股数额都是应当公布的重要信息。从监管政策角度来看，上市公司股权代持的监管要求更为严格。以 IPO 审核政策为例，2023 年中国证券监督管理委员会发布的《首次公开发行股票注册管理办法》第 12 条规定，发行人的股权权属清晰，不存在导致控制权可能变更的重大权属纠纷，近年实际控制人没有发生变更。该管理办法的规定意味着如果在 IPO 筹备过程中仍存在股权代持情况，则可能难以通过证监会审核。信息披露是投资人决定投资的重要信息来源，如果信息披露不实，则将对监管审查、市场秩序、社会公共利益造成危害影响。社会公众通过登记信息了解公司股东情况和经营情况从而作出投资选择，对实际出资人与名义出资人之间的代持关系，社会公众投资人难以知悉，无疑会损害投资人的知情权，增加操纵市场、内幕交易等行为的风险。在"杨金国、林金坤股权转让纠纷案"中[1]，最高人民法院认为当事人在企业上市之前签署的"委托投资协议书"及"协议书"实质构成上市公司股权代持协议，该协议违反上市公司关于"发行人股权清晰"的监管规定而无效。该裁判文书详细论证了股权代持违反证监会的监管规章，无视证券市场"公开、公平、公正"原则，隐瞒真实股东身份，导致监管部门对其监管措施无法实施，损害证券市场交易秩序和安全，从而损害社会公共利益。

值得注意的是，公众公司股权代持并非绝对禁止。根据《证券法》中关于信息披露的规定可知，公众公司股权代持未被一概否认，而是应当进行信息披露，[2]如果公众公司对于股权代持进行了相应的披露，那么就不应当否认该种股权代持的效力。如公众公司由于股权激励机制而导致在拟上市时真

---

〔1〕 参见（2017）最高法民申 2454 号民事裁定书。
〔2〕 参见王莹莹："《证券法》2019 年修订背景下股权代持的区分认定"，载《法学评论》2020年第 3 期。

实股东人数超过了股东人数限制而通过名义股东代持员工的激励股权的做法不能"一刀切"地被认定为无效。

"杨金国、林金坤股权转让纠纷案"中，法院除了论证股权代持违反证监会规章外，还特别强调了该种行为损害了证券交易秩序和社会公共利益。《九民纪要》第 31 条特别规定，违反规章一般情况下不影响合同效力，但该规章的内容涉及金融安全、市场秩序、国家宏观政策等公序良俗的，应当认定合同无效。该规定进一步明确了违反规章影响合同效力的条件，与上述案例判决相吻合，也可以作为股权代持效力判定的重要依据。在司法实践中应注意防止以损害公共利益为由对上市公司股权代持进行"一刀切"的禁止，这种过于苛刻的判定在很大程度上遏制了商事交易的灵活性和创造性。

3. 特殊类型公司股权代持效力认定

特殊行业中也存在着特殊类型股权代持现象，针对这类股权代持，行政监管层面的态度更为严格。以金融行业为例，我国规章制度对金融机构的股权代持从严规制，司法实践中判定金融类公司股权代持效力时也会以金融监管部门的规章政策作为参考，从其背后所体现的立法目的与违反规章政策带来的法律后果等层面进行综合考量。

存款性金融机构中以商业银行股权代持为例。在涉及银行股权的代持问题上，早期的典型案例为 2002 年的"华懋金融服务有限公司与中国中小企业投资有限公司委托投资纠纷案"[1]，其主要观点为：华懋公司属于外资企业，对内地金融行业的投资必然需要经过内地相关机构严格的审批，以及多层次的限制。然而华懋公司故意规避《关于向金融机构投资入股的暂行规定》《境外金融机构投资入股中资金融机构管理办法》的规定，委托中小企业进行投资，中小企业也故意忽视法律规定，与华懋公司签订委托合同，规避了内地金融管理制度的强制性规定，属于以合法形式掩盖非法目的，相应代持协议无效。其后《境外金融机构投资入股中资金融机构管理办法》废止，境外金融机构委托内地企业代持中资金融机构股权的，原则上不会再因违反该规定而被认定为无效，但 2018 年发布的《商业银行股权管理暂行办法》健全了从股东、商业银行到监管部门"三位一体"的穿透监管框架，明确了主要股东信息报送责任、商业银行信息核实责任以及监管部门的最终认定责任，表明了

---

〔1〕　参见（2002）最高法民四终字第 30 号民事判决书。

监管机构将重点解决隐名股东、股权代持等违规行为的强监管导向。[1]在 2018 年底作出判决的"中信银行股份有限公司济南分行、海航集团有限公司执行异议之诉再审案"[2]，最高人民法院认为，海航集团通过中商财富代持营口沿海银行股份，主观上不排除为了规避银监会办公厅下发的相关文件中对于股东资格审核的监管要求。在"新乡市汇通投资有限公司、韩冬案外人执行异议之诉再审案"[3]中，最高人民法院对于商业银行中的代持股行为仍然持反对态度。

非银行金融机构的股权代持效力问题也经历了司法裁判思路的变化。在"博智资本基金公司与鸿元控股集团有限公司其他合同纠纷案"[4]中，最高人民法院区分了股权归属关系和委托投资关系，认为前者因合法的投资行为而形成，后者则因当事人之间的合同行为形成，显然涉案代持协议并不属于《合同法》规定的无效情形，该等代持协议有效，但股权归属关系应根据合法的投资行为依法律确定，不能由当事人自由约定，该案中，中国保险监督管理委员会根据监管的需要对于外资股东的持股比例作了不超过 25% 的限制性规定，外资股东投资境内保险公司应当受到上述投资比例的限制，据此认定双方之间的关系不属于代持关系，而系委托投资合同关系。也就是说，该案中法院并未直接认定股权代持无效，而是认为股权代持超过了法律规定比例因此属于委托投资关系。之后最高人民法院在"福建伟杰投资有限公司、福州天策实业有限公司营业信托纠纷案"[5]中认为，《信托持股协议》内容，明显违反中国保险监督管理委员会制定的《保险公司股权管理办法》第 8 条关于任何单位或者个人不得委托他人或者接受他人委托持有保险公司股权的规定，在一定程度上具有与直接违反《中华人民共和国保险法》等法律、行政法规一样的法律后果，同时还将出现破坏国家金融管理秩序、损害包括众多保险法律关系主体在内的社会公共利益的危害后果。因此案涉《信托持股协议》应认定为无效。可见随着金融监管的日益严格，金融秩序和稳定成为

---

〔1〕 参见王毓莹："隐名股东的身份认定及其显名路径——基于最高人民法院 76 份裁判文书的实证分析"，载《国家检察官学院学报》2021 年第 2 期。

〔2〕 参见（2016）最高法民再 360 号民事判决书。

〔3〕 参见（2018）最高法民再 325 号民事判决书。

〔4〕 参见（2015）最高法民申字第 136 号民事裁定书。

〔5〕 参见（2017）最高法民终 529 号民事裁定书。

金融商事裁判的指导思想，对于股权代持协议的效力认定也趋于禁止。

4. 无书面股权代持协议的代持效力判定问题

在实务中，隐名股东与显名股东为谨慎起见，多数情况下会签订书面的股权代持协议。但是也存在无书面股权代持协议的情况，此时如何认定当事人存在股权代持合意的问题在司法实践中亦是一个难题。

"王云与青海珠峰虫草药业有限公司股东资格确认纠纷案"是典型代表。该案一审认为，王云主张其股东资格虽未能提供直接的证据予以证明，但是从王辉与王云系兄弟关系，王云实际上始终参与公司的经营管理，珠峰公司的筹建创立情况以及王云在公司设立后在基础设施建设、人员任用、营销运作一系列过程中所起的作用和王辉、王云之姐王健受王云委托向王辉账户打款用于增资等事实，结合家庭成员、公司高管等证人证言内容综合分析，应认定在珠峰公司王辉代王云持有股权的部分事实成立。[1]其后的二审中，最高人民法院认为，并无证据证明王云与王辉及海科公司之间达成了合法有效的代持股合意，王云委托王健和美信公司转款系用于此次增资的意图亦不明确，因此即便增资资金来源于王云，亦不能就此认定王云对记载于王辉及海科公司名下珠峰公司股权享有股东权益。[2]二审判决直接撤销一审判决并改判驳回隐名出资人的诉讼请求。在之后该案的再审程序中，法院认为：虽然实际出资人与名义出资人未签订书面代持协议，但根据双方当事人共同的亲人出庭证明，当事人的家庭会议曾就双方股权代持等事宜进行过商议和决定，公司其他股东亦出庭证明实际出资人在公司设立和建设过程中，投入大量资金，付诸精力和行动对公司进行实际管理，再辅之以电子邮件证明，应当确认口头代持协议隐名股东身份及权益。[3]以上案件的审判过程真可谓"一波三折"，从中可以看出，未签有书面股权代持协议的股权代持法律关系的判断是极为复杂的。在"薛惠坪与陆阿生、江苏苏浙皖边界市场发展有限公司等委托代理合同纠纷案"中，最高人民法院通过隐名股东汇付款项的事实判断隐名股东与显名股东之间存在股权代持关系。[4]"刘婧、王昊股东资格确认纠纷案"中，法院认为，股权代持关系必须依靠股权代持协议来确定名义出资

---

[1]　参见（2013）青民二初字第2号民事判决书。

[2]　参见（2014）最高法民二终字第21号民事判决书。

[3]　参见（2015）最高法民申字692号民事裁定书。

[4]　参见（2013）最高法民一终字第138号民事判决书。

人和实际出资人之间的权利义务关系。由于刘婧不能证明股权代持协议的存在及内容，其与王昊之间的所谓股权代持权利义务关系就无法具体予以确定。[1]

总的来看，最高人民法院对于未签订书面代持协议的股权代持效力的认定总体来说较为宽容，在直接的当事人之间，只要能形成完整的证据链条证明股权代持关系的存在，都可以予以支持。但是在涉及隐名股东和显名股东之外的第三人时，则要更多地考虑公示在外的股东信息。

股权代持协议被认定为有效或者无效，都不是法律纠纷解决的终点。股权代持协议效力的认定往往是解决其他法律关系的基础。接下来，本书将对股权代持协议被确认有效或者无效之后的常见法律纠纷重点难点问题进行讨论。

三、股权代持有效的法律问题

当股权代持协议被认定有效时，当事人应当按照协议约定享受权利、履行义务。实际出资人承担缴纳出资义务，名义出资人则显名成为公司股东，有向实际出资人汇报行权状态与公司日常运营管理情况的义务，双方亦可在不违反法律强制规定的前提下约定责任的承担。

但是，由于股权代持关系的复杂性、隐蔽性，极容易发生纠纷隐患。对于隐名股东可能出现的风险包括：由于显名股东不诚信，未经股东同意行使表决权等股东权利，甚至直接转让股权可能导致的股权"善意取得"问题；以及显名股东因个人债务导致被代持股权被强制执行；对于显名股东来说，其常见的风险包括因隐名股东出资瑕疵导致显名股东对公司债权人承担债务或者对公司承担法律责任认定等。

（一）代持股权的转让与善意取得问题

即便股权代持协议有效，股权代持关系中特有的登记股东与实质股东不符的情况仍然存在。此时的股权代持关系效力"内外有别"。从内部来说其效力毋庸置疑，但是从外部来看，股权登记于名义股东名下，自然就产生了其他人对该登记信赖的问题。此种情况下，不能一概而论是保护第三人利益抑或是实际出资人利益，而是要区分具体情况。不能因为工商登记记载的形式

---

[1] 参见（2016）最高法民申 2519 号民事裁定书。

要件不一致就否认当事人的实体权利，否则有违实质公平正义。但同样也不能为了保护实际出资人的利益而无视第三人利益，这里的第三人，既包括与公司、股东从事交易的相对人，也包括实际出资人对于公司、股东、管理人均"隐名"时的公司成员。特别是对于封闭式公司而言，股东间的合作是基于彼此的信赖关系，如果忽然得知原本的合作伙伴仅是名义上的股东、真正的股东另有其人时，显然不符合公司及股东的合理信赖与预期。此时主要涉及的是隐名股东显名的问题，这一问题较为复杂，将在后面的部分专门讨论。这里主要探讨与公司以外的交易相对人的关系问题。

与股权代持相关的股权转让纠纷主要有两种情况：一种是显名股东未经隐名股东同意擅自处分股权，此时主要涉及善意取得的问题；另一种是隐名股东未经显名股东同意转让股权，可能导致显名股东或受让人利益受损的问题。

对于第一种情况，《公司法解释三》第 25 条规定，名义股东将登记于其名下的股权转让、质押或者以其他方式处分，实际出资人以其对于股权享有实际权利为由，请求认定处分股权行为无效的，人民法院可以参照《民法典》第 331 条的规定处理。名义股东处分股权造成实际出资人损失，实际出资人请求名义股东承担赔偿责任的，人民法院应予支持。《民法典》第 311 条即关于无权善意取得规定，该规定对于善意取得的条件规定为：（一）受让人受让该不动产或者动产时是善意；（二）以合理的价格转让；（三）转让的不动产或者动产依照法律规定应当登记的已经登记，不需要登记的已经交付给受让人。可见，该司法解释认可了名义股东处分股权适用善意取得的规则，但应当具备的必要条件包括：一是受让股权的第三人对于隐名股东与显名股东之间的股权代持事实不知情；二是股权以合理的价格进行转让；三是该股权已经登记于善意受让人名下，否则受让人的权利不应当优于隐名股东。

对于第二种情况，当隐名股东未经显名股东同意将股权进行转让，引发的主要问题是显名股东不配合办理股权变更手续，从而损害受让人利益。此时隐名股东作为股权的实际出资人，对于股权的处分应当属于有权处分，但是名义股东作为登记股东，如对股权转让不同意，后续的股权转让登记无法进行。如果受让人并不追求彰显为显名股东，则其通过受让股权成为新的隐名股东，但此时存在一个问题：原本的股权代持关系是基于实际出资人与名义出资人间的协议，无论是基于代理、合伙抑或信托本质的阐释，其人身性质强烈，并非可以由一方的转让而当然地变更当事人，显名股东对于新的隐名股东是否能够接纳和认可，直接关系到新的股权代持关系是否成立。因此，只有显名股东明确表示同意的，才能够成立新的股权代持关系。隐名股东的私下转让行为对于显名股东并不当然生效，其股权转让仅在直接当事人之间有效，并不能对抗显名股东，如果受让人受到损失的，可以向转让人要求损害赔偿。

另外值得注意的是，由于股权实际持有情况与登记状态相分离的现象十分普遍，股权登记的商事公示公信效力远不及物权登记。在实际的股权转让交易中，股权受让方几乎不可能仅仅依据工商登记信息就达成股权转让交易，通常都会对目标公司进行尽职调查，一般都会在知晓股权代持情况下作出商业判断，股权的善意取得或者是隐名股东的私下转让，实际上适用空间都较小。

（二）股权代持与强制执行的关系

在股权代持纠纷中，执行异议之诉占了很大比例，股权代持协议的效力是否可以对抗债权人或第三人是股权代持效力研究的突出问题。虽然股权代持协议的效力得到确认，隐名股东作为实际出资人的利益值得保护，但是债权人基于登记在册的商事外观主义形成的信赖利益同样值得保护。二者孰轻孰重，是司法实务中的难题。

《公司法》第 32 条第 3 款规定，公司应当将股东的姓名或者名称向公司登记机关登记；登记事项发生变更的，应当办理变更登记。未经登记或者变更登记的，不得对抗第三人。根据最高人民法院近年来的判决，多数倾向于保护显名股东债权人和善意第三人的利益。如"王仁岐与刘爱苹、长春中安房地产开发有限公司等案外人执行异议之诉案"[1]"陆超与廊坊艳阳粮油食品有限公司等股权转让纠纷案"[2]均认为隐名股东对股权的持有不能排除显名股东的债权人对股权的执行，债权人因商事外观主义产生的信赖利益应优先于股权代持中的实际出资人的利益得到保护。"黄德鸣、李开俊与皮涛及广元市蜀川矿业有限责任公司案外人执行异议之诉案"[3]中，法院认为，案涉

---

〔1〕 参见（2016）最高法民申 3132 号民事裁定书。
〔2〕 参见（2018）最高法民再 307 号民事裁定书。
〔3〕 参见（2019）最高法民再 45 号民事判决书。

股权代持形成在先，当案涉民间借贷关系中债权人皮涛的动态利益与黄德鸣、李开俊作为隐名股东享有的静态利益发生冲突时，按照一般商事理论，诉争的名义股东蜀川公司名下的股权可被视为债务人的责任财产，债权人皮涛的利益应当得到优先保护。上述案例中，最高人民法院所持观点的主要理由在于：名义出资人经登记等程序成为公司股东，善意第三人基于该登记事项具有合理的信赖利益，名义出资人与实际出资人间的内部协议仅在双方当事人之间产生效力的认可，而不能当然地产生对抗善意第三人的效力。如果放任股权代持协议对抗第三人的信赖利益，将会对于市场交易安全和稳定产生负面作用。综合来看，以上股权代持相关的案件具体审理中，外观主义存在被滥用之虞。外观主义实乃法律基于特定理由才不得已地按照外观特别是对该外观的合理信赖赋予法律效果。在一般情况下则更关注事物的真实，而不依外观论事。[1]

　　对以上处理方案的核心争议在于《公司法》第 32 条第 3 款中规定的"第三人"范围。首先该第三人是否应为"善意"。《民法典》第 65 条规定，法人的实际情况与登记的事项不一致的，不得对抗善意相对人。《九民纪要》规定，就同一事项，民法总则制定时有意修正公司法有关条款的，应当适用民法总则的规定。例如，《公司法》第 32 条第 3 款规定，公司应当将股东的姓名或者名称及其出资额向公司登记机关登记；登记事项发生变更的，应当办理变更登记。未经登记或者变更登记的，不得对抗第三人。而《民法总则》第 65 条的规定则把"不得对抗第三人"修正为"不得对抗善意相对人"。经查询有关立法理由，可以认为，此种情况应当适用民法总则的规定。根据以上规定，未登记事项不得对抗的第三人应为"善意第三人"无疑。但是紧接着还有另一个重要的问题，"善意"应如何界定和理解。通常对"善意"的理解为对未登记事项不知道或者不应当知道。但在股权代持和股权交易相关的场合，这里的"善意"还有进一步的理解和讨论：即此处的"善意"应将不能对抗的债权人限于与争议股权存在交易关系的债权人，而不包括显名股东的一般债权人。换言之，如果债权人是因一般债权债务关系申请执行显名股东持有的股权，将股权仅作为实现其债权的一种方式，则不具备善意利益，隐名股东可以排除债权人对代持股权的强制执行；但如果股权是转让或担保

---

　　〔1〕　参见崔建远："论外观主义的运用边界"，载《清华法学》2019 年第 5 期。

的标的，债权人是股权交易的受让人，其对于工商登记的信任才值得保护，则隐名股东不能排除受让股权的债权人的强制执行。

对于该问题，最高人民法院在"中国银行股份有限公司西安南郊支行与上海华冠投资有限公司申请执行人执行异议案"[1]和"谢德平与江志权等案外人执行异议之诉案"[2]中均认为，实际出资人对被执行股权享有权利，其持有股权的行为发生在债权人的债权之前，其对股权执行提出的异议应优于债权人的债权主张。《九民纪要》第123条和第124条对于非金钱债权和金钱债权的执行异议之诉进行规定，关于案外人在执行异议之诉中能否依据另案生效裁判排除强制执行的问题，明确以下内容：其一，如果实际出资人已取得股权的另案权属确权生效裁判，则一般可据此排除强制执行；但如果名义股东债权人的执行依据也是涉案股权的权属确权生效裁判，原则上可以优先。其二，如果实际出资人仅取得代持合同效力认定或投资收益权确认等债权生效裁判，则一般不可据此排除强制执行；但如果实际出资人在取得另案债权生效裁判后，在执行异议之诉中还提出股权确权请求，并属经法院审理认为应予确权的，法院仍旧需要对相关主体利益进行衡量，并不必然推出当然无法排除强制执行的结论。综合来看，《九民纪要》秉持"物权优于债权"的基本原则，认为生效的确权判决可以排除债权执行请求。同时，《九民纪要》中特别对于司法实践中外观主义的适用问题进行回应，引言第3段中明确规定，特别注意外观主义系民商法上的学理概括，并非现行法律规定的原则……审判实务中应当依据有关具体法律规则进行判断，类推适用亦应当以法律规则设定的情形、条件为基础。从现行法律规则看，外观主义是为保护交易安全设置的例外规定，一般适用于因合理信赖权利外观或意思表示外观的交易行为。实际权利人与名义权利人的关系，应注重财产的实质归属，而不单纯地取决于公示外观。总之在审判实务中，要准确把握外观主义的适用边界，避免泛化和滥用。

综合来看，对于股权代持能否阻却名义股东债权人执行股权的问题，应该从以下几方面来考虑：首先，绝对地遵循外观主义原则不可取，应当按照《九民纪要》的规定和参考相关案件判决，更加注重从实质上考察相对人的信

---

[1] 参见（2015）最高法民申字第2381号民事裁定书。
[2] 参见（2018）最高法民申第5464号民事裁定书。

赖利益和善意与否，避免商事外观主义的滥用。适用外观主义原则的目的在于维护交易安全及稳定，而不能将实际权利人的利益置于不恰当风险之下。其次，实际出资人不能对抗的善意第三人，应当限于与名义出资人进行股权交易的善意相对人，如果申请执行人持有针对代持股权的确权判决或者给付判决，或者是信赖股权登记与名义股东产生股权买卖、抵押等交易关系的第三人，实际出资人不能对抗，股权代持不能排除强制执行；反之，如果申请执行人持有的是其他一般债务的给付判决，则实际出资人可以对抗，因为此时申请执行人并没有产生基于股权登记公信力的信赖，其所有之前的行为与被申请执行的股权无关，股权仅仅是债务人各种可执行财产之一，当实际出资人有证据证明该股权并非债务人所有时，当然应该能够排除该强制执行。最后，从权利排序来看，债权人享有的权利性质为普通金钱债权，其对名义股东享有的是债权请求权；实际出资人享有的是实质上的股权，对名义股东至少有股权返还请求权，从此角度来看，实际出资人的权利指向更为明确，其请求权应当优先于股东的一般债权人。

（三）出资瑕疵的相关问题

在现有的公司法律制度体系下，尽管股东及时、足额地对其认购的股份进行出资仍然是股东的法定义务，但是由于股东出资并不要求在公司成立之初或者加入公司之时全部缴足，因此股东出资未全部到位的情形非常普遍。此外，实践中也经常会出现虚假出资、抽逃出资等情形，那么此时的出资责任到底应由名义股东承担还是隐名股东承担？

理论上来说，如果公司及其他股东明知股权代持情形的存在，那么出资义务应当归属于隐名股东；但是如果股权代持对于公司及其他股东亦不显露，那么公司及其他股东有权要求显名股东履行出资义务，如果此时显名股东披露股权代持协议，则公司应有权要求显名股东和隐名股东连带承担缴纳出资的义务。如果隐名股东不履行义务、显名股东履行义务的，显名股东可以根据其与隐名股东的股权代持协议向隐名股东行使追偿权。

股东对公司的出资义务本属于公司内部事务，但是当公司对外欠债无法偿还时，特别是在公司处于破产或者类似状态时，会涉及股东出资加速到期的问题。此时，公司债权人有权要求股东在其承诺出资范围内承担责任，此时就出现了隐名股东与显名股东可能面临的对公司债权人的责任问题。

当前与破产清算相关的出资瑕疵的规定主要有：《公司法解释二》第 22

条规定，公司解散时，股东尚未缴纳的出资均应作为清算财产。股东尚未缴纳的出资，包括到期应缴未缴的出资，以及依照《公司法》第 26 条和第 80 条的规定分期缴纳尚未届满缴纳期限的出资。公司财产不足以清偿债务时，债权人主张未缴出资股东，以及公司设立时的其他股东或者发起人在未缴出资范围内对公司债务承担连带清偿责任的，人民法院应依法予以支持。《中华人民共和国企业破产法》第 35 条规定，人民法院受理破产申请后，债务人的出资人尚未完全履行出资义务的，管理人应当要求该出资人缴纳所认缴的出资，而不受出资期限的限制。《最高人民法院关于适用〈中华人民共和国企业破产法〉若干问题的规定（二）》第 20 条第 1 款规定，管理人代表债务人提起诉讼，主张出资人向债务人依法缴付未履行的出资或者返还抽逃的出资本息，出资人以认缴出资尚未届至公司章程规定的缴纳期限或者违反出资义务已经超过诉讼时效为由抗辩的，人民法院不予支持。根据以上规定，在公司破产清算时，名义股东和实际出资人可能面临瑕疵出资责任问题。那么，责任主体到底是实际出资人还是名义股东？不能一概而论，要视代持协议的效力、实际出资人显名的请求是否已被确认、抽逃行为与代持关系发生的期间等情况具体认定。对于债权人的请求，应依据《公司法解释三》第 26 条的规定，由名义股东为公司不能清偿的债务部分在未出资本息范围内承担补充赔偿责任，名义股东不得以其非实际出资人为由拒绝承担责任；在与实际出资人之间，则依据该条第 2 款的规定，名义股东在承担责任后可向实际出资人追偿。[1]最高人民法院在"张幼渠和王峰案外人执行异议之诉案"中[2]，认定名义股东应对抽逃出资承担补充赔偿责任，当公司破产后股东被追究出资瑕疵责任时，涉及外部关系的由名义股东承担责任，承担责任后可以依据真实的代持关系对实际出资人进行追偿。

四、股权代持无效的法律后果

如果股权代持协议被认定为无效，便不具有法律约束力和可履行性，无法发生当事人欲实现的法律效果。但股权代持协议被认定为无效并不意味着

---

[1] 参见胡鹰、陈颖："执行异议和破产程序中涉股权代持纠纷裁判规则初探——结合《民法典》新规定"，载《法律适用》2021 年第 4 期。

[2] 参见（2019）最高法民申 3194 号民事裁定书。

不产生任何法律后果。实际出资人将丧失相应的股权投资权益，名义股东则享有股东权利。协议无效通常会产生返还财产、折价补偿、损害赔偿等后果，但股权代持协议的无效涉及隐名股东、显名股东、公司、其他股东等多个主体，如果按照显名股东返还财产、折价补偿等处理方式，要么隐名股东需要显名为公司股东，要么公司需要减资注销股权，则涉及的相关问题会更为复杂，公司经营处于不稳定的状态。《公司法》及司法解释中并未对股权代持无效之后的处理办法进行明确规定，这也成为一个研究难点问题。

（一）代持股权的处置

股权代持协议无效，其股权处置应该有以下三种模式供选择：模式一，名义股东将公司股权返还给实际出资人；模式二，名义股东将实际出资人的出资资金返还，名义股东继续持有公司股权，成为真正股东；模式三，公司履行减资程序将资本金退还给实际出资人，或是名义股东将隐名投资所对应的相应公司股权依法转让，然后将股权转让所得价款退还给隐名投资人。

模式一属于"返还财产"，但该种做法使实际出资人获得了股权，在股权代持协议无效的情况下，其法律后果与代持协议有效相同，如果本来就是因为实际出资人规避法律而导致股权代持无效，实际出资人获得股权达到其规避法律的目的，反而名正言顺持有了股权，显然导致法律判决与后果自相矛盾。返还财产应当是使双方的财产关系回复到合同订立前的状态，而非满足当事人订立合同想要达到的目的。因此模式一的做法不可取。

模式三需要公司履行减资程序，将隐名投资的资本金退还隐名股东，此种做法显然对于公司来说属于伤筋动骨，涉及公司其他股东和债权人的利益，对于公司的经营稳定有很大的影响。因为个别股东的股权代持行为殃及公司全部股东和债权人，显然是不可取的。

只有模式二较为可行，即由显名股东对隐名股东进行补偿，由显名股东继续按照公司登记的内容享有公司股权。此时显名股东对隐名股东的补偿的本质是不当得利返还。《最高人民法院关于审理外商投资企业纠纷案件若干问题的规定（一）》第18条第1款规定，实际投资人与外商投资企业名义股东之间的合同被认定无效，名义股东持有的股权价值高于实际投资额，实际投资人请求名义股东向其返还投资款并根据其实际投资情况以及名义股东参与外商投资企业经营管理的情况对股权收益在双方之间进行合理分配的，人民法院应予支持。该司法解释是以"返还投资款"加"收益合理分配"方式处理股权代持无效的法律后果问题。具体补偿折价多少，则应根据实际出资人的出资情况及股权现有价值总和进行判定。在"博智资本基金公司、上海鸿元企业发展有限公司财产损害赔偿纠纷案"[1]中，法院就依据以上原则将涉案股权判决归显名股东所有。但是这样的处置结果看似解决了问题，又引发了新的问题，当名义出资人并没有充足的资金补偿实际投资人，其只能又将股权折价抵给实际出资人，此种做法实际上无法实现股权代持协议无效的法律负面评价作用。

以上是封闭类公司的通常做法。而在影响社会公众利益的公众公司和金融行业股份公司的股权代持中，不能简单地类推适用。因这类股权代持损害金融安全、金融秩序等公共利益，直接判决名义股东持有股权及隐名股东获得补偿存在不公平。此类公司的股权代持往往涉及对法律强制性规定的规避，名义股东串通损害公共利益，但依旧继续持有股权，因不法行为获利，而隐名股东也依据现行股权价值获得适当补偿，其不法行为依旧给其带来了可观收入。这种代持协议无效的法律后果，不但不能阻止潜在的违反监管规章损害社会公共利益的股权代持行为，甚至将激励此类股权代持行为。综合《中华人民共和国银行业监督管理法》《商业银行股权管理暂行办法》《保险公司股权管理办法》等规定，此类股权代持协议无效的法律后果应是，由监管部门或其下属机构或某种特定基金暂时持有该股权，然后再拍卖给适格主体。股权代持协议双方均不能获得股权，并应受到相应的行政处罚。至于隐名股权的股本金，可以由股权拍卖后的价款适当支付。若拍卖价款高于隐名股东实际支付的股本金，则按实际股本金支付；若拍卖价款低于隐名股东实际支付的股本金，则按实际拍卖的价款支付，并且隐名股东和名义股东均不得分享投资收益。在隐名期间的持股收益，应作为违法所得罚没。[2]

（二）代持收益的分配及损害赔偿问题

代持股权所产生收益是返还还是重新分配，往往很难进行认定。实务中经常出现的情形是随着公司经营发展，股权价值已经远远超过当初的出资金额，此时应当根据双方对增资的贡献来分配增值额。代持收益的分配应当充分尊重当事人之间的意思自治，当协商不成时，再从合同无效制度目的出发，

---

〔1〕 参见（2019）最高法民终 137 号民事裁定书。
〔2〕 参见刘迎霜："股权代持协议的性质与法律效力"，载《法学家》2021 年第 3 期。

以公平原则为底线，综合各种因素，衡平当事人之间的利益。股权投资产生的股权分红和增值收益等投资权益，应允许合理分配。按照"谁投资、谁收益"原则，投资收益应主要分配给支付了投资成本且实际上承担了投资风险的一方，也就是实际出资人，而名义股东可能对股权进行了一定的管理性事务，在提供交易咨询服务、代领分红、参加公司日常经营等方面付出一定劳务的，可以适当给予小比例的投资收益。

在《最高人民法院关于审理外商投资企业纠纷案件若干问题的规定（一）》中规定了股权代持协议被认定无效后，股权收益应当根据双方当事人之间具体的出资参与情况进行合理分配。"杉浦诉龚茵股权转让纠纷案"[1]中，上海金融法院认为龚茵对投资的增值具有一定的贡献，且没有收取过代持报酬，可获取30%的投资收益。最高人民法院在杨金国、林金坤股权转让纠纷再审案"[2]中明确在股权代持协议认定为无效后，需根据进一步查明的事实，投资利益结合双方过错以及贡献大小等情况进行公平与合理的分割。同样地，针对股权贬值的情况，也应在当事人意思自治的基础上进行合理分担。

此外，股权代持协议无效时还涉及损害赔偿责任。在双方均有过错的情况下，并不能排除损害赔偿的适用。该损害赔偿责任可归为缔约过失责任，需要对固有利益及信赖利益的损害进行赔偿。至于固有利益损失与信赖利益直接损失、间接损失的损害赔偿范围还应当从公平原则与利益衡量角度出发，根据具体情况进行具体分析。若基于协议当事人的过错造成了公司、其他股东及第三人损害时，受损害方也有权请求其承担相应的损害赔偿责任。

五、股权代持隐名股东显名的相关问题研究

股权代持关系中的另一个常见问题是隐名股东资格的身份认定及显名化，隐名股东可能会请求公司显名、签发出资证明书、记载于股东名册。该种纠纷主要发生于有限责任公司，因股份有限公司的股东资格以是否持有公司发行的股票为认定标准，一般不存在疑义。[3]下面对于有限责任公司中的隐名

---

〔1〕　参见（2018）沪74民初585号民事判决书。
〔2〕　参见（2017）最高法民申2454号再审裁定书。
〔3〕　参见范健、王建文：《公司法》，法律出版社2018年版，第264页。

股东显名的相关问题进行讨论。

（一）隐名股东显名的基本条件

《公司法解释三》第 24 条第 3 款规定，实际出资人未经公司其他股东半数以上同意，请求公司变更股东、签发出资证明书、记载于股东名册、记载于公司章程并办理公司登记机关登记的，人民法院不予支持。以上规定对于隐名股东显名的要求和股东向公司以外的人转让股权有相似之处，均要求公司其他股东半数以上同意，但是与转让股权还是存在一定的区别：首先，股权转让必须经转让方同意，股权转让方与受让方达成合意是基本条件；而隐名股东显名不需要考虑显名股东的意愿，由隐名股东直接向其他股东征求同意。其次，股权转让中的其他股东在同等条件下有优先购买权，隐名股东显名程序中未明确其他股东有优先购买权。最后，股权受让人受让股权需要支付对价，隐名股东显名则无须向显名股东支付对价。[1]

《九民纪要》在以上规定的半数股东同意的基础上，在第 28 条中进一步确认了默示同意的方式：实际出资人能够提供证据证明有限责任公司过半数的其他股东知道其实际出资的事实，且对其实际行使股东权利未曾提出异议的，对实际出资人提出的登记为公司股东的请求，人民法院依法予以支持。

根据以上规定，隐名股东显名路径可以总结为一定的公式：隐名股东显名=股权代持协议/事实+实际出资+公司其他股东半数以上同意。对于一些特殊类型的公司，股东显名，变更工商登记还需经审批机关同意。[2]

可见，隐名股东显名的主要条件包括：一是是否存在有效的书面股权代持协议或者有相关的事实能够推定股权代持关系，主要是股权代持协议效力的判定问题；二是是否具备实际的出资；三是程序上的要求，是否获得公司其他股东半数以上同意。以上几个问题中，股权代持效力的判定在前文已经进行过探讨，此处重点研究后两个条件的判定问题。

（二）隐名股东实际出资的认定问题

《公司法解释三》第 23 条规定，当事人依法履行出资义务或者依法继受取得股权后，公司未根据《公司法》第 31 条、第 32 条的规定签发出资证明

---

[1] 参见杨姝玲："隐名出资人法律地位之辨"，载《河北法学》2021 年第 8 期。
[2] 参见王毓莹："隐名股东的身份认定及其显名路径——基于最高人民法院 76 份裁判文书的实证分析"，载《国家检察官学院学报》2021 年第 2 期。

书、记载于股东名册并办理公司登记机关登记,当事人请求公司履行上述义务的,人民法院应予支持。根据以上规定,当事人要求显名为公司股东的必要前提是已向公司履行出资义务或者继受公司股权。作为显名必要条件的"履行出资义务"应如何理解值得探讨。

股东向公司出资是获取股东身份的基本条件之一本无疑义,但是在2013年《公司法》修正之后,股东向公司的出资由实缴制全面转变为认缴制,而《公司法解释三》颁布于2012年,后虽经2014年、2020年两次修正,但第23条未有变化。也就是说,对于一般股东来说,其对公司仅负有认缴义务,很有可能还未有任何实缴出资;但是对于隐名股东来说,反而要求其必须是实缴出资,显然是不合理的。关于未实际出资的"股东"是否能够取得股东资格,在我国理论界曾有漫长的争论,"肯定说"[1]与"否定说"[2]各有支持,在较长时间内"否定说"占据上风。但是随着公司理论的发展,出资并不是认定股东身份的必然要件。出资虽然是股东的重要义务,但是股东未按照约定出资仅导致其承担相应的法律责任,并不必然否定其股东资格,实际出资并不与股东身份必然挂钩。也有学者指出,实际出资人以其实际履行了出资义务为由向名义股东主张权利的,人民法院应予支持中的"主张权利"仅限于因持有股权而享有的分红权与剩余财产索取权,是一种财产性权利,不包括表决权等人身性权利。[3]

虽然在全面认缴之下,股东资格并不以实缴为要件,但却是隐名股东欲真正成为股东的重要证据。因为股权代持本身就有一定的隐秘性,实际出资能够证明隐名股东有成为股东的愿望。人民法院往往通过相关财务资料、出资款流转去向等直接证据认定实际出资情况,在隐名股东非直接出资的情况下,则需查明多重法律关系进而确定出资情况。[4]在"郑州亿升电熔耐火材料有限公司与杨金武股东资格确认纠纷案"[5]中,最高人民法院认为,虽然工商登记中没有隐名股东身份记载,但是通过对财务收据和财务报告等的审

〔1〕 参见刘瑞复:《中国公司法》,法律出版社1998年版,第116页。
〔2〕 参见孔祥俊:《公司法要论》,人民法院出版社1997年版,第189页。
〔3〕 参见葛伟军:"有限责任公司股权代持的法律性质——兼评我国《公司法司法解释(三)》第24条",载《法律科学(西北政法大学学报)》2016年第5期。
〔4〕 参见王毓莹:"隐名股东的身份认定及其显名路径——基于最高人民法院76份裁判文书的实证分析",载《国家检察官学院学报》2021年第2期。
〔5〕 参见(2013)民申字第1406号民事裁定书。

查，可以认定隐名股东实际出资，享有股东权利。可见，股东出资并非确认股东资格或股东显名的必要条件，而是认定股权代持关系存在的标准或者是证据之一。换句话说，如果有其他证据证明股权代持关系的存在，隐名股东即便没有实际出资，也有权主张其股东资格。

总的来看，出资并非隐名股东显名的必要条件，股权代持合意才是隐名股东身份确认的实质要件。就内部关系而言，股权代持协议改变的仅是该公司股东间权利义务，因此只要协议是建立在双方合意和善意的基础上，就应当尊重当事人的意思自治，[1]法院要注重对股权代持协议具体内容的审查，看双方之间是否有关于股权归属、投资风险承担等约定内容。在没有书面股权代持协议的情况下，法院可通过对转让凭证、财务收据、财务账册、往来函件、证人证言、实际出资投入情况、实际参与经营情况等方面进行考量，通过证据高度盖然性标准，综合认定双方是否具有股权代持合意。从对外关系来看，如果涉及案外第三人，则应提高证明标准，一般以股东名册、工商登记等权利外观进行确认，隐名股东需证明第三人知道或者应当知道股权代持的情况，才能确认其股东资格。[2]

（三）公司其他股东过半数同意的必要性辨析

《公司法解释三》第 24 条将公司其他股东过半数以上同意作为隐名股东显名化的条件，在《九民纪要》中又进一步增加了默示同意的情形。股东的同意应既包括事前的同意，也包括事后的追认。

有限责任公司人合性的特点决定了隐名股东的显名要尊重其他股东意见。一般来说，在其他股东不同意的情况下，法院也不会以判决的形式直接认定隐名股东的股东资格和变更公司登记信息。最高人民法院的判决基本上秉承了这一原则。在"吴成彬与浙江中纺腾龙投资有限公司等股东资格确认纠纷案"[3]中，最高人民法院认定，在其他股东半数以上明确表示不同意实际出资人显名化的情况下，即使实际出资人已经出资，仍无法取得股东资格。而

---

〔1〕 参见最高人民法院民事审判第二庭编著：《最高人民法院关于公司法解释（三）、清算纪要理解与适用》，人民法院出版社 2016 年版，第 379 页。

〔2〕 参见王毓莹："隐名股东的身份认定及其显名路径——基于最高人民法院 76 份裁判文书的实证分析"，载《国家检察官学院学报》2021 年第 2 期。

〔3〕 参见（2013）最高法民申字第 2450 号民事裁定书。

"林志群与林三、张静股东资格确认纠纷案"〔1〕中，其他股东没有表达反对意见也没有表示同意，法院认定其他股东对林三、张静作为隐名股东的身份是清楚并认可的，曾是中凯联公司原始股东的汪亚军的证言亦证明了设立公司时与林三、张静等四人协商等事实，故而判令公司为隐名股东办理股东工商登记变更手续。此外，最高人民法院还根据隐名股东多次以股东身份参加股东会议的事实，或者其他股东未阻止隐名股东行使表决权等行为推定其他股东对股权代持事实知晓并认可。

《公司法解释三》规定的目的主要是股权代持以外的公司股东的利益保护，《九民纪要》之所以作如此变通，是考虑到股权代持行为的多样性。在实践中，隐名股东的"隐"分为两种情况：一种情况是公司和其他股东对隐名股东的存在不知情，此时股权代持关系仅为双方所知。有限公司的股东之间具有很强的信任关系，因此《公司法》规定向公司以外的股东转让股权时较为繁琐的程序，其立法初衷就是对外来人员加入公司进行一定的限制。但是如果股权代持关系对公司和其他股东未显露，其他股东不知道隐名股东的存在，其认同的合作伙伴是显名股东而非隐名股东，此种情况下，隐名股东的显名与股东的对外转让股权具有很大的相似性。因此《公司法解释三》作出了类似股权转让的限制性条件。只不过此种情况下，显然没有支付对价及其他股东优先购买权的适用余地。

另一种情况是公司和其他股东对隐名股东的存在知情。此种情况下，隐名股东与显名股东的股权代持关系已向公司进行披露，公司其他股东对于隐名股东的存在是知晓的。这种"知情"往往没有直接的证据证明，而是通过公司的日常商事活动的表现来反映。如隐名股东直接或间接地参与公司的筹备、设立、经营乃至解散过程，特别是隐名股东曾经参与过公司的经营决策、指派公司的高管、参与公司表决、分红或者清算，等等。这些事实都可以表明其他股东已经默认隐名股东为公司的实质股东。此时还要求半数以上股东明确表示同意显然不必要，因此《九民纪要》中规定了默示同意的要求，与最高人民法院之前的裁判思路也是一脉相承的。同时，实践中也不乏一些不诚信的股东在发生纠纷后，极力主张对于股权代持协议不知晓，此时在推定股东默示同意的情形时，对于股东的知情应依照理性经济人的标准作判断，

---

〔1〕　参见（2014）最高法民申字第 1053 号民事裁定书。

而在涉及专业投资、金融等商事交易纠纷中，因股东不仅是一般的理性人更是精明的商事主体，可适当提高对审慎勤勉的要求，采"谨慎之商人"标准[1]。

实践中还有一种情况即隐名股东同时是公司的显名股东，其持有的股权一部分为本人所有，一部分由他人代持。此时若想要显名被代持股权，是否也需要其他股东同意呢？考虑到要求股东同意的立法本意是避免破坏有限责任公司的人合性，如果隐名股东本已为公司股东，则其显名与否都不会增加外来人员加入公司，仅仅是改变持股比例。鉴于《公司法》中规定公司股东内部转让股权完全自由、无须经其他股东的同意，那么此时的隐名股东显名也应不受其他股东意见的左右，可以直接要求公司将其登记为股东。

---

[1] 参见叶金强："私法中理性人标准之构建"，载《法学研究》2015 年第 1 期。

创业公司股东知情权与公司法知情权制度的适应性研究

公司法的核心问题就是股东权益的保护，没有股东就没有公司，而公司又是市场经济体系的重要基础，所以股东权保护程度如何关系到公司制度本身的存废，更关系到社会经济的稳定。股东权利包括决策权、监督权、分红权等，股东行使这些权利均是在知悉公司经营真相的前提下才能进行，因此股东知情权是股东行使其他权利的保障，股东通过行使知情权，了解公司运营情况、判断自身收益、主张其他权利。但我国公司控股股东、大股东和高管层利用其经营公司的优势地位侵犯股东知情权的现象屡见不鲜，信息不对称现象在公司与广大股东之间普遍存在。特别在创业公司中，由于投资人一般不参与公司管理，其与创业者之间的信息不对称问题更为突出。如何保证投资人的知情权，是创业公司中的一大难题。

一、股东知情权概述

(一) 股东知情权的概念

各国立法普遍规定股东享有了解公司信息的权利，但股东知情权并不是严格意义上的法律概念。有学者认为股东对公司业务监督与纠正的权利能够得到行使的必要前提和手段就是股东享有知情权，也是全面保护股东其他权益行使的重要一环。[1]有的学者认为股东知情权就是股东对公司情况知晓了解的权利；[2]也有的将股东知情权界定为股东知悉公司相关信息的权利。[3]

股东知情权的制度设计是为了使公司的信息更加公开透明，确保不参与

---

〔1〕 参见刘俊海：《股份有限公司股东权的保护》，法律出版社 2004 年版，第 68 页。

〔2〕 参见周友苏：《新公司法论》，法律出版社 2006 年版，第 236 页。

〔3〕 参见蓝寿荣：《上市公司股东知情权研究》，中国检察出版社 2006 年版，第 5 页。

公司治理的中小股东能够完整、及时、准确地获取公司信息，了解公司董事和高管的业务活动和公司的运营状况，保障股东更好地行使股东权利。股东知情权不仅应当包括查阅公司的财务会计报告、账簿等相关资料的权利，还应当赋予股东对公司相关事务主动质询、提出建议的权利。

（二）股东知情权的性质

随着现代公司制度的发展，用于满足股东保护自身利益需求的股东权利的种类和数量不断增多，不同的股东权有不同的性质特点和价值追求。如共益权与自益权、固有权与非固有权、少数股东权与单独股东权。准确地把握股东知情权的性质才能对其研究更加深入，更好地建立和完善股东知情权制度。

1. 基础性

只有在股东了解了公司的经营管理状况之后，才能行使其他权利。因此股东知情权是一项基础性的股东权利。在多数情况下，股东行使知情权的目的不限于获取信息本身，而是通过获取的信息采取进一步的法律行动，如请求盈余分配、参加公司重大事项的表决、对管理层提起诉讼或者申请公司破产清算等。因此相对于获取投资收益的分红权等而言，知情权是手段性权利。[1]可以说，股东权是极为复杂、丰富的权利束，除知情权之外的其他任何一项单独股东权的行使、实现都需以知情权为前提。[2]

通常来说，公司规模愈大，所有权和控制权分离的情况越严重，公司内部主体多样性引发的利益诉求多重性以及所有权与控制权的逐渐分离愈会造成代理成本的逐渐膨胀。管理人与所有者的分离不能成为管理人不再对所有者承担责任的理由，其不利于公司利益的行为不能正当化。所有者在公司中声音减弱的现状恰恰说明监督更为必要。[3]而在创业公司中，虽然其规模并不大，但是由于创业公司独特的股权构造，投资多的出资人持有小股且不参与公司经营管理，投资少的创业者持有大股且通常是公司的主要经营管理人，这就造成了创业公司中的投资人与创业者之间的巨大信息不对称，也可能引发极大的代理成本。在此情况下，只有保障不参与公司经营管理的股东充分

----

〔1〕 参见朱锦清：《公司法学》（上），清华大学出版社2017年版，第398页。

〔2〕 参见李建伟："'实质性剥夺'股东知情权的公司意思效力研究——《公司法解释四》第9条的法教义学分析及展开"，载《中外法学》2018年第5期。

〔3〕 See Daniel J. Dykstra, "The Revival of the Derivative Suit", *U. Pa. L. Rev*, Vol. 116, 1967, p. 81.

的知情权，才能使其对公司现实状况有所了解，也才能对于公司的经营管理人形成监督，从而减少代理成本。如果公司的控制者和代理人缺乏制约和监督，他们将可能突破法律限制，以法律所未能预料的方式，不恰当地行使原本为了实现正当目的赋予他们的权利。[1]股东知情权作为基础性的股东权利，如果得不到保护，股东的其他权利也就成了无源之水、无本之木。例如根据《公司法》第112条第3款规定，董事应当对董事会的决议承担责任。董事会的决议违反法律、行政法规或者公司章程、股东大会决议，致使公司遭受严重损失的，参与决议的董事对公司负赔偿责任。但经证明在表决时曾表明异议并记载于会议记录的，该董事可以免除责任。试想，如果股东无法查阅、复制董事会决议与会议记录，则股东无法了解任何公司基本情况并提交证据，此种要求董事承担责任的诉讼根本不可能成立。可见，知情权的基础性特质显而易见。

2. 共益性

将股东权分为自益权和共益权的标准主要是股东行使权利的目的和效果。如果股东专门为个人私益特别是个人的财产利益而行使其权利，此为自益权，自益权往往表现为和公司利益以及其他股东利益一定程度上的此消彼长。如股东要求分红派息的权利，往往和公司的扩大规模、储备资金、加强积累、增大投资等方面的需求相冲突，同时也与其他股东的诉求存在矛盾。而如果股东从维护个人利益的角度出发同时兼顾了公司和其他股东的利益，对公司的经营决策和对管理人的监督等产生了作用，其行使的权利表现为共益权。如股东参加股东会议的权利、表决的权利、提起派生诉讼的权利等，虽其潜在目的通常也是保护个人利益，但是这些权利的行使起到了参与公司经营决策、监督公司董事与高管的作用，公司在应对股东知情权的过程中也会对经营方式作出适当调整。股东的知情权显然属于共益权。从这个角度来看，如果对于股东的知情权不能有效保护甚至任意剥夺，将不仅损害股东自身的权益，还将对全体股东及公司的利益造成伤害。

3. 单独股东权

知情权是少数股东权抑或单独股东权，一直存在争议。所谓单独股东权，

----

〔1〕　See L. B. C. Gower, *Principle of Modern Company Law*, London：Sweet & Maxwell Ltd.，5th ed, 1992, p. 553.

是指任一股东都可以独立行使的权利，如参加股东会议的权利、要求分红的权利、转让股权的权利等；而少数股东权是指持股必须达到一定数量的股东才能行使的权利，如提议召开特别股东会议的权利、提起派生诉讼的权利等。知情权在多数国家规定为一个独立的制度，在我国公司法中亦界定为一项单独股东权而非少数股东权，即每一位股东都可以为了公司的利益，要求对公司资料进行查阅、质询等。目前从多数国家立法来看，除了在查阅公司会计账簿时有更为严格的例外规定外，基本上都不再对股东持股份额和时间进行限制。之所以对会计账簿进行限制，源于会计账簿作为公司记载收入与支出的关键账册，商业秘密性较高，与公司和股东的利益更为紧密，一旦泄露对于公司和股东会有较大伤害。将知情权认定为单独股东权有利于鼓励股东积极行使知情权。特别是对于封闭式公司来说，股东人数本就不多，且股东和公司的利益捆绑度较高，即使各个股东行使查阅权，对于公司也不会造成太大的负担。

4. 限制性

公司的执行机关为董事会及其委派的经理，公司的日常经营管理应由执行机关进行。基于法定和公司章程授予的权限，管理层当然有权对于公司的日常经营事务进行判断。如果允许占股较少的股东动辄行使知情权，任意查阅公司文件，有可能对于公司经营管理构成干扰，严重的情况下也会引起公司内部商业秘密的外泄。因此对于股东知情权的行使必须有一定的限制。

创业公司具有非常强的人合性，股东间的信赖至关重要，股东知情权的保护与实现可能会对公司正常的营利活动和运营效率产生不利影响。股东知情权一直面临与公司的信息利益保护之间的衡量问题。一方面，股东知情权作为固有权不可剥夺，对于股权权利体系的行使具有基础性价值，受到法律的严格保护；另一方面，公司的商业秘密、重要敏感信息关涉公司的正常经营秩序甚至存亡的核心利益，也受到法律的严格保护。在保护股东的知情利益与保护公司信息利益之间，各国公司法立法与司法都要作出某种价值选择，或曰利益衡量，股东知情权行使要受到某种程度的限制。

通常对股东知情权的限制有几个方面：一是正当目的限制，即要求股东行使知情权的目的是正当的，如美国《特拉华州普通公司法》指出行使知情权的目的应当"与股东利益合理相关"；二是对象范围的限制，一般来说要求股东查阅的记录应与其目的直接相关；三是公司章程可以对股东知情权进行一定的限制。由于知情权是基础性的权利，其不能被章程剥夺或者进行实质限制，但是一般来说各国商法典都允许章程对于知情权的行使方式、程序等进行一定的限制。[1]

（三）股东知情权的内容

作为一个集合性概念，股东知情权由多种权利构成，不存在争议，但究竟包含哪些权利，理论分歧很大。各国法上知情权包括查阅权、质询权、检查人选任请求权与信息接收权等，四项权利能够统一于股东知情权的概念之下，乃在于同质的制度功能即保障股东获取公司信息，以及彼此间密不可分的逻辑联系。查阅权、质询权是最为普遍接受的知情权外延内容，检查人选任请求权是否列为股东知情权还有所争议，而信息接收权是消极权利，对应公司主动发布和披露信息的义务，与公司法和证券法上的信息披露制度相呼应。下面分而述之。

1. 查阅权

股东查阅权是指股东对公司各类文件、资料、记录、凭证进行查阅的权利。同时，查阅权还包含股东可以复制公司财务会计报告、会议决议和会议记录、公司章程等相关文件的权利。查阅权是股东知情权行使的集中体现，复制权是对查阅权的延伸与扩大。

公司的中小股东通过行使查阅复制公司文件的方式了解公司经营状况和财产状况，对于股东来说非常必要，公司有义务确保各种文件真实、完整、准确，以备股东查阅、复制。查阅权可以说是知情权的核心内容。

2. 质询权

根据我国公司法的规定，股东有权对公司的经营管理事项和股东认为必要的相关事项提出质询。公司的董事、监事或者高级管理人员，负有针对股东的质询作出忠实说明的义务。

大多数股东作为非专业人员，在行使查阅权的过程中可能对数据资料的理解存在一定困难，可供查阅的公司资料范围也有一定限制，查阅权的行使可能达不到预期的效果。而质询权使股东在寻求公司信息方面占据主动，可以弥补查阅权的不足。股东质询权与查阅权的共同作用是保障股东知情权更

---

〔1〕 参见李建伟："股东查阅权行使机制的司法政策选择"，载《法律科学（西北政法大学学报）》2009年第3期。

有效率地实现。

3. 检查人选任请求权

很多股东并不具备发现和处理专业问题的知识储备，股东在特殊情况下应当被允许委托代理人代为行使知情权。检查人选任请求权，是指有证据证明公司的经营管理存在违反法律、行政法规或者公司章程的行为，损害了公司或者股东的权益时，符合法定条件的股东可以通过股东大会或者申请法院选任检查人代理自己行使股东权，对公司的经营活动进行专业的查询或者质询。很多国家对检查人选任请求权制度有比较完善的规定，但我国在这方面还是空白。

4. 信息接收权

与查阅权、质询权这种积极行使的权利不同，信息接收权是一种消极权能的股东知情权，是对于公司披露信息的接受行为。信息接收权是否作为知情权的内容有一定的争议，因为一般来说，民事权利应有积极的权能，而公司的信息披露义务源于证券法的强制性规定，股东并没有被赋予请求公司披露相应信息的权利。因此也有学者认为信息接收权仅仅是一种法律上的利益而非权利。但实际上，正是因为有了信息接收权，股东才可以公司虚假陈述为由要求公司承担损害赔偿责任。信息接收权正是此种民事责任的请求权基础。

积极的查阅权、质询权与消极的信息接收权有着内在逻辑联系。对于公众公司而言，由于公司有强制信息披露义务，股东的查询权就受到较多限制，股东需更多地仰赖于信息接收权获取公司信息；而封闭公司没有强制性的披露信息要求，股东在获取信息的途径上处于劣势，则股东更多地需要公司法保护其查阅权。

二、股东知情权受侵害的表现形式及原因

（一）主要表现形式

1. 拒绝小股东的合理请求

《公司法》第33条对于股东知情权的规定十分明确，无论股东所持股份多少以及持有股份时间长短，法律都赋予了该项权利。可是，基于封闭式公司的特点，公司的高级管理人员一般由控股股东担任，他们对公司有着绝对的控制权。当小股东提出查阅公司资料等要求时，往往对控股股东形成一定

的利益威胁，控股股东会以种种方法阻挠或者直接回绝小股东的请求。虽然《公司法》也赋予了股东可以通过诉讼的方式救济其知情权的基本路径，但是一方面给小股东增加了巨大的权利主张成本，另一方面即便胜诉也往往难以执行。

2. 不对股东进行及时的信息披露

《公司法》第 165 条规定，公司应当根据公司章程的规定，在一定期限内向股东提供财务会计报告。公司财务会计报告所反映的内容包括该公司特定日期的财务状况和这一会计期间的经营成果、现金流量等会计信息。[1]通过财务会计报告，股东可以直观地看到公司的财务状况、经营成果和现金流量等有关的会计信息。这种信息披露的强制义务适用于股份有限公司，特别是上市公司。

我国公司法的相关设计存在明显问题，由于我国公司法一直是坚持股份有限公司与有限责任公司的二分法，对于公开发行股票的股份公司来说，由于《证券法》明确规定了较为严格的公司强制信息公开制度，股东知情权受到这一制度的基本保障。而对于非公开发行股票的股份公司而言，明显的封闭式特征导致其与有限责任公司并无显著区别，但是关于股东知情权的规定，既不能适用《公司法》中关于有限责任公司中股东较高程度的查阅权等规定，也不能适用《证券法》中关于公开发行股票的公众公司的规定，此类公司的股东知情权陷于被遗忘和冷落的境地。于是，封闭式股份公司由于缺乏法律的强制性约束，几乎不会对股东主动披露公司经营管理中的重要信息。

3. 公司管理人排除质询

《公司法》第 150 条规定了接受股东质询的主体，包括需要列席会议的董事、监事、高级管理人员。这些人员应当向监事会提供相关材料，且不得妨碍监事会行使职权。该规定从现代公司制度所有权和经营权分离的角度出发，目的在于保持公司股东与管理人之间的信息沟通，防止公司管理人故意隐瞒公司经营状况，使公司遭受损失。但是该条款并未规定，如果公司的董事、监事、高级管理人员拒绝接受质询应当承担何种法律责任，由此导致实践中公司管理人常常对于股东的质询要求置若罔闻。

---

〔1〕　参见中国会计学会编写组：《会计基础》，经济科学出版社 2009 年版，第 78 页。

（二）理论分析

股东知情权的保障对于公司和股东权利的维护非常重要，其背后的理论基础在于公司大股东对资本多数决的滥用以及管理人对公司的控制。

1. 大股东滥用资本多数决原则

资本多数决，是指股东会依持有多数股份的股东的意志作出决议，法律将持有多数股份的股东的意思视为公司的意思，并且多数股东的意思对少数股东产生拘束力。[1] 由于资本多数决原则赋予了多数股东与其股份数相符的表决权数，使得其承担的风险与利益相一致，符合风险与利益相平衡的理念，该原则一经确认，立刻成为公司运营的一个基本规则，也成为现代公司的一个基本法律特征。多数决的表决结果一旦产生，持不同意见的表决人的意思将不再被考虑，而与其个人意思表示不相符的另一个意思表示却对其产生特定的法律效力。在通常情况下，依多数决原则进行决策，并不违反社会所认可的公平、正义理念，因为向公司出资是股东对公司承担的最重要义务，大股东由于出资多而对公司承担比别人更多的风险，因而公司根据其意思行事应该无可厚非。[2]

但该原则绝不是完美无缺的。多数决原则的过度使用，同样会带来"多数人的暴政"，在多数决原则笼罩下，少数人的权利如何得到尊重和保护成为一个值得思考的问题。托克维尔指出，平等主义和个人主义可能是导致多数暴政的诱因，随着平等的日益发展，人们相互依赖加深却不够密切，人民整体形象逐渐高大宏伟起来，对少数人的价值便采取轻视态度，形成社会的利益是全体的利益，而个人的利益却不足挂齿这样一种态势。[3] 在此种情况下，多数决的结果是多数权利意味着全部权利，少数权利意味着没有权利。

2. 公司所有权和控制权的分离

所有权在现实的经济活动中派生于公司股东权，而控制权则派生于法人财产权。[4] 这里的所有权实际上是经济学上的概念，而非严格的法学概念。所有权人是指对公司剩余财产拥有权益的人，而控制权则依公司控制形态的

---

〔1〕 参见梅慎实：《现代公司治理结构规范运作论》，中国法制出版社 2002 年版，第 375 页。

〔2〕 参见甘培忠："有限责任公司小股东利益保护的法学思考——从诉讼视角考察"，载《法商研究》2002 年第 6 期。

〔3〕 参见［法］托克维尔：《论美国的民主》，董果良译，商务印书馆 1988 年版，第 841 页。

〔4〕 参见熊道伟：《现代企业控制权研究》，西南财经大学出版社 2004 年版，第 44～45 页。

不同而由不同的人掌握。在产权保护传统和私有财产保护制度下，股东出资的公司理所当然地由股东享有其所有者权益。公司的所有者是股东甚至成为公司及公司制度得以存在的前提条件。无论是所有者自己经营，还是聘请经理人员经营，关键是出资者都不放弃对企业的控制和直接决策。[1]否则公司及公司制度就无法实现保护投资人权益、鼓励投资的价值。

在现代公司中，所有权与控制权的分离成为普遍现象，股权的分散导致股东不能对经理实施重要的控制，企业从"受所有者控制"改变为"受经营者控制"。伯利和米恩斯提出了一个非常著名的结论：几乎没有控制权的财富所有权与几乎没有所有权的财富控制权，似乎是公司制度发展的必然结果。[2]公司所有权与控制权的分离，意味着重要的决策机构并不承担它们决策所产生的财富效应的后果，即决策功能与风险承担功能事实上发生了分离。公司作为一个多元产权主体、多种利益主体的有机统一体，其权利和利益的多元化导致各个主体间利益发生冲突与失衡。

伯利与米恩斯著作中主要论证的对象是大型公众公司，但实践中还有另一类所有权与管理权出现分离的典型企业，即创业公司。基于创业公司的独特的投资与管理分离的模式特点，创业公司中投入巨大资金的出资人和实际经营管理公司的创业者出现了明显的分离。于是，创业公司中的中小股东权利受损问题同样值得特别关注。当出资人和创业者出现利益冲突，彼此信任瓦解，出资人必然会采取行动监督创业者，而创业者则会用各种方式逃避监督。两者之间的冲突加剧时，会导致创业者在各种会计单据中造价、虚报盈余等情况的出现，此时不参与公司经营管理的出资人股东的知情权就分外重要。

三、知情权保护的域外对比分析

世界主要国家和地区的公司法都对股东知情权给予明确的保护，但是由于各国具体国情和资本市场的发展状况迥异，对股东知情权保护的规定存在差异。

---

〔1〕　参见史际春：《企业和公司法》，中国人民大学出版社 2014 年版，第 85 页。
〔2〕　参见［美］阿道夫·A. 伯利、加德纳·C. 米恩斯：《现代公司与私有财产》，甘华鸣等译，商务印书馆 2005 年版，第 79 页。

（一）美国相关规定

美国公司法上股东知情权的规定主要体现为对股东查阅权的保护，查阅权作为股东知情权的重要内容，股东如果向公司提出申请审查公司材料，除公司认为股东具有不正当的目的而拒绝外，必须履行。《美国标准商事公司法》详细规定了公司应当保存和置备的公司记录的内容，包括查阅对象、查阅程序、查阅主体、查阅救济方式等方面。《美国标准商事公司法》16.02条第（1）款规定，公司的股东有权在公司正常办公时间、办公地点，查阅和复制第16.01条第（5）款规定的任何记录，但股东必须在提出查阅和复制记录之日的前5个工作日向公司递交书面的查阅请求。[1]这一规定赋予了公司股东相当广泛的股东查阅权，涵盖了公司的各种记录、章程细则、文件、合同、股份登记簿、公司日记簿、会计账簿、议事录以及其他有助于保障股东在公司中的投资利益与履行股东职责的各种信息，[2]以及董事会决议、最近三年的股东大会记录、最近三年发给股东的书面信件、现任董事和高级职员的姓名和住址的记录和最近的年度报告，董事会议记录、公司的会计凭证和股东名单等。[3]同时由于不同性质的文件与公司商业秘密的关联程度不同，公司法提出了不同的要求。如《特拉华州普通公司法》第220（3）条规定，股东要求查阅股票总账或股东名册，且该股东符合有关要求查阅的形式和方式之规定时，一般都不受限制，如果公司认为股东查阅目的不正当，负有责任证明；而如果股东要求查阅股票总账、股东名册以外的公司文件和记录的，该股东除须确认其符合有关查阅前述文件的形式和方式之规定外，还对查阅目的的正当性承担举证责任。[4]

美国法律在查阅权的限制方面也规定得比较宽松，如《纽约州公司法》第624条（b）规定，任何股东都可以为了个人合理的目的在5日前提出书面请求，个人亲自或由律师、代理人在公司的营业时间内查阅股东会记录、股东名册并制作这些文件的摘要。对于股东是否需要具有"正当目的"，法律也作出了规定，其中有些文档不会审查股东的动机，股东只要在规定提前的日

---

[1] 参见沈四宝编译：《最新美国标准公司法》，法律出版社2006年版，第237页。

[2] 参见彭真明、方妙："股东知情权的限制与保障——以股东查阅权为例"，载《法商研究》2010年第3期。

[3] 参见刘晓："小股东知情权制度模式比较分析"，载《中外企业家》2010年第8期。

[4] 参见虞政平编译：《美国公司法规精选》，商务印书馆2004年版，第374~375页。

期提出书面申请并承担复制文档的相关费用即可，大多数普通法规则并不要求原告去证明目的的正当性或者证明管理层的拒绝是不当的，多数州制定法也持类似立场，将举证责任分配给公司。[1]这些规定体现了一项基本原则，即公司文件的公开性与股东证明正当目的之间存在关联：文件公开性越强，正当目的证明的必要性越低；文件公开性越低，股东越需要证明目的正当。这主要出于对公司商业秘密保护的考虑。[2]

当股东的查阅权受到侵害时，有权依据相关法律请求法院予以司法保护，《美国标准商事公司法》规定，如果股东的申请具备诚信、对象确定且符合正当目的的要求，其查阅和复印的权利可以由简易法庭判决执行。《特拉华州普通公司法》规定，如果公司不能在5个工作日内对股东查阅申请给予回复的话，查阅和复印请求可以由简易法庭予以判决执行。[3]

（二）英国相关规定

英国对股东查阅权也作了比较详细的规定。英国的公司信息披露是多层次的，披露信息的范围包括强制性的年度财务会计报表、董事报告、审计报告等，也包括非强制性的公司运营和财务回顾、社会和环境报告等[4]。公司的章程和条例、股东名册和股东姓名索引、自治令登记册、董事和秘书名册、董事服务契约、重大股权登记册、董事股权登记册、债权持有人名册、股东大会记录册、董事或经理会议记录册等公司文件都应当供股东免费查阅，并要求公司保证在每天的营业时间内至少有两小时的查阅时间。股东在支付了一定费用后还可以要求公司提供上述文件的复本。如发生拒绝查阅或不履行规定的情形时，法院可依股东申请颁布强制令，强制进行查阅或命令将所需之复本送交索取者。

英国法的知情权制度中比较有特色的是其公司调查制度和独立检查人选任制度。《英国公司法》第42部分专门就检查人选任制度即公司调查制度进行了规定。公司调查制度是由国务大臣委任检查人调查公司事务并以指定的

[1] See James D. Cox &Thomas Lee Hazen, *Corporations*, Aspen Publishers, 2003.

[2] 参见李建伟、姚晋升："论股东知情权的权利结构及其立法命题"，载《暨南学报（哲学社会科学版）》2009年第3期。

[3] 参见彭真明、方妙："股东知情权的限制与保障——以股东查阅权为例"，载《法商研究》2010年第3期。

[4] 参见李建伟："论英国公司股东知情权制度"，载《社会科学》2009年第12期。

方式向其汇报。国务大臣是联系申请人和检查人的枢纽。《英国公司法》第
1228 条规定，国务大臣选任公司检查人程序的启动情形有以下三种：第一种，
法院发布令状要求对公司事务进行调查。第二种，国务大臣自行任命，在其
认为存在以下情形时可以主动委任检查人：一是公司的日常事务具有欺诈债
权人的意图，或者出于欺诈或非法目的，或者会给某些股东造成不公平的损
害；二是公司的行为已经或者将会对他人造成损害，或者公司的设立出于欺
诈和非法的目的；三是公司的发起人或者管理人与欺诈、失职或者其他针对
公司或股东的不当行为有关；四是公司没有向股东提供他们有理由获得的有
关公司事务的所有信息。第三种，应股东或公司之请求而任命检查人。可以
提出任命检查人申请的，在股份公司为不少于两百名股东，或持有不少于已发
行的股份额 1/10 的股东提出申请；非股份公司的不少于股东名册上 1/5 的股东
提出申请。可见，股东的检查人选任请求权为少数股东权，且门槛较高。[1]

从检查人的职权来看，《英国公司法》第 1229 条~第 1238 条规定了检查
人广泛的调查权，甚至在其认为必要时可以调查关联公司的事务。检查人可
以要求公司官员和代理人提供文件，同时公司官员和代理人负有提供这些文
件的义务，否则就会受到处罚。此处的"文件"被赋予广泛含义，是指以任何
形式记录的信息而不限于书面形式。检查人负有向国务大臣报告调查结果的义
务。[2] 2006 年《英国公司法》修订后赋予了国务大臣更多的权力，规定国务
大臣如有正当理由，可以委任检查人调查公司的股权结构和实际受益人，在
此情形下适格股东也可以申请国务大臣委任检查人，国务大臣应当委任检查
人；国务大臣具有终止调查，撤销委任，指定调查的范围、期限和其他具体
问题等权力。当调查显得旷日持久时，国务大臣可以采取必要的行动。当检
查人辞职或死亡时，国务大臣可以变更检查人。[3]

总的来看，英国的公司调查制度的行政监管色彩强烈，并非一般的股东
私权救济途径。这与同属于英美法系的美国的做法存在很大区别。美国公司
法上的股东知情权主要依赖查阅权以及发达的私人诉讼救济，不存在公司调
查制度。英国公司法上的股东查阅权适用范围很狭窄，在公司实务中也不占

---

〔1〕 See Companies Act 2006, UK, Part 16, §1228.
〔2〕 See Companies Act 2006, UK, Part 16, §1229-1238.
〔3〕 参见李建伟："论英国公司股东知情权制度"，载《社会科学》2009 年第 12 期。

重要地位，而行政选任检查人制度却非常发达。这是因为两国的制度环境不同，美国更注重司法制度尤其是私人诉讼救济，英国更注重借助于行政监管手段，同时为股东提供强有力的公力救济。[1]英国立法者认识到了信息披露制度的积极作用，在于有效地监督和制约公司管理层，并且赋予了公司股东在一定条件下主动要求公司披露相应信息的权利，这种以股东利益最大化为导向的规则设计理念值得借鉴。

（三）德国相关规定

德国法规定的股东知情权主要有质询权和查阅权。《德国股份公司法》第175条（2）规定，年度决算报告、监事会的报告和董事会关于使用决算盈余的建议，应自召集时起在公司营业场所内陈列，以供股东查阅。经请求，应不迟延地向任何一名股东给予提示文件誊本。《德国有限责任公司法》第51a条（1）规定，经请求，董事应不迟延地向任何一名股东告知公司的事务，并许可其查阅账簿和文件。由于德国公司内部的治理机构比较健全，建立了比较完善的监事会制度，股东查阅权的行使一般依靠公司的监事会及其成员们。监事会可以查看公司的账簿、业务情况及相关报告、文件以及财产物品，并可以委托专家代理或协助进行检查，最后将审查结果以书面形式报告股东大会。如果股东查阅权被拒绝，《德国有限责任公司法》第51b条亦有权利救济规定，股东可以向法院申请司法强制执行，该程序属于非诉讼程序，法院经过审查后如支持股东的请求，则颁发强制执行令要求公司提供记录供股东查阅，还可以对有关费用的分配作出安排，以及对股东获准使用文件裁定限制措施。

关于股东质询权的规定，根据《德国股份公司法》第31条的规定，在股东大会可以要求董事会对公司的所有情况进行汇报，汇报的内容甚至包括与关联企业之间的关系。总之，董事会必须提供所有相关的资料，以便股东能够对大会讨论事项进行正确的评判。但是，股东并不能够提任何问题。董事会承担的咨询义务也仅仅限于提供与股东大会讨论事项有实质性关系的信息。这一限制有效地防止了某些股东对查询权的滥用。[2]

德国公司法中也有关于选任特别检查人的相关制度。在权利的具体行使

---

〔1〕　参见李建伟、茅院生："制度建构：两大法系公司检查人选任制度及其借鉴"，载《法商研究》2009年第4期。

〔2〕　参见［德］托马斯·莱塞尔、吕迪格·法伊尔：《德国资合公司法》，高旭军等译，法律出版社2005年版，第236~237页。

方面，股东可以利用股东大会简单多数通过的方式任命特别审计员，主要审查公司设立的经过和业务管理，尤其是公司在筹集和削减资本时所采取的措施。特别检查人可以是人员或团体，其应当具有特别审查内容所要求具有的基本知识，具体表现为其中至少有 2 人是在簿记方面受过足够教育并具有经验的会计公司人员。

综合来看，无论是英美法系国家，还是以德国为代表的大陆法系国家，均普遍认可并尊重股东的知情权，对于股东查阅、质询以及选任检查人等制度进行了明确的、系统性的规定，特别是当股东行使知情权被拒绝时的救济途径规定十分详尽，从而有力保障了股东的知情权。

四、股东知情权保护的完善思考

（一）关于查阅权

1. 查阅权制度存在的问题

（1）可查阅对象范围窄

《公司法》条文中列举的股东可查阅、复制文档包括：公司章程、股东会会议记录、董事会会议决议、监事会会议决议和财务会计报告；会计账簿仅供查阅不能复制。立法明确规定的可供查询信息中，一般不直接涉及小股东的权益。立法规定以外的信息，股东在查阅前往往会受到一些限制。

就会计账簿来说，股东查阅前需要向公司递交书面请求，表明"正当目的"，防止公司机密外露。就有限责任公司的特点来说，有限责任公司的股东与公司有不可分离的关联，且不说公司的良好运作对于股东来说百利无一害，就有限责任公司材料的保密性来说，要想对股东完全保密也存在实际的困难。法律上的规定也并不准确，在什么情况下属于"正当目的"也很模糊。虽然这条规定的初衷是好的，但是在实践中，却成为公司拒绝股东查阅材料的"挡箭牌"，为股东行使权利制造障碍。

《公司法》并未将会计原始凭证规定在知情权的范围内。会计原始凭证是指各种在经济业务发生或完成时取得的单据，它不仅能用来记录经济业务发生或完成情况，还可以明确经济责任，是进行会计核算工作的原始资料和重要依据。[1]因此，会计原始凭证相比其他的材料更加真实可靠。但是《公司

---

[1] 参见中国会计学会编写组编：《会计基础》，经济科学出版社 2009 年版，第 50 页。

法》却未列举出来，且《公司法》对行使查阅权的范围并未设立兜底条款。所以我国《公司法》在股东行使知情权范围上的规定过窄，不利于小股东了解真实的公司运营情况。

同时，我国《公司法》没有限定股东出于何种目的才能行使查阅权，笔者认为股东查阅范围的扩张应当是在对股东"正当目的"进行限制的基础上进行。

（2）公司无法提供财务会计账簿的救济措施不够

实务中，当股东起诉要求公司提供财务会计账簿供查阅时，当法院认为股东知情权应得到保护时，会要求公司提供财务会计账簿。但是实践中广泛存在的现象是公司无法提供财务会计账簿，此时股东的知情权仅停留于裁判文书中，无法实际实现。如果是公司拒绝提供会计账簿，那么依执行程序可强制要求公司提供。但是当公司无法提供时，即具有客观上的履行不能，此时通过执行程序亦无法实现。实践中此种情况也颇为常见，很多财务会计管理混乱的公司并没有规范的财务会计账簿。但如果因此就让已生效的裁判文书内容无处实现，则知情权始终悬浮，股东诉讼目的落空。此时还应考虑进一步的解决路径。实际上，公司无法提供会计账簿也有不同的原因：一种情况是公司确实不具备建立财务会计账簿的可能性，另一种情况是公司具有相关的财务凭证等基础材料，只是缺乏会计账簿这一载体，也就是具备重建会计档案资料的可能性。

当前的《公司法解释四》第12条规定了股东可以要求未依法依章建立会计账簿的公司董事、高级管理人员承担损害赔偿责任，此规定对于股东知情权的补充作用，值得肯定。但是正如前文所述，此种做法的缺点是在公司尚具备建立档案资料的情况下，未能使股东的知情权实际得以实现，而是直接走向了退而求其次的解决路径。

2. 查阅权的完善思考

（1）扩大股东查阅权范围

对比其他国家有关规定，我国《公司法》规定的查阅范围偏于狭窄。应扩大股东查阅权范围，赋予公司股东查阅公司财务信息以及公司日常经营过程中签订的合同等反映公司交易信息的文件的权利。

公司的财务信息应包含财务会计报告、会计账簿和会计凭证等。其中的财务会计报告和会计账簿是《公司法》中明确规定的股东查阅权的对象；公司财务会计账簿和关联公司的财务报告体现的信息与股东权益直接相关。如果股东提出查阅原始的财务会计账簿时，公司就必须提供原始财务账簿记录，而不能提供审计人员所作的财务报告等来应付股东。如此规定可以防范上市公司管理人员的内部"暗箱操作"损害股东权益。存在疑问的是公司的原始会计凭证。因原始会计凭证中记载有公司的交易客户，涉及公司较多的商业秘密，向股东出具原始凭证，可能会导致公司的商业秘密泄露；另一方面，原始凭证数量众多，如果股东要求查阅原始凭证，往往会给公司造成非常大的查账负担，且若因股东查账导致凭证涂改或灭失，还会给公司带来很多损失和潜在的责任风险。因此实务中对于股东查阅公司原始凭证的要求往往十分谨慎。

但结合我国当下的公司治理状况，本书认为股东查阅权的范围应当包括原始凭证。因为我国公司实务中财务信息失真问题非常严重，[1]公司为了粉饰业绩在财务会计报告上作假的情况非常普遍，连会计账簿的真实性也备受质疑，仅允许股东查阅财务会计报告于获取真实信息无补，甚至股东对公司账簿仔细核查也难以发现端倪。原始凭证作为记录公司业务发生的最原始证据，涉及与公司进行经济业务往来的其他企业的利益，能够相互形成牵制关系，造假可能性小、成本高，且造假的事后发现成本很低。另外，原始凭证不属于强制信息披露的对象，股东怀疑公司披露的财务信息真实性的，要获取更可靠信息只能依赖对会计账簿和原始凭证的查阅。[2]因此，在我国当下阶段，将原始凭证纳入股东查阅权范围非常重要。《公司法修订草案》第51条关于有限责任公司股东查阅权的范围进行了一定的修改，可查阅复制的文档范围增加了股东名册，有条件查阅的文档范围增加了会计凭证，以上规定值得赞许，对于解决当下理论与实务界的分歧具有特别的价值。[3]

（2）查阅权行使应基于正当目的并符合程序

在扩大股东查阅权范围的同时，应当限定股东查阅权行使的目的。《公司

---

〔1〕 参见刘英男、梁杰：《上市公司会计信息失真问题研究》，东北大学出版社 2005 年版，第 6~11 页。

〔2〕 参见李建伟："股东知情权诉讼基本程序问题探析"，载《国家检察官学院学报》2010 年第 1 期。

〔3〕 上海市第二中级人民法院商事审判庭课题组："股东知情权客体的第三层面：查阅会计凭证的证成与限度——兼谈公司法修订草案第 51 条"，载《法律适用》2022 年第 10 期。

法解释四》第 8 条对于股东的"不正当目的"列举了若干情形，包括股东自营或者为他人经营与公司主营业务有实质性竞争关系业务的；股东为了向他人通报有关信息查阅公司会计账簿，可能损害公司合法利益的；股东在向公司提出查阅请求之日前的 3 年内，曾通过查阅公司会计账簿，向他人通报有关信息损害公司合法利益的；股东有不正当目的的其他情形。在以上规定出台后，实践中对于第一种情形股东与公司有实质性竞争关系的案件纠纷最多，该条规定也受到最多关注。

法院在判定原告股东与公司是否具有实质性竞争关系时，不能仅以登记经营范围作为判定成立的依据，而应细化到产品、经营区域等；同时，这种经营的竞争关系，应当具有损害公司利益的现实可能性。股东与公司的竞业关系导致的对公司损害可能性的判断，并非必然的联系，而是盖然性的判断，是有限逻辑的推定，司法机关在作出裁判时，不能孤立地看待和绝对地一概而论。从规范再造的视角，效率性价值是商法的第一价值选择，如果承认股东与公司之间存在竞争关系的普遍性，那么通过"不正当目的"的路径来限制竞业股东的查阅权不仅需要审慎对待，而且还有多种替代方法可以选择。法院应将"不正当目的"放回股东知情权的所有限制条件中考虑，动态地利用查阅目的、查阅范围、查阅方式等细节，通过委托中介机构查阅、限制查阅所获信息的用途、限制复制权等有效途径，最终达成各方利益的平衡。[1]

除了对股东的查阅目的进行"正当性"限制外，对于查阅权形式的程序也应进行一定的规范，从查阅请求提出、查阅时间与地点、查阅方式、查阅费用负担、公司回复时间等方面细化规定，以达到鼓励股东行使查阅权与适度规范权利行使的平衡目的。

（3）支持股东对公司的重建档案请求权

针对公司是否具备重建会计账簿的基本条件，可以区分不同的解决方法。

当公司具备重建会计账簿的条件时，应由法院直接裁定公司重建。从《中华人民共和国会计法》（以下简称《会计法》）上来看，行政主管机关也有权责令公司重建会计账簿。其直接目的当然与股东知情权诉讼中的法院强

---

〔1〕　参见李建伟："竞业股东查阅会计账簿的目的限制研究——《公司法解释（四）》第 8 条第 1 项的法教义学分析"，载《北方法学》2020 年第 5 期。

制裁定不同，前者强调的是维护行政管理的秩序，而后者则是为了满足股东知情权的实现，是对股东私权的保护。法院如何判断公司是否具备重建会计账簿的条件？此时只能根据案件的具体情况和司法裁判经验。通常来说，如果公司并未陷入僵局，能够作出有效的股东会决议和董事会决议，同时过往的公司业务有基本的财务会计凭证，则可以认定公司具备重建能力。此时公司既有重建会计账簿的原始资料，也有基本的管理机构和决策能力，当然有条件也应当按照《会计法》规定建立规范的会计账簿。要求法院作出该种裁定，既使股东知情权得以实现，也能够使公司按照行政管理规定的相关要求执行，促进公司未来的规范经营。

在另外一些情形时，公司由于组织管理机构混乱或者消极懈怠，无法形成有效决议，不能自行重建会计账簿，或者原告股东不信任公司的管理层，或者公司完全没有基本的会计人员，甚至公司未保有基本的会计凭证，此时可以考虑允许股东聘请专业的审计机构，对公司的财务原始凭证进行审计，或者通过专业服务查明公司实际经营情况、根据管理人陈述获取出具会计凭证的交易对象的证明材料，进而建立公司的财务账簿，以供股东查阅。股东的该项审计请求权一直未被立法所肯定，法院在司法审判实务中，一般认为《公司法》中规定的股东查阅权并不包含对公司审计的请求权。在 2008 年的《北京市高级人民法院关于审理公司纠纷案件若干问题的指导意见》第 20 条中专门规定，股东在知情权诉讼中要求对公司账目进行审计的，人民法院不予支持。但公司章程规定了公司年度审计义务的除外。该规定确认了在公司章程有审计义务前提下的股东审计请求权，对章程未规定情况下的审计请求权予以否认。但审计请求权在实现股东知情权的场合是十分必要的，股东作为公司资本的提供者和经营风险的承担者，有权知悉公司的人事、财务、经营、管理等方面的情况。[1]没有审计请求权，则股东在公司不具备重建会计账簿条件时，只能要求公司管理人承担损害赔偿责任，对于股东知情权的实现无益。相对于损害赔偿权而言，股东要求公司重建财务会计资料的请求权应是第一位的，是真正着眼于知情权的实现的具体措施。股东委托审计机构重建会计账簿的费用由公司承担。因为建立会计账簿是公司的法定责任，公司承担委托费用后，可向导致公司未依法制作会计账簿的董事、高级管理人

---

［1］ 参见王军：《中国公司法》，高等教育出版社 2017 年版，第 321 页。

员追偿。[1]

正如前文分析，股东知情权是一种共益权，并非只为股东个人利益服务，股东行使该权利的目的并非个人获得损害赔偿，而是通过此权利的行使推进公司的治理水平、规范公司的管理机制，对公司管理层形成监督。如果在公司不提供财务会计账簿的情况下，既不要求公司自行重建，也不支持股东的审计请求权，则股东的损害赔偿权仅能对提起诉讼的股东个人或者公司构成补偿，对于整个公司的治理水平提高则没有帮助。何况，损害赔偿请求权需以造成事实上的损害为基本前提，在公司不能提供财务资料、股东的查阅权未能实现的情况下，股东也很难证明对于公司或者股东个人到底造成了多大的损害，相应的股东损害赔偿请求权实现也缺乏基本的保障。同时，损害赔偿请求权和股东要求重建公司账册的请求不排斥。法院要求公司重建会计资料或者支持股东审计请求权的判决或裁定并不影响股东的损害赔偿请求权的主张，重建账簿的效果主要是向后的，那么如果因公司董事、高管等之前的渎职行为造成公司和股东的损害的，仍然应当承担损害赔偿的责任。

（二）关于股东质询权

我国《公司法》中关于股东质询权的规定主要体现在第 97 条和第 150 条第 1 款。第 97 条规定，股东有权查阅公司章程、股东名册、公司债券存根、股东大会会议记录、董事会会议决议、监事会会议决议、财务会计报告，对公司的经营提出建议或者质询。第 150 条第 1 款规定，股东会或者股东大会要求董事、监事、高级管理人员列席会议的，董事、监事、高级管理人员应当列席并接受股东的质询。《公司法修订草案》基本保留了以上规定。

关于质询权的疑惑和争议，主要集中于以下几点：一是能够行使质询权的场合是股东会召开之时还是随时随地；二是能够行使质询权的权利主体是所有股东还是有所限制；三是质询权行使的对象范围限于相关会议议题还是可以任意扩展？

首先，依照《公司法》97 条规定，股东的质询权范围并无行使场合限制，但是第 150 条规定中，专门规定了在股东会或股东大会上董事高管等人接受股东质询的基本要求，同时《公司法》第 33 条明确规定了股东的查阅复

---

〔1〕　参见李建伟："公司无法提供会计账簿的股东知情权实现"，载《重庆理工大学学报（社会科学）》2022 年第 3 期。

制权。由此产生了质询权行使场合之疑。按照公司法的体例安排，第97条放在股份有限公司章节内容之下，意味着该条规定应是针对股份有限公司；而第150条是综合性规定部分，则同时适用于股份有限公司与有限责任公司。如果从公司法的条文安排和文义来理解，难免得出推论：股份有限公司的股东既可以在股东大会上对高管进行质询，亦可以在通常场合进行质询；而有限责任公司的质询权仅限于股东会上行使。这种安排明显不合理。从比较法的角度来看，多数国家规定的有限责任公司的股东知情权比起股份有限公司来说受到更少的限制。公司公开性越低、封闭性越强，一来其股东人数有限，对公司高管提出质询对公司日常经营管理的干扰较少；二来股东与公司的关联性强，其泄露公司秘密的可能性较低；三来有限责任公司股东退出公司难度大，其对公司事务了解和监督的愿望更强，因此有限责任公司股东对公司的知情权要求往往限制较少。如德国公司法规定，股份有限公司股东只能在股东大会上行使质询权，而有限责任公司可在任何时候任何场合提出。立法者认为股东是有限公司的主人，必须有不受限制地了解企业的权利，在股东和代表公司的经理之间不能有秘密。[1]我国《公司法》的规定反其道而行之，不符合有限责任公司的人合性特征和股份有限公司的开放性特征。

立法设计应当区分公众公司与封闭公司，对于有限责任公司股东质询权的规定应当宽松于股份有限公司。对于股份有限公司特别是公众公司，其股东质询权只能在股东大会上行使，而在封闭公司，股东质询权在股东会内外皆可行使。

其次，从行使质询权的主体来说，对于股份有限公司，应限于出席股东会的股东，包括代理股东出席股东会、已向公司提交授权委托书的代理人；对于有限责任公司，则不应局限于此，公司的全体股东都应有对公司管理人提出质询的权利。从公司成本角度考虑这一问题也有很好的正当性基础，有限责任公司股东人数有限，即便规定全体股东均有权进行质询，也不至于对公司管理形成负担；而股份有限公司股东人数众多，其中很多股东持股数量极少，如允许每个人任意质询，董事会恐怕难堪重负，对于日常管理造成很大困扰。

---

〔1〕 参见［德］托马斯·莱塞尔、吕迪格·法伊尔：《德国资合公司法》，高旭军等译，法律出版社2005年版，第452~454页。

最后，从股东行使质询权的范围来看，同样应当将有限责任公司和股份有限公司分别对待。对于股份有限公司，将股东质询的范围限制为与股东大会议题相关的事项较为妥当。如果股份有限公司股东质询的行使范围过于宽泛随意，会导致股东质询权滥用的不良局面，影响股东会的顺利进行和议事效率。当然为了保障股份有限公司股东难得的质询机会，对于所质询事件与股东大会议题"相关"的判断可以稍微宽松，应包含与公司经营状况相关的信息与事项。当股东质询问题涉及公司秘密或者可能对公司产生损害时，董事及高管则可以拒绝告知，如产生争议，应按照查阅权受损时的相关规定，由股东请求法院予以判断解决。而有限责任公司的质询权行使范围显然应当更加广泛，所质询事项包括与公司经营有关的涉及股东利益的所有信息，董事不得以涉及商业秘密为由拒绝回答。

（三）检查人选任制度的思考

1. 检查人制度的基本讨论

在我国引入检查人选任制度，对完善股东知情权的法律保护至关重要。公司检查人选任制度，或称为公司调查制度，是指公司在发生法定的特殊事由情形下临时指定无利害关系的专业人士调查特定公司事务的制度。[1]选任检查人的事由一般是公司或股东对于公司运营与管理等事项产生了合理的怀疑。该制度成为处于公司边缘地位的小股东获取公司信息的重要辅助渠道；同时检查人选任制度也是公司外部监督的手段，成为改善公司治理体系的重要制度。

检查人选任通常有两种类型，一为私法选任，一为公法选任。私法选任是由公司股东会或董事会等机关作出决议，自行聘请检查人进入公司进行调查，德国公司法中采用此种方式较多。公法选任则有司法选任和行政选任的不同做法，司法选任即由法院根据股东、公司等的请求任命检查人，德国、法国、日本、韩国等国家都有此种选任方式的规定，如果是公司申请，应由公司股东会作出决议；如果是股东申请，则对股东资格有所限制，要求其持股比例达到一定的标准；此外，还可以由法院依职权直接任命检查人，此种情况主要适用于公司的一些特殊阶段，有法院介入的必要，如《韩国商法典》规定了当发行低于票面价格的新股以及法院变更认可最低发行价额时，法院

---

〔1〕　See Companies Act 2006, UK, Part 16.

可以为调查财产状态及其他必要事项，得选任检查人。行政选任则是由行政机关按照股东、公司等的请求任命检查人，主要代表国家是英国，《英国公司法》第16章专门检查人选任制度即公司调查制度对此进行了规定，其核心内容是由行政主管机关国务大臣委任检查人对公司事务进行调查并以指定的方式向其汇报，因为该公司调查只能由国务大臣发动，国务大臣是联系申请人和检查人的枢纽，具有强烈的行政监管色彩。以上检查人选任方式和途径虽有多种，但其中多数都是由股东提起的，股东可以依照法律规定向公司股东会建议、亦可以向法院申请，或者向行政主管机构申请提起，因此各国法律一般都将此制度纳入股东知情权的范畴。

检查人选任制度与股东查询权既有交叉亦有一定的区别，互为补充。股东查询权侧重于股东个体对公司相关信息的知悉以便于个人作出决策，不涉及对公司事务真实性和合法性的判断。而检查人调查的对象则更多集中于公司业务、财产状态、设立事项、管理层向股东提交的材料，以及有关股东会召集程序及表决方式的合规性，侧重点在于对公司事务真实性和合法性的调查。此外，股东的检查人选任请求权比查询权具有更广泛的行权动因。就股东请求选任检查人的行权动因而言，在大陆法系公司法中，只有股东为"调查公司的业务和财产状况"的情形与查询权有重合之处；在英美法系公司法中，也只有一种情形，即公司的成员未能获得其合理预期得到的一切有关该公司事务的资料与股东查询权的实现遇到障碍存在关联关系。[1]鉴于二者的提起原因和功能大多情况下的不同，多数国家和地区的公司法同时规定了股东的查询权与检查人选任请求权。

选任的检查人一般具有中立的身份和丰富的专业经验，多规定应与被调查事项无利害关系，同时具有专门知识和经营经验，能够满足公司调查工作的需求。从职权来看，检查人应调查公司的业务和财产状况，如公司的股权结构和控股情况、董事和高管是否存在违反忠实义务和谨慎义务之行为等，并向其委任人报告其调查结果，检查人亦可以根据工作需要召集公司股东会。可以看出，尽管检查人制度可以被认为是股东知情权制度的一部分，但是其制度目的不仅仅是满足股东获取信息的需要，很大程度上还要致力于发现公

---

[1] 参见李建伟、茅院生："制度建构：两大法系公司检查人选任制度及其借鉴"，载《法商研究》2009年第4期。

司的违法行为，对公司治理起到监管作用。

2. 我国公司检查人选任制度的构建

基于前文的讨论，本书认为我国的公司检查人选任制度可以从以下几方面考虑：

第一，适用情形。检查人选任制度在保护小股东权益的同时也要做到防止股东滥用权利，所以在适用情形的规定中应该同时包括内部选任和外部选任两种制度。既要规定股东提起申请的条件、通过股东会决议由公司自行选任，又要规定外部有权机关的选任。在适用事由方面，要特别对封闭式公司小股东知情权所包括的内容和知情权受侵害的情形加以具体规定。

第二，外部选任机关和选任申请人。比较行政选任和司法选任而言，本书认为确定外部选任机关时，应选择采用司法选任制度。我国实践中的行政监管权力已经过于强大，而司法介入则显不足，选择司法选任有助于改变这种不均衡的局面。[1]关于司法申请人选任检查人的主体应包括少数股东、公司、法院、行政主管机关。[2]

第三，检查人人选。检查人必须是具有相关专业资质的机构或者个人，应具备相应的专业知识，并负有独立调查、不偏不倚的诚信义务。检查人的任务是为所检查的企业或者项目出具检查报告，依据检查结果提出检查意见，且为检查报告所涉及项目的数据承担保证责任。

第四，选任事由。为防范股东任意提起检查人任用申请，应当对股东的检查人选任申请制度作出必要的限制：规定股东的申请必须基于合理目的，申请的股东对其目的的合理性负有举证责任；对申请股东的持股时间和持股比例可以作出相应的限定性要求。符合以上条件的，由公司作出决定选任检查人或者由司法机关任命检查人的，应当由公司来承担相应的选任费用。

（四）知情权诉讼救济制度的思考

无论是股东的查阅权、质询权，还是检查人选任请求权，如果无法通过公司内部程序解决，不能获得权利实现，均需要通过诉讼的方式加以救济。我国关于知情权诉讼救济的相关问题，需要进一步研究探讨。

---

〔1〕　参见刘桂清："公司治理的司法保障——司法介入公司治理的法理分析"，载《现代法学》2005 年第 4 期。

〔2〕　参见李建伟："论英国公司股东知情权制度"，载《社会科学》2009 年第 12 期。

1. 关于诉讼当事人

股东知情权诉讼的原告显然应当为知情权无法得到实现、受到侵害的股东。细究之下，还有一些特殊情况的股东是否能够成为知情权诉讼的原告，则存在一定的争议。

首先，关于已转让股权的公司原股东是否有权提起知情权诉讼。原股东已将所持有的股权转让，原则上不应该再对公司的事务进行干涉，也无权要求公司向其告知经营管理信息。但是实务中许多已转让股权的股东，在转让之后才发现在其持有股权期间，公司控制人和管理人存在违反忠实义务或者严重造假等行为，导致公司的价值严重被低估或者利益受到损害，进而直接影响到股东在公司期间的分红利益以及转让股权的股价设定。在此情况下，如果已转让股权的股东想要追究公司管理人的赔偿责任或者主张其分红利益，就必须先了解清楚公司之前的经营信息。否则，股东不通过查阅公司财务资料，无法确定公司和控制人是否有隐瞒利润之行为，其进一步主张权利就是无源之水、无本之木。因此，已转让股权的股东不能一概而论地否定其知情权，而应该根据需要肯定其对转让股权之前的公司经营情况有知情的权利，对于其转让股权之后的公司情况，为了避免对公司正常经营构成过度的干扰，则不予支持。

其次，继受股东是否可以作为知情权诉讼原告的问题。继受股东对于取得股权之后的公司信息当然有权知情，存在疑问的是其对加入公司之前的信息是否有权查阅和质询？公司的经营是一个连续不断的情况，股东加入公司前后的经营状况、基本信息都存在很大的关联性，实践中也常常会存在公司合同签订之后很长一段时间才实际履行，而另有一些交易关系是已经实际履行之后才签订合同、支付价款并体现在公司账册中，公司的经营数据可以从一个时间点截然分开，但是公司的经营状况的连续性确实无法分开。因此，应当赋予继受股东对公司信息的知情权，没有必要以时间段进行区分。与此相关的问题是股东名册或公司章程上记载的股东姓名与实际股东不同的情况如何处理。这种情况常见于公司股权代持关系，另外在公司股权转让的场合，通常也会出现一个"时间差"。因股权转让需经历合同签订、价款支付、股东名册更改、公司登记变更这一系列行为，而公司登记变更是这一过程的最后一环节，但其仅具有公示意义，并非判定股东身份的决定性因素。通常认定股东已经发生变更，应综合合同价款的支付、受让股东是否已实际行使股东权利、股东名册是否变更等因素来判断。因此，即便是顺利履行的股权转让关系，也会有一段时间出现股东名册或者公司章程中记载的股东姓名与受让股东不相符的情况。此时，继受股东是否能够行使知情权，特别是是否有权提起知情权诉讼，确实存在一定的争议。本书认为，因知情权是股东的权利，因此知情权享有与否的判断标志应当与股东身份的判断是一致的。司法实践中，也应参酌各地法院发布的关于股东身份判定的参考标准来认定。如果认定股东具有股东身份，则应当支持其知情权，而不应单以公司章程等对外公示资料为准。

最后，特殊身份股东的原告资格，主要是指担任公司董事、监事、高级管理人员的股东。因知情权本是对不参与公司经营管理的中小股东的保护，其指向的行权对象正是公司的高管人员。公司董事、监事、高级管理人员想要了解公司的经营信息，其权利当然值得肯定，但是显然与此处探讨的股东知情权制度从行权目的、诉讼规则等方面都有很大不同，不应按照股东知情权的相关规定来判定和执行。例如公司监事本有监督公司董事和高管之责，其监督权的行使的基本条件就是了解公司的信息，如果监事依职权主张其"知情权"，显然应按照公司法和章程赋予的监事职权来行使，而非按照股东知情权进行起诉。

2. 知情权裁判的执行问题

在实践中，公司股东知情权裁判存在许多问题，导致最终的司法判决无法执行。

其一，判决内容不明确。一般股东知情权胜诉的判决书都要求公司向股东提供相关材料，但是没有规定具体的时间、地点、形式、费用等，造成判决难以落地。实务中非常容易产生纠纷的是查阅时间，如果裁决主文没有确定具体查阅时间的，容易简单理解为原告股东可以随时要求查阅，且次数没有限制。但如此查阅权可能被股东恶意利用，干扰公司正常经营活动，激化公司内部矛盾。实务中，有的法官引导当事人对于查阅起始时间、查阅地点明确约定，综合考虑查阅人数、工作量等因素设定相对固定的期日。这些做法值得肯定。[1]关于查阅方式，有法院作出判决股东和公司高管等均派人参

---

[1]　参见李建伟："股东知情权诉讼基本程序问题探析"，载《国家检察官学院学报》2010 年第 1 期。

与查阅过程，执行法官全程监督，在保障股东查阅权的同时，也保证公司的会计资料完好无损。这样的经验很有价值，但实践中也存在部分公司资料的查阅需要较长时间，如果执行法官全程在场，恐难实现。此种经验的大规模推广虽存在困难，但实际审判过程中，法官不能一判了之，类似此种根据具体情况寻求能落到实处的解决方案的做法，值得学习。

其二，由于《公司法》对查阅形式的规定不明确，实践中，对于"查阅"外延的理解存在争议，焦点主要在于查阅是否包括复制和摘抄。这也导致判决执行困难。从《公司法》的规定来看，设置于"有限责任公司"章的第33条规定，股东有权查阅、复制公司章程、股东会会议记录、董事会会议决议、监事会会议决议和财务会计报告。股东可以要求查阅公司会计账簿。设置于"股份有限公司"章的第97条则规定，股东有权查阅公司章程、股东名册、公司债券存根、股东大会会议记录、董事会会议决议、监事会会议决议、财务会计报告，对公司的经营提出建议或者质询。法律条文制定非常审慎，这两条规定中对于"查阅"与"复制"用语的把握，显然不是无意识的。从严格文义来看，立法者的用意非常明显：即有限责任公司的股东可以对章程、股东会会议记录等文件进行查阅和复制，对公司会计账簿则只能查阅不能复制；而股份有限公司的股东只能查阅，并在此基础上进行质询。也就是说，股份有限公司股东无权复制公司资料，而有限责任公司股东对于财务会计账簿以外的资料可以进行复制。立法者当然有出于保护公司秘密、平衡股东知情权与公司利益的苦心，但是以上规定是否合理值得探讨和质疑。股东复制资料确实有泄密之虞，但是如发生此种情况，应由股东承担损害赔偿责任进行追究。如果从开始就不允许股东复制资料，也就背离了股东知情权设置的初衷。因公司资料繁多，如果股东只能翻看不能通过复印、拍照、记录等方式复制，则股东难以在短时间内掌握和消化信息；且股东提起知情权诉讼，多是为了向公司及高管进一步主张其他权利，知情权是获取证据的手段。如果股东无法复制资料，恐怕整个查阅过程都会成为走过场的表演，股东的知情权最终形同虚设。

其三，会计或法律等专业人员可否介入不明确。股东查阅的核心材料是公司的会计财务报告。鉴于有限责任公司中小股东大多不直接经营管理公司，又不具备专业的会计知识，甚至在有些公司中会出现财务报表造假的现象，单凭小股东的能力无法辨别，小股东希望由专业人员辅助查阅。但是站在公司的角度，往往不希望公司机密外泄导致公司遭受损失。《公司法》未对此进行具体规定，在判决执行中往往会发生争议。对于这一问题，前文所述的股东的审计请求权以及检查人选任权等问题都可以说明，股东行使知情权时对获得专业人士协助的要求不仅合理且非常必要。即便公司法中未明确规定，从立法初衷来看，股东只要不损害公司利益或怀有"不正当目的"，其委托专业人士辅助进行查阅没有理由被否定。《公司法修订草案》第51条在《公司法》第33条基础上增加了两款规定，股东查阅前款规定的材料，可以委托会计师事务所、律师事务所等依据执业行为规范负有保密义务的中介机构进行。股东及其委托的会计师事务所、律师事务所等中介机构查阅、复制有关材料，应当遵守有关保护国家秘密、商业秘密、个人隐私、个人信息等法律、行政法规的规定。以上条文一定程度上对于专业人士的介入协助进行了明确，可期待未来对股东知情权的实现提供助益。

结　语 CONCLUSION

　　创业投资作为一种新兴的投资方式风靡全球，创业公司模式成为创业型企业普遍采用的对创业者与投资人权利义务进行激励与平衡的合作机制。创业公司模式以人力资本价值为核心、以人格信用为基础、以灵活的优先股制度为关键，人力资本出资加强了公司的人格信用，公司人格信用的回归使承认人力资本出资成为符合逻辑的必然，投资人对创业者的人力资本价值和人格信用的承认必然产生对优先股制度的诉求。优先股这种具有个性化的股权安排不是特殊情况下使用的例外规则，而是股权配置的常态。

　　创业公司模式及相关制度的确立，是公司自治、股东自治的基本精神应用于实践的必然结果。法律规定体现了国家公权的力量，与公司自治之间具有既分离又制衡的关系，法律管制如果过度，将导致公司和股东自由空间的不断萎缩和创造性的窒息；而法律供给不足，会使公司行为缺乏适当的指引和约束。在商法领域，公司自治比法律管制更为优先，法的过度控制往往并不会产生好的效果。在我国公司法律体系乃至整个商事法律体系的发展历史中，创业公司特有的模式和制度构造是一个新生事物，与传统的公司模式有较大的不同。公司法的性格、气质，并非由其自身创设，而是深深嵌套在经济与社会规范之中。与西方市场经济国家不同，我国公司制度是在自上而下的强制性制度变迁和法律移植的共同作用下产生和发展起来的。[1]传统公司法制度设计基本出发点是以物力出资为基础、资产信用为特征、同股同权为原则，与创业公司的运作模式和制度构造存在诸多冲突。制定法常具有滞后性，而经济生活发展变幻莫测，我国公司法律的制度惯性使其主要立足于传

---

　　〔1〕　参见冯果："整体主义视角下公司法的理念调适与体系重塑"，载《中国法学》2021年第2期。

统商事公司，强调公司的经营稳定、风险规避，对于近年来蓬勃发展的科技型企业、互联网企业等创新开拓型企业关注不足。实践中创业公司的诸多制度安排不得已长期处于法外生长状态，积累了大量的法律风险。

　　本书从公司法与创业公司模式的适应性发展角度出发，围绕创业公司人力资本出资、优先股、股权转让、股权回购、股东分红、股权代持、股东知情权等多个方面的特殊问题进行探讨，梳理总结了公司法与创业公司存在障碍的制度，对于公司法的完善提出思考，促进公司法对现实制度的合理回应。通过研究可以发现，创业公司模式作为公司自治和股东自治的结果，其内部权利义务的约定对于公司以外的主体并无实质性的利益损害。相关法律规定再全面，也难以考虑到实践中千差万别的公司情况。在创业公司模式成熟的国家，法制主要起示范作用，而把足够的自治空间给予公司和股东。随着创业投资在我国的长足发展和企业融资的现实需要，公司业务类型推陈出新，各种新的公司治理方案和制度设计层出不穷。与其让投融资双方借助游走在法律边缘的契约条款实现投资目的，不如直接扫除法律障碍，将制度创新的自由还给公司。公司有权利在公司法框定的范围内，充分发挥自由意志，针对具体情况，制定规则，设计出符合自身利益诉求和运营发展的股东权利和义务。

主要参考文献

一、中文著作及译著

1. ［美］阿道夫·A. 伯利、加德纳·C. 米恩斯：《现代公司和私有财产》，甘华鸣等译，商务印书馆 2005 年版。

2. ［英］艾利斯·费伦：《公司金融法律原理》，罗培新译，北京大学出版社 2012 年版。

3. ［英］保罗·戴维斯：《英国公司法精要》，樊云慧译，法律出版社 2007 年版。

4. ［美］W. D. 比格利夫、J. A. 蒂蒙斯：《处于十字路口的风险投资——美国风险投资的回顾与展望》，刘剑波等译，山西人民出版社 2001 年版。

5. 卞耀武主编：《德国股份公司法》，贾红梅、郑冲译，法律出版社 1999 年版。

6. 杜万华主编：《最高人民法院公司法司法解释（四）理解与适用》，人民法院出版社 2017 年版。

7. 费方域：《企业的产权分析》，上海人民出版社 1998 年版。

8. 冯果：《公司法要论》，武汉大学出版社 2003 年版。

9. ［美］弗兰克·伊斯特布鲁克、丹尼尔·费希尔：《公司法的经济结构》，张建伟、罗培新译，北京大学出版社 2005 年版。

10. 葛伟军译：《英国 2006 年公司法》，法律出版社 2008 年版。

11. ［德］海因·克茨：《欧洲合同法》（上卷），周忠海等译，法律出版社 2001 年版。

12. 何美欢：《公众公司及其股权证券》（中），北京大学出版社 1999 年版。

13. 胡晓静、杨代雄译：《德国商事公司法》，法律出版社 2014 年版。

14. 蒋大兴：《公司法的展开与评判——方法·判例·制度》，法律出版社 2001 年版。

15. 姜浩：《美国联邦公司税法制度研究》，中国政法大学出版社 2009 年版。

16. ［美］杰弗里·蒂蒙斯、小斯蒂芬·斯皮内利：《创业学》，周伟民、吕长春译，人民邮电出版社 2005 年版。

17. 卞耀武主编：《法国公司法规范》，李萍译，法律出版社 1999 年版。

18. 李寿双：《中国式私募股权投资：基于中国法的本土化路径》，法律出版社 2008 年版。

19. ［韩］李哲松：《韩国公司法》，吴日焕译，中国政法大学出版社 2000 年版。

20. 柳经纬主编：《商法》，厦门大学出版社 2015 年版。

21. 美国法律研究院通过并颁布：《公司治理原则：分析与建议》，楼建波等译，法律出版社 2006 年版。

22. 美国风险投资协会编、李寿双主编：《美国风险投资示范合同》，北京市大成律师事务所、北京市律师协会风险投资委员会译，法律出版社 2006 年版。

23. ［日］末永敏和：《现代日本公司法》，金洪玉译，人民法院出版社 2000 年版。

24. 沈四宝编译：《最新美国标准公司法》，法律出版社 2006 年版。

25. 施天涛：《公司法论》，法律出版社 2018 年版。

26. 史际春：《企业和公司法》，中国人民大学出版社 2014 年版。

27. ［德］托马斯·莱赛尔、吕迪格·法伊尔：《德国资合公司法》，高旭军等译，法律出版社 2005 年版。

28. 王军：《中国公司法》，高等教育出版社 2017 年版。

29. ［美］西奥多·W. 舒尔茨：《人力资本投资：教育和研究的作用》，蒋斌、张蘅译，商务印书馆 1990 年版。

30. 熊道伟：《现代企业控制权研究》，西南财经大学出版社 2004 年版。

31. ［法］伊夫·居荣：《法国商法》，罗结珍、赵海峰译，法律出版社 2004 年版。

32. 虞政平编译：《美国公司法规精选》，商务印书馆 2004 年版。

33. 张明若等：《创业投资模式的制度创新——公司法人力资本价值的理性回归》，法律出版社 2016 年版。

34. 郑君君：《风险投资中的道德风险与逆向选择》，武汉大学出版社 2006 年版。

35. 朱锦清：《公司法学》（上），清华大学出版社 2017 年版。

36. 朱伟一：《美国公司法判例解析》，中国法制出版社 2000 年版。

37. 最高人民法院民事审判第二庭编著：《最高人民法院关于公司法解释（三）、清算纪要理解与适用》，人民法院出版社 2016 年版。

二、中文论文及译文

1. 蔡立东："股权让与担保纠纷裁判逻辑的实证研究"，载《中国法学》2018 年第 6 期。

2. 崔建远："论外观主义的运用边界"，载《清华法学》2019 年第 5 期。

3. 冯果："股东异质化视角下的双层股权结构"，载《政法论坛》2016 年第 4 期。

4. 冯果、段丙华："公司法中的契约自由——以股权处分抑制条款为视角"，载《中国社会科学》2017 年第 3 期。

5. 傅穹、肖华杰："我国股份有限公司类别股制度构建的立法路径"，载《西南民族大学学报（人文社会科学版）》2019 年第 8 期。

6. 傅赵戎："私募股权投资适用优先股的法律路径"，载《河北法学》2015 年第 5 期。

7. 龚博："有限公司股东股利分配权的司法救济"，载《法学》2016 年第 12 期。

8. 葛伟军：《有限责任公司股权代持的法律性质——兼评我国《公司法司法解释（三）》第 24 条"，载《法律科学（西北政法大学学报）》2016 年第 5 期。

9. 胡晓静："再析有限公司股权对外转让中的优先购买权"，载《求是学刊》2019 年第 5 期

10. 胡盛梅："风险投资的国际比较及借鉴意义"，载《国际经济合作》2001 第 10 期。

11. 蒋华胜："有限责任公司股权转让法律制度研究——基于我国《公司法》第 71 条规范之解释"，载《政治与法律》2017 年第 10 期。

12. 蒋大兴："人力资本出资观念障碍检讨及其立法政策"，载《法学》2001 年第 3 期。

13. 江平、孔祥俊："论股权"，载《中国法学》1994 年第 1 期。

14. 江平、程合红："论信用——从古罗马法到现代社会"，载《东吴法学》2000 年特刊。

15. 雷兴虎、蔡晔："论我国的商事信用调节机制"，载《法商研究》2003 年第 5 期。

16. 李安安："股债融合视域下的公司治理：现实检讨与法制回应"，载《西南民族大学学报（人文社会科学版）》2020 年第 4 期。

17. 李洪健："同股同权规则的再释义与我国公司股权结构改革"，载《西南政法大学学报》2018 年第 5 期。

18. 李建伟、茅院生："制度建构：两大法系公司检查人选任制度及其借鉴"，载《法商研究》2009 年第 4 期。

19. 李建伟："'实质性剥夺'股东知情权的公司意思效力研究——《公司法解释四》第 9 条的法教义学分析及展开"，载《中外法学》2018 年第 5 期。

20. 李建伟："有限公司股东优先购买权侵害救济研究——兼评《九民纪要》的相关裁判规则"，载《社会科学研究》2020 年第 4 期。

21. 李建伟："竞业股东查阅会计账簿的目的限制研究——《公司法解释（四）》第 8 条第 1 项的法教义学分析"，载《北方法学》2020 年第 5 期。

22. 李建伟："公司无法提供会计账簿的股东知情权实现"，载《重庆理工大学学报（社会科学）》2022 年第 3 期。

23. 李建伟："法院如何支持股东的抽象股利分配请求——来自 197 份商事裁决书的类型化分析"，载《中外法学》2021 年第 2 期。

24. 刘俊海："新《公司法》的设计理念与框架建议"，《法学杂志》2021 年第 2 期。

25. 刘胜军："类别表决权：类别股股东保护与公司行为自由的衡平——兼评《优先股试点管理办法》第 10 条"，载《法学评论》2015 年第 1 期。

26. 刘迎霜："股权代持协议的性质与法律效力"，载《法学家》2021 年第 3 期。

27. 潘林："创业投资合同与我国公司法制的适应性探讨"，载《证券市场导报》2013 年第 3 期。

28. 潘林："优先股与普通股的利益分配——基于信义义务的制度方法"，载《法学研究》2019 年第 3 期。

29. 彭丁带："美国天使投资合同探析"，载《企业经济》2005 年第 3 期。

30. 彭丁带："美国风险投资合同及其对我国的启示"，载《河北法学》2006 年第 11 期。

31. 彭丁带、陈玮："美国风险投资业发展历史的宏观考察——兼论立法与政府扶持政策的重要性"，载《经济师》2006 年第 11 期。

32. 任尔昕："关于我国设置公司种类股的思考"，载《中国法学》2010 年第 6 期。

33. 石少侠："对《〈公司法〉司法解释（四）》若干规定的理解与评析"，载《当代法学》2017 年第 6 期。

34. 王军："实践重塑规则：有限公司股权转让限制规范检讨"，载《中国政法大学学报》2017 年第 6 期。

35. 汪青松："股份公司股东权利多元化配置的域外借鉴与制度建构"，载《比较法研究》2015 年第 1 期。

36. 汪青松："一元股东权利配置的内在缺陷与变革思路"，载《暨南学报（哲学社会科学版）》2016 年第 8 期。

37. 王毓莹："隐名股东的身份认定及其显名路径——基于最高人民法院 76 份裁判文书的实证分析"，载《国家检察官学院学报》2021 年第 2 期。

38. 伍坚："有限公司股权对外转让制度研究"，载《法学杂志》2019 年第 10 期。

39. 肖永平、彭丁带："从美国经验看我国风险投资法律制度的完善"，载《法学评论》2005 年第 2 期。

40. 薛前强："论股东利益异质化的私法衡平——以美国优先股司法实践为视角"，载《西南政法大学学报》2019 年第 6 期。

41. 叶金强："私法中理性人标准之构建"，载《法学研究》2015 年第 1 期。

42. 于莹、潘林："优先股制度与创业企业——以美国风险投资为背景的研究"，载《当代法学》2011 年第 4 期。

43. 于莹、潘林："适应性效率理论与公司法的适应性——以创业投资为样本的研究"，载《吉林大学社会科学学报》2013 年第 6 期。

44. 于莹："股权转让自由与信赖保护的角力——以股东优先购买权中转让股东反悔为视角"，载《法制与社会发展》2020 年第 2 期。

45. 张志坡："论优先股的发行"，载《法律科学（西北政法大学学报）》2015 年第 2 期。

46. 张志坡："认真对待优先股的合同性"，载《兰州学刊》2017 年第 2 期。

47. 赵磊："股东优先购买权的性质与效力——兼评《公司法司法解释四》第 20 条"，载《法学家》2021 年第 1 期。

48. 赵旭东："从资本信用到资产信用"，载《法学研究》2003 第 5 期。

49. 赵旭东、衣小慧："股东优先购买权中转让股东'反悔权'的证成与构建"，载《国家检察官学院学报》2021 年第 2 期。

50. 赵奕彤、傅穹："公司盈余分配的司法实证观察"，载《社会科学家》2020 年第 10 期。

51. 朱慈蕴："资本多数决原则与控制股东的诚信义务"，载《法学研究》2004 年第 4 期。

52. 朱慈蕴、沈朝晖："类别股与中国公司法的演进"，载《中国社会科学》2013 年第 9 期。

53. 朱慈蕴、林凯："公司制度趋同理论检视下的中国公司治理评析"，载《法学研究》2013 年第 5 期。

54. 周游："从被动填空到主动选择：公司法功能的嬗变"，载《法学》2018 年第 2 期。

三、英文著作：

1. American Bar Association, *Model Business Corporation Act Annotated* (Vol. 1), ABA Section of Business Law, Supp. 2009.

2. Andrew Hicks & S. H. Goo, *Cases and Materials on Company Law*, Oxford University Press, 2004.

3. Arad. Reisberg, *Derivative Actions and Corporate Governance*, Oxford University Press, 2007.

4. Douglas J. Cumming and Sofia A. Johan, *Venture Capital and Private Equity Contracting*, Elsevier Inc., 2014.

5. Harry G. Henn, John R. Alexarder, *Law of Corporations and Other Business Enterprises*, West Publishing Company, 1983.

6. Jack S. Levin, *Structuring Venture Capital*, *Private Equity*, *and Entrepreneurial Transactions*, Aspen Publishers, 2001.

7. Len Sealy & Sarah Worthington, *Cases and Materials in Company Law*, Oxford University Press, 2008.

8. Paul Davies, *Introduction to Company Law*, Oxford University Press, 2010.

9. Robert W. Hamilton, *The Law of Corporations*（影印本第 4 版），法律出版社 1999 年版。

四、英文论文：

1. Charles R. Korsmo, "Venture Capital and Preferred Stock", *Brook Law Review*, Vol. 78, 2013.

2. D. Gordon Smith, "The Exit Structure of Venture Capital", *UCLA Law Review*, Vol. 53, 2005.

3. Daniel J. Dykstra, "The Revival of the Derivative Suit", *University of Pennsylvania Law Review*, Vol. 116, 1967.

4. Darian M. Ibrahim, "Debt as Venture Capital", *University of Illnois Law Review*, Vol. 2010, 2010.

5. David M. Schizer, "Realization as Subsidy", *New York University Law Review*, Vol. 73, 1998.

6. D. Smith, "The Venture Capital Company：A Contractual Rebuttal to the Political Theory of American Corporate Finance", *Tennessee Law Review*, Vol. 79, 1997.

7. Geoge. G. Triantis, "Financial Contract Design in the world of venture Capital", *University of Chicago Law Review*, Vol. 68, 2001.

8. George W. Dent, Jr. "Venture Capital and the Future of Corporate Finance", *Washington Uniersity Law Review*, Vol. 70, 1992.

9. Kathleen Van Der Linde, "Share repurchases and the protection of shareholders", *Journal of the Southern African Law*, Vol. 2, 2010.

10. Lawrence Mitchell, "The Puzzling Paradox of Preferred Stock (and Why We Should Care about It) ", *Business Lawyer (ABA)*, Vol. 51, 1996.

11. M. Jensen & W. Meckling, "Theory of the Firm: Managerial Behavior, Agency Costs and Ownership Structure", *Journal of Financial Economics*, Vol. 3, 1970.

12. Peggy H. Fu, "Developing Venture Capital Laws in China: Lessons Learned from the United States, Germany, and Japan", *Loyola of Los Angeles International & Comparative Law Review*, Vol. 23, 2001.

13. Ronald J. Gilson & David M. Schizer, "Understanding Venture Capital Structure: A Tax Explanation for Convertible Preferred Stock", *Harvard Law Review*, Vol. 116, 2003.

14. Spencer G. Feldman, "Preferred Stock: A Privileged If Peculiar Class", *Practical Lawyer*, Vol. 58, 2012.

15. Steven N. Kaplan & Per Stromberg, "Financial Contracting Theory Meets the Real World: An Empirical Analysis of Venture Capital Contracts", *Review of Econmic Studies*, Vol. 70, 2003.

16. William W. Bratton & Michael L. Wachter, "A Theory of Preferred Stock", *University of Pennsylvania Law Review*, Vol. 161, 2013.